# ROUTE DE LA SOIE

## DE XI'AN À KASHGAR

Judy Bonavia
avec
Sarah Jessup et Edward Juanteguy

Photographies de Jacky Yip

GUIDES OLIZANE

Editions OLIZANE
11, rue des Vieux-Grenadiers
1205 Genève - Suisse



ISBN 2-88086-166-7



Traduction de Matthieu Salem.

Photographies de Jacky Yip, China Photo Library, et de:
Museum für Indische Kunst Berlin 21, 25, 282.
Julia Wilkinson 7, 245. Kazuyoshi Nomachi 118, 146-147.
Peter Fredenburg 6, 11, 33, 86, 209, 182 (en haut à gauche) et 268.
Tom Ang 77. Wang Miao 138-139. Zhong Ling 133.

Cartes et plans: Unity Art Studio.
Graphisme de la couverture: Jean-Claude Silvy.
Composition: Signes Espaces, Genève.
Film des textes: Livre Total, Lausanne et Flashage Service, Genève.
Impression et reliure: Milanostampa, Farigliano.
Production: Twin Age Limited, Hong Kong.

Imprimé en Italie.

# TABLE DES MATIÈRES

Démonstration équestre au marché du dimanche, à Kashgar.

Dunes près de Dunhuang.

Des *youtiao* pour le petit-déjeuner.

## THÈMES PARTICULIERS



## CARTES



Nomades kirghiz dans les environs de Tashkurgan.

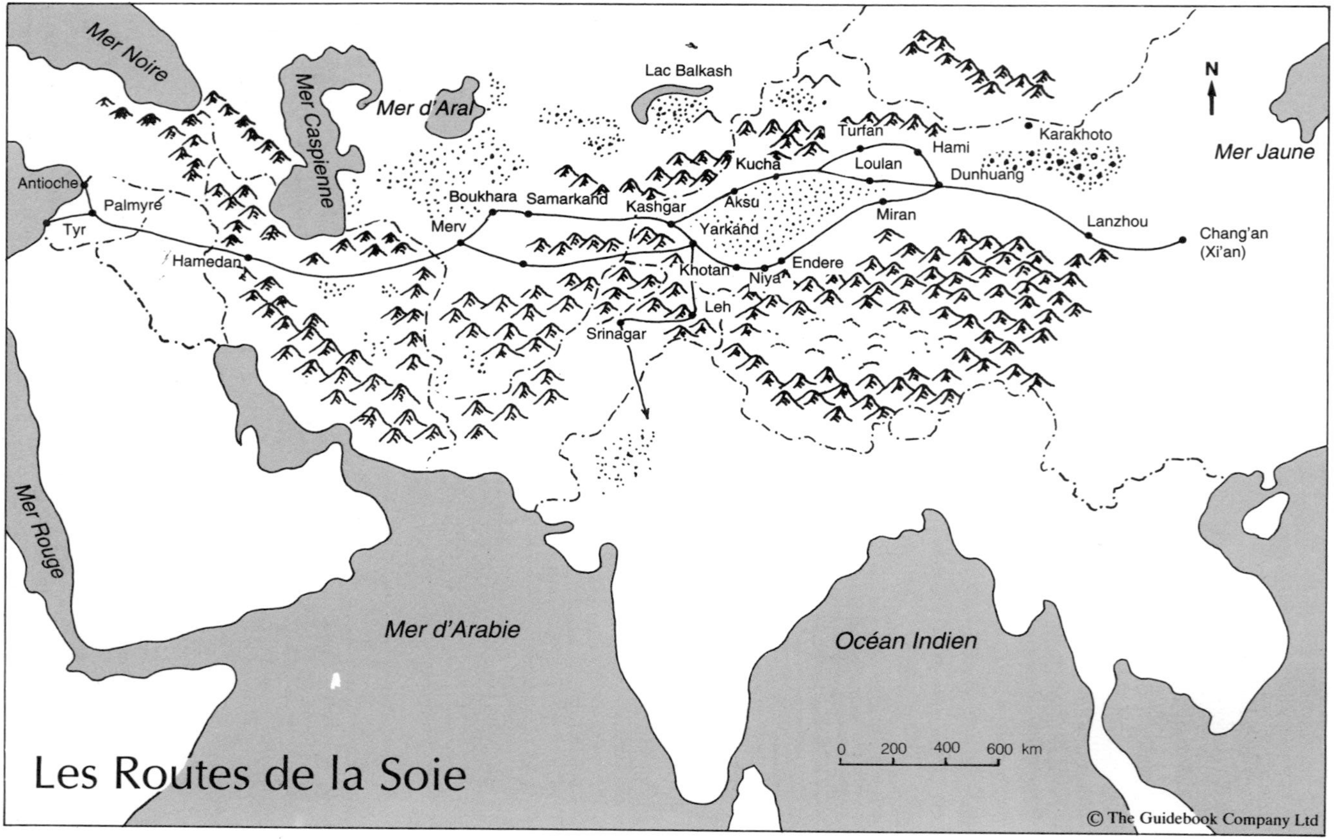
Les Routes de la Soie
Mer Noire
Mer Caspienne
Mer d'Aral
Lac Balkash
Mer Jaune
N
Antioche
Palmyre
Tyr
Hamedan
Merv
Boukhara
Samarkand
Kashgar
Aksu
Yarkand
Khotan
Kucha
Turfan
Loulan
Hami
Karakhoto
Dunhuang
Miran
Endere
Niya
Leh
Srinagar
Lanzhou
Chang'an
(Xi'an)
Mer Rouge
Mer d'Arabie
Océan Indien
0 200 400 600 km
© The Guidebook Company Ltd

# INTRODUCTION

« Partir pour le pays de la soie, c'était se jeter délibérement dans tous les périls. A combien de bêtes féroces, de bandits sans merci, de malins esprits, faudrait-il échapper ? Ne disait-on pas que dans le désert, des voix et des apparitions, sirènes terrestres, se plaisaient à égarer les voyageurs, pour les perdre irrémédiablement dans les sables ? Que d'avalanches dans les montagnes, que de tribus sanguinaires guettant aux alentours des défilés, que de miasmes mortels autour des marais ! Et pourtant cette route infinie qui s'étend vers le Levant, jusque chez ce peuple mystérieux des Sères, on l'a cherchée, on s'est battu pour la garder, on a tout risqué pour y faire cheminer ses mulets, ses chevaux, ses chameaux, pour arriver avant tous les autres. Des fortunes ont été suspendues à la conservation de ce lien ténu et dangereux ; et pour ces fortunes, combien de bourgeois et d'aventuriers sont morts, que nulle foi, nulle idée, nulle fin désintéressée n'aurait pu forcer à traverser même Rome à pied, mais qui, pour l'or et le profit, ont risqué et perdu leur vie ? Combien de squelettes ont jalonné la piste, combien dont l'histoire n'a jamais retenu le nom ? » (Luce Boulnois, *La Route de la Soie*.)

Durant les dynasties Han (206 av. J.-C.-220 ap. J.-C.) et Tang (618-907), la Route de la Soie débutait à la capitale magnificente de l'Empire chinois, Chang'an (Xi'an) — connue en Occident sous le nom de Sera Metropolis. Elle conduisait les commerçants vers l'ouest à travers la province du Gansu et le Passage de Hexi jusqu'à la Grande Muraille. Là, les caravanes pouvaient choisir entre deux itinéraires. Beaucoup d'entre elles préféraient la Route du Nord à travers le col de la Porte de Jade (Yumenguan), au nord-ouest de Dunhuang ; cette voie longeait les contreforts sud des Monts Célestes (Tian Shan) et, à la lisière de la limite septentrionale du désert du Taklamakan, traversait les riches oasis de Hami, Turfan, Yanqi, Korla, Kucha et Kashgar. D'autres choisissaient la route plus ardue mais plus directe par le col de Yangguan, au sud-ouest de Dunhuang : longeant les contreforts nord des monts Kunlun — et la lisière sud du Taklamakan — elle conduisait à Loulan, Hetian, Yarkand et Kashgar.

De Kashgar, les possibilités étaient nombreuses. Certains partaient vers l'ouest, traversant le col de Terek dans les Monts Célestes pour atteindre les royaumes de Fergana et de Sogdiane (au voisinage de Tashkent et de Samarcande) et, traversant le fleuve Oxus, arrivaient à Merv (aujourd'hui Mary au Turkménistan). D'autres traversaient les hauts plateaux du Pamir, passant au sud, près de Tashkurgan, et continuaient à travers le défilé de Wakhan, en Afghanistan, jusqu'à Balkh, dans l'ancien royaume gréco-iranien de Bactriane, pour rejoindre la Route du Nord à Merv. Une autre route encore partait de Kashgar, passait par Tashkurgan et, traversant le col du Karakoram, pénétrait en Inde.

A partir de Merv, la Route de la Soie continuait vers l'ouest, par un tracé plus facile, vers la vieille capitale de Parthie, Hécatompylos (aujourd'hui Damghan en Iran), et continuait au sud de la mer Caspienne jusqu'à Hamedan, au sud-ouest de Téhéran, puis, vers les anciennes villes jumelles de Séleucie et de Ctésiphon, près de Bagdad sur le Tigre. De là, plusieurs routes menaient, à travers la Syrie, vers Antioche, Palmyre, et les bords orientaux de la Mer Méditerranée et de l'Empire romain.

Mais ces routes terrestres durent faire face à la concurrence des voies maritimes, d'abord au 3e siècle puis à nouveau à partir du 8e siècle lorsque les navires marchands reliaient le port méridional de Canton avec le Moyen-Orient en passant par la péninsule malaise et l'Inde. Néanmoins, pendant la dynastie Yuan (1279-1368), les routes commerciales pénétrant l'Asie centrale et au-delà jusqu'aux khanats mongols de Perse permirent de maintenir des liens culturels puissants entre la Chine, le Moyen-Orient et l'Europe, introduisant dans l'Empire du Milieu des arts, des techniques et une pensée entièrement nouveaux.

# L'HISTOIRE DE LA ROUTE DE LA SOIE

Le terme « Route de la Soie » est très récent puisqu'il fut employé pour la première fois par l'érudit allemand, le Baron Ferdinand von Richthofen, au milieu du 19e siècle. La route elle-même est beacoup plus ancienne et l'on considère qu'elle fut « ouverte » par le général chinois Zhang Qian au 2e siècle av. J.-C. Celui-ci avait été envoyé dans la région par l'empereur Wudi de la dynastie des Han (206 av. J.-C.-220 ap. J.-C.) avec mission de sceller une alliance avec les Yuechi, peuple qui avait subi une défaite aux mains des Xiongnu (Huns d'ascendance turque) peu de temps auparavant et qui avait été refoulé jusqu'aux abords ouest du désert du Taklamakan. Depuis l'époque des Royaumes Combattants (475-221 av. J.-C.), la Chine avait été victime d'incessantes attaques des Xiongnu, attaques qui avaient été à l'origine de la construction de la fameuse Grande Muraille par le premier empereur, Qin Shi Huangdi (221-207 av. J.-C.). Impatient de se débarrasser de ces bandes de maraudeurs, l'empereur Wudi pensa profiter du fort désir de revanche des Yuechi pour former une alliance avec eux.

Zhang Qian quitta la capitale, Chang'an (aujourd'hui Xi'an), en 138 av. J.-C. avec une caravane de cent hommes, mais ils furent capturés par les Xiongnu peu après alors qu'ils traversaient le corridor du Hexi dans le nord-ouest du Gansu. Après dix ans de captivité, Zhang Qian et ses compagnons parvinrent à s'échapper et continuèrent leur voyage vers l'ouest le long de la Route nord de la Soie jusqu'à Kashgar puis Fergana. Ils rejoignirent les Yuechi mais les trouvèrent confortablement installés dans divers oasis d'Asie centrale et ne nourrissant plus de désir de vengeance envers les Xiongnu. Zhang demeura parmi eux pendant un an, rassemblant de précieuses informations militaires, économiques, politiques et géographiques, avant de retourner en Chine par la Route de la Soie du Sud. En route, il fut à nouveau capturé, cette fois-ci par des tribus tibétaines alliées des Xiongnu. Il parvint une fois encore à s'échapper et rentra à Chang'an en 125 av. J.-C., treize ans après son départ. Seul lui et l'un de ses compagnons avaient survécu au périple, mais ils avaient effectué la première traversée par route entre l'Est et l'Ouest et avaient ouvert la voie qui devait relier les Empires romain et chinois.

Les descriptions des trente-six royaumes des Régions occidentales que Zhang Qian avaient visité, dont des pays jusqu'alors inconnus comme le Fergana, Samarcande et Boukhara, fascinèrent l'empereur Wudi. Les histoires concernant les légendaires chevaux du Fergana, qui seraient issus

## Chronologie des Dynasties Chinoises

| | |
|---|---|
| Shang | 16e siècle - 1027 av. J.-C. |
| Zhou de l'Ouest | 1027-771 |
| Zhou de l'Est | 771-221 |
| Printemps et Automnes | 771-475 |
| Royaumes Combattants | 475-221 |
| Qin | 221-206 |
| Han Antérieurs | 206 av. J.-C. - 8 ap. J.-C. |
| Xin | 8-24 |
| Han Postérieurs | 25-220 |
| Trois Royaumes | 220-265 |
| Jin de l'Ouest | 265-316 |
| Dynasties du Nord et du Sud | 317-589 |
| Seize Royaumes | 317-439 |
| Zhao Antérieurs | 304-329 |
| Qin Antérieurs | 351-383 |
| Qin Postérieurs | 384-417 |
| Wei du Nord | 386-534 |
| Wei de l'Ouest | 535-556 |
| Zhou du Nord | 557-581 |
| Sui | 581-618 |
| Tang | 618-907 |
| Cinq Dynasties | 907-960 |
| Song du Nord | 960-1127 |
| Song du Sud | 1127-1279 |
| Jin (Jurchen) | 1115-1234 |
| Yuan (Mongols) | 1279-1368 |
| Ming | 1368-1644 |
| Qing (Manchous) | 1644-1911 |
| République de Chine | 1911-1949 |
| République Populaire de Chine | 1949- |

d'une race « céleste » et qui étaient réputés pour leur puissance et leur rapidité, bien au-delà des capacités des chevaux chinois, intéressèrent particulièrement l'empereur. Voyant en eux une arme qui permettrait de battre les Xiongnu, il envoya plusieurs missions développer des contacts politiques et ramener des émissaires étrangers ainsi que des chevaux des cours du Fergana, de Sogdiane, de Bactrie, de Partie et du nord de l'Inde. Aujourd'hui disparus, ces chevaux ont été immortalisés par les artistes Han et Tang (618-907 ap. J.-C.), et notamment dans une sculpture en bronze appelée le « Cheval volant », découverte dans le Gansu en 1969 (voir p. 76). Zhang Qian continua ses efforts pour former des alliances contre les Xiongnu et se rendit en 115 av. J.-C. chez les Wusun, un peuple de nomades qui vivaient à l'ouest du territoire des Huns, mais sans succès. Il mourut en 113 av. J.-C. et reçut le titre impérial de « Grand Voyageur ».

L'expansion d'Alexandre le Grand en Asie centrale s'arrêta bien avant d'atteindre le Turkestan chinois et les Grecs semblent avoir appris peu de choses sur les pays s'étendant au-delà. Les Romains, qui n'étaient pas beaucoup mieux renseignés, étaient convaincus que les Sères (ou « peuple de la soie », c'est-à-dire les Chinois) récoltaient la soie sur des arbres ; Pline appelle ce tissu la « laine des forêts ». Les premiers Romains à constater l'emploi de la soie au combat furent les sept légions de Marcus Licinius Crassus. En 53 av. J.-C., lors d'une campagne en Mésopotamie, les soldats romains traversèrent l'Euphrate à la poursuite de l'armée parthe. Celle-ci parvint à enfoncer la première ligne romaine, puis employa une tactique qui terrifia ses ennemis : elle déploya des bannières faites d'un matériau étrange qui reluisait au soleil. Complètement déroutés, les Romains subirent une défaite écrasante.

Les Parthes, de même que les Sogdiens, les Indiens et les Kushan, devinrent rapidement les principaux intermédiaires dans le commerce de la soie entre Est et Ouest, achetant le tissu aux marchands chinois qui l'acheminaient jusqu'à Dunhuang et Loulan, au cœur du désert de Lop Nor au-delà de la Grande Muraille, et le revendaient aux Parthes, aux Syriens et aux Grecs. Chaque transaction augmentait considérablement le prix du produit qui aboutissait dans l'Empire romain par le biais d'intermédiaires grecs ou juifs. Les vêtements en soie firent fureur à Rome, si bien qu'une loi en 14 ap. J.-C. interdit aux hommes de les porter, de peur de corrompre encore plus une société déjà décadente. Malgré son coût élevé et la condamnation dont elle fit l'objet de la part des moralistes contemporains, la soie continua néanmoins à être portée, même parmi les classes moins aisées.

La soie ne représentait qu'une petite proportion du commerce effectué par la Route de la Soie. Les caravanes qui partaient vers l'est emportaient de l'or, des pierres et des métaux précieux, des textiles, de l'ivoire et du corail, alors que celles qui allaient en Occident étaient chargées de fourrures, de céramiques, de cannelle, de rhubarbe ainsi que d'armes en bronze. Très peu de caravanes effectuaient le voyage entier de Chine en Occident et les marchandises étaient revendues dans les oasis le long de la route qui servaient de centres de commerce et qui devinrent extrêmement prospères.

## INFLUENCES RELIGIEUSES ET ARTISTIQUES

L'importance de ces nouveaux liens terrestres entre Orient et Occident ne se mesure pas uniquement aux marchandises transportées — qui eurent assurément une influence considérable sur l'art et l'esthétique des régions traversées — mais également aux idées et aux croyances véhiculées par les hommes qui accompagnaient ces caravanes. L'impact des pensées religieuses et philosophiques de l'Inde, de l'Asie centrale et du Moyen-Orient allait être immense, tant en Chine que dans d'autres pays de l'Asie. Le bouddhisme, puis dans une moindre mesure le manichéisme et le nestorianisme, ont révolutionné l'art et la culture chinois des dynasties Han et Tang.

Selon une légende, l'introduction du bouddhisme en Chine remonte au règne de l'empereur Mingdi des Han (58-75 ap. J.-C.). Celui-ci fit une nuit un rêve dans lequel il vit apparaître un personnage doré et auréolé de lumière. Persuadé qu'il avait vu le Bouddha lui-même, l'empereur envoya un émissaire en Inde avec mission d'apprendre le plus possible sur cette religion et de ramener des textes et des peintures bouddhiques, ainsi que des prêtres indiens qui pourraient lui expliquer leur doctrine. Par la suite, moines, missionaires et pèlerins furent de plus en plus nombreux à effectuer le voyage d'Inde en Asie centrale, puis jusqu'en Chine. De nombreux Etats d'Asie centrale adoptèrent le bouddhisme et un art particulier se développa dans le Turkestan chinois, influencé par divers styles, dont celui du royaume de Gandhara (aujourd'hui la vallée de Peshawar, au Pakistan) où les formes artistiques indiennes s'étaient déjà mélangées à celles de la Grèce et de la Perse au début du 6e siècle av. J.-C.

Cet art de Gandhara, ou art gréco-indien, représente une phase importante du développment de l'art bouddhique avec sa présentation du Bouddha sous forme humaine et non plus symbolisé par une empreinte de pied, une roue, un arbre ou un stoupa. L'influence grecque (hellénique) sur la peinture y est très évidente : au lieu d'un pagne, le Bouddha porte des habits amples et flottants, et il est représenté avec un nez droit et des cheveux bouclés. Certaines influences indiennes restent toujours présentes, notamment les lourdes paupières et les lobes d'oreille allongés. Ces derniers rappellent la période de la vie de Sakyamuni lorsqu'il était prince et portait de lourds bijoux, et sont le symbole de son renoncement à la vie matérielle et son dévouement à une vie spirituelle. Malheureusement, une grande partie des fresques et des peintures des villes et des temples du Gandhara ont été détruites par des fouilles trop hâtives et mal entreprises. Aujourd'hui, ce sont les sculptures qui représentent le mieux cet art novateur qui avait traversé les Pamirs et été adopté dans les oasis du Taklamakan où il devait être transformé par des influences nouvelles.

L'expansion rapide du bouddhisme le long de la Route de la Soie fut accompagnée par la construction de grottes et de monastères dans les oasis, grâce au soutien financier des riches familles locales et des marchands désireux d'assurer la sécurité de leurs caravanes. Bon nombre de fresques rupestres comprennent des portraits de ces donateurs, qui sont parfois nommés.

Les pèlerins chinois furent sans doute nombreux à voyager vers l'ouest, jusqu'au Gandhara et en Inde, à la recherche de manuscrits. Le premier à arriver en Inde et à en revenir fut le moine Fa Xian (337-422), qui emprunta la Route de la Soie du Sud en 309, passant par Dunhuang et Khotan. Il étudia le bouddhisme avec divers maîtres indiens réputés à Bénarès, Gandhara et au Sri Lanka et voyagea jusqu'à Sumatra et à Java. Après avoir visité plus de trente pays, il retourna en Chine en 414 par la route maritime.

Le moine bouddhiste Xuan Zang (600-664) est peut-être le plus célèbre de tous les voyageurs chinois de la Route de la Soie. Ce fut l'un des quatre grands traducteurs de textes bouddhiques indiens, mais il est surtout connu en Chine pour être l'un des héros d'un roman humoristique du 16e siècle, *Xiyou ji*, ou *Le pèlerinage vers l'Ouest*, qui relate ses aventures fictives. Le véritable Xuan Zang quitta Chang'an en 629 et emprunta la Route nord de la Soie, via Turfan, Kucha, Samarcande et la Bactrie jusqu'au Gandhara. Pendant quatorze ans, il étudia le bouddhisme mahâyâna — et en particulier les doctrines de l'école yogachara — dans divers monastères et acquit une réputation de grand érudit, remportant de nombreux débats face aux bouddhistes hinayanistes. Il rentra en Chine en 645 par la Route du Sud et rédigea ses *Notes sur les Régions occidentales* dans lesquelles il décrit son voyage et donne un compte-rendu de l'état du bouddhisme au 7e siècle. Avec un disciple, il fonda l'école Faxiang, une forme chinoise du yogachara, qui fut très répandue en Chine pendant la dynastie Tang. Xuan Zang traduisit plus de 75 textes sanscrits en chinois, et rédigea même une traduction en sanscrit de l'œuvre du philosophe taoïste Laozi. Ses traductions étaient réputées pour leur qualité littéraire et sont à l'origine d'une

# LE BOUDDHISME MAHÂYÂNA ET HÎNAYÂNA

Les deux grandes écoles du bouddhisme, le mahâyâna et le hînayâna, se sont développées très tôt en Inde avant de se propager dans toute l'Asie. Toutes deux sont basées sur les enseignements essentiels du Bouddha historique, Sakyamuni, mais diffèrent par l'importance relative qu'elles donnent chacune à certains aspects de sa doctrine.

Le bouddhisme mahâyâna est également appelé le « Grand Véhicule » — par opposition au hînayâna, ou « Petit Véhicule » — parce qu'il propose un chemin vers l'illumination accessible à tous, hommes ou femmes, moines ou laïcs. Le bouddhisme mahâyâna a pour but le bien-être de tous les êtres, but auquel se consacrent les bodhisattvas, des « êtres illuminés » guidés par la compassion et la sagesse et qui renoncent à entrer au nirvana pour sauver les hommes. Du point de vue mahayaniste, le nirvana est non seulement la libération du cycle des renaissances mais également la prise de conscience que l'on peut se libérer par sa propre nature. Les principales écoles mahayanistes se sont développées à partir du 1er siècle ap. J.-C. et sont présentes au Tibet, en Chine, en Corée et au Japon.

Le bouddhisme hînayâna, ou theravada (l'Enseignement des Aînés) est répandu en Asie du Sud-Est et surtout au Sri Lanka, en Thaïlande, en Birmanie, au Cambodge et au Laos. Le hînayâna s'est développé après la mort de Sakyamuni et représente l'enseignement originel et pur du Bouddha, tel qu'il est présenté dans les soutras prononcés par le Maître lui-même. Contrairement aux doctrines mahayanistes, le hînayâna considère les spéculations philosophiques comme une barrière à l'atteinte du nirvana. Le but suprême est la libération du cycle des renaissances et l'illumination auxquelles on parvient par ses propres moyens et ses propres efforts, en renonçant au monde. Le hînayâna place donc une très grande importance dans la vie monastique et le rejet des possessions matérielles et n'offre aucune voie vers le nirvana pour les laïcs. L'équivalent hînayâna du bodhisattva est l'*arhat*, un être qui est parvenu à éteindre tous ses désirs et qui a libéré son esprit par une compréhension parfaite. A sa mort, il s'échappera du cycle des existences et ne sera plus réincarné. Contrairement au bodhisattva, l'*arhat* travaille uniquement à sa propre illumination et non à celle des autres.

Bouddha de bois, Tumshuk, $5^{e}$ ap. J.-C.

grande partie du vocabulaire bouddhique employé en chinois, vocabulaire spécialisé et très précis qui avait jusque-là fait défaut. La pagode de la Grande Oie à Chang'an (Xi'an) fut construite en 520 pour abriter les textes mahayanistes et hinayanistes ainsi que les reliques qu'il avait ramenés de son périple et ce fut là qu'il vécut jusqu'à sa mort.

Le manichéisme et le nestorianisme furent également introduits en Asie centrale et en Chine par la Route de la Soie, mais ces deux religions ne connurent pas le même succès que le bouddhisme. Le manichéisme fut fondé en Perse sassanide au 3e siècle ap. J.-C. par un prophète du nom de Mani. Cette religion, marquée à la fois par le zoroastrisme, le christianisme et le bouddhisme, est basée sur les principes opposés de la Lumière et des Ténèbres (l'esprit et le corps). Craint et haï par le clergé zoroastrien, Mani mourut en prison en 277 et ses fidèles furent contraints à l'exil hors des frontières de l'Empire sassanide. Qualifiés d'« hérétiques » tant en terre musulmane qu'en terre chrétienne, les manichéens subirent de nombreuses persécutions mais parvinrent à survivre jusqu'au 11e siècle dans les oasis d'Asie centrale où ils formaient des colonies importantes et prospères. Au 6e siècle, sous les Sui (581-618), les premiers missionnaires manichéens pénétrèrent en Chine et leur religion s'y propagea pendant toute la dynastie Tang, quoique de manière beaucoup plus limitée que le bouddhisme à la même époque. Très peu d'informations nous étaient parvenues sur cette religion jusqu'à la découverte au 20e siècle de bibliothèques et de peintures manichéennes d'influence persane à Karakhoja, près de Turfan. Parmi les textes retrouvés figurent des livres de prières et de confession rédigés en dialectes persans, en ouïghour et en chinois.

Persécutés dans l'Empire romain à partir de l'an 432 pour leur refus de croire en la nature à la fois humaine et divine du Christ, grand nombre de chrétiens nestoriens cherchèrent refuge en Perse sassanide. De là, ils suivirent la Route de la Soie jusqu'en Chine où leur première église fut consacrée en 638. Malgré l'interdiction de culte qui frappa toutes les religions étrangères en Chine en 845 et l'arrivée de l'islam en Asie centrale au 11e siècle, les communautés nestoriennes parvinrent à survivre et Marco Polo retrouva leurs traces lors de son passage à Kashgar et à Khotan au 13e siècle.

## LA CHUTE DE LA ROUTE DE LA SOIE

Sous la dynastie des Tang, Chang'an, la capitale chinoise, était devenue une vaste cité cosmopolite grâce à sa position comme lieu de départ et point d'aboutissement des caravanes qui sillonnaient la Route de la Soie. En 742, la ville comptait une population de 2 millions d'habitants, dont

5000 étrangers ; dans les rues, on pouvait côtoyer Turcs, Arabes, Mongols, Arméniens, Indiens, Coréens, Japonais et Malais. De nombreuses communautés religieuses y avaient construit temples, églises ou synagogues, dont les nestoriens, les manichéens, les zoroastriens, les hindous, les bouddhistes, les juifs et les chrétiens. Les caravanes amenaient les trésors les plus exotiques qui soient aux yeux des Chinois : cosmétiques, safran, médicaments, parfums, épices, mais aussi des animaux inconnus tels que les perroquets, les paons, les faucons, les gazelles et les léopards, ainsi que cet animal fabuleux, « l'oiseau-chameau » ou autruche.

Vers la fin du 8e siècle, les routes maritimes qui reliaient le port méridional de Canton au Moyen-Orient étaient bien établies. L'art de la sériciculture avait été maîtrisé par les Perses et, même si la soie ne fut pas produite en Europe avant le 12e siècle, l'apogée de la Route de la Soie tirait à sa fin. La chute de la dynastie Tang conduisit au chaos politique et à une économie instable qui supportait mal le fardeau d'importations étrangères extravagantes. A la même époque, des communautés entières dans les oasis disparaissaient, parfois en l'espace de quelques semaines, suite au tarissement des sources d'eau ou au changement de cours des rivières dont dépendait toute survie. Depuis la fin de l'ère glaciaire, la quantité d'eau fournie aux rivières du Tarim par la fonte des glaciers s'était constamment réduite et seules les oasis les plus fertiles et les mieux irriguées purent survivre.

L'expansion de l'islam à partir du Moyen-Orient fut l'un des facteurs les plus importants dans la disparition des civilisations bouddhiques de la Route de la Soie. Seuls les grottes et les monastères qui furent recouverts par les sables des siècles auparavant échappèrent intactes. En effet, les fresques, les peintures et les statues bouddhiques allaient à l'encontre des croyances musulmanes qui interdisent toute représentation de l'homme ou de Dieu. En quelques siècles, tout le Taklamakan était devenu musulman et les stoupas et les temples bouddhiques avaient été détruits ou laissés à l'abandon. Sous la dynastie Ming (1368-1644), la Chine ferma ses frontières au monde extérieur, coupant tout contact avec les idées et les cultures étrangères. L'islam ne fut jamais très répandu en Chine mais il s'implanta fermement dans le Turkestan chinois et se trouve à la base de la culture ouïghoure du Xinjiang. Les vestiges des anciennes civilisations bouddhiques de la région demeurèrent enfouis et ignorés jusqu'à la fin du 19e siècle, lorsqu'une nouvelle génération de « diables étrangers » commença à fouiller le sol du bassin du Tarim.

## Reliques Bouddhiques

Dans son ouvrage *Journey to Turkistan,* qui relate sa mission en 1935 dans cette région, Sir Erich Teichman note que les Chinois « bouillonnent d'indignation quand ils lisent dans les récits de voyageurs étrangers les descriptions de la manière dont furent emportées des bibliothèques entières de manuscrits anciens, de fresques et de reliques de la culture bouddhique du Turkestan ». Les Chinois mirent fin aux fouilles libres qui avaient lieu au Taklamakan en prenant des mesures très strictes, mais pas à temps pour empêcher qu'un grand nombre de trésors bouddhiques qui avaient survécu pendant des siècles aux sables et au déferlement de l'islam ne soient emportés par les explorateurs étrangers au début du siècle. Ces objets se trouvent maintenant dans une trentaine de musées et d'institutions en Grande-Bretagne, en France, en Allemagne, au Japon, en Corée, à Taiwan, en Russie, aux Etats-Unis, en Inde, en Suède et en Finlande.

Toutefois, bien avant l'arrivée des géographes et des archéologues occidentaux, un grand nombre de cités enfouies et de grottes situées le long de la Route de la Soie avaient déjà été découvertes, pillées et parfois détruites par les habitants des oasis et les nomades de la région. La première équipe de surveillance topographique traversa le Karakoram en 1863 : elle était composée d'un seul membre, un certain Mohamed-e Hameed, fonctionnaire indien chargé par les Britanniques d'explorer clandestinement les oasis du Taklamakan. Hameed ne rentra jamais en Inde ; seuls ses instruments de mesure et quelques notes prises pendant son séjour de six mois à Yarkand furent rapatriés, mais ces notes prouvaient une fois pour toutes que les cités enfouies du Taklamakan existaient bel et bien et n'étaient pas simplement des légendes. Les premiers explorateurs occidentaux à visiter l'ancienne capitale de Khotan et les cités aux alentours de Keriya furent les Britanniques William Johnson et Sir Douglas Forsyth. En 1877, des explorateurs russes découvrirent les sites du Lop Nor puis, en 1879, la ville murée de Kharakhoja, l'ancienne capitale ouïghoure. Cette même année, une mission géologique hongroise trouva les grottes bouddhiques de Dunhuang.

Les premières fouilles effectuées par les chasseurs de trésors locaux et les archéologues occidentaux mirent à jour des collections remarquables de soutras bouddhiques, certains écrits en caractères indiens sur des écorces de bouleau, d'autres en sanscrit employant l'alphabet brahmani, d'autres encore rédigés dans des langues alors inconnues. Les documents retrouvés dans la région de Kucha en 1889 comptent parmi les plus anciens manuscrits du monde : ce sont des textes de médecine et de nécromancie datant du 5e siècle. Malheureusement, dans leur hâte d'acheter tous les manuscrits à disposition, les archéologues britanniques, russes et français ne firent qu'encourager la fabrication locale de faux textes (voir p. 25). Malgré cela, la découverte de textes véritables révolutionna les études des anciennes civilisations d'Inde et d'Asie centrale et permit, entre autres, une meilleure compréhension du nestorianisme et du manichéisme.

Peinture sur soie d'un boddhisattva, 19e siècle.

# La Chine physique

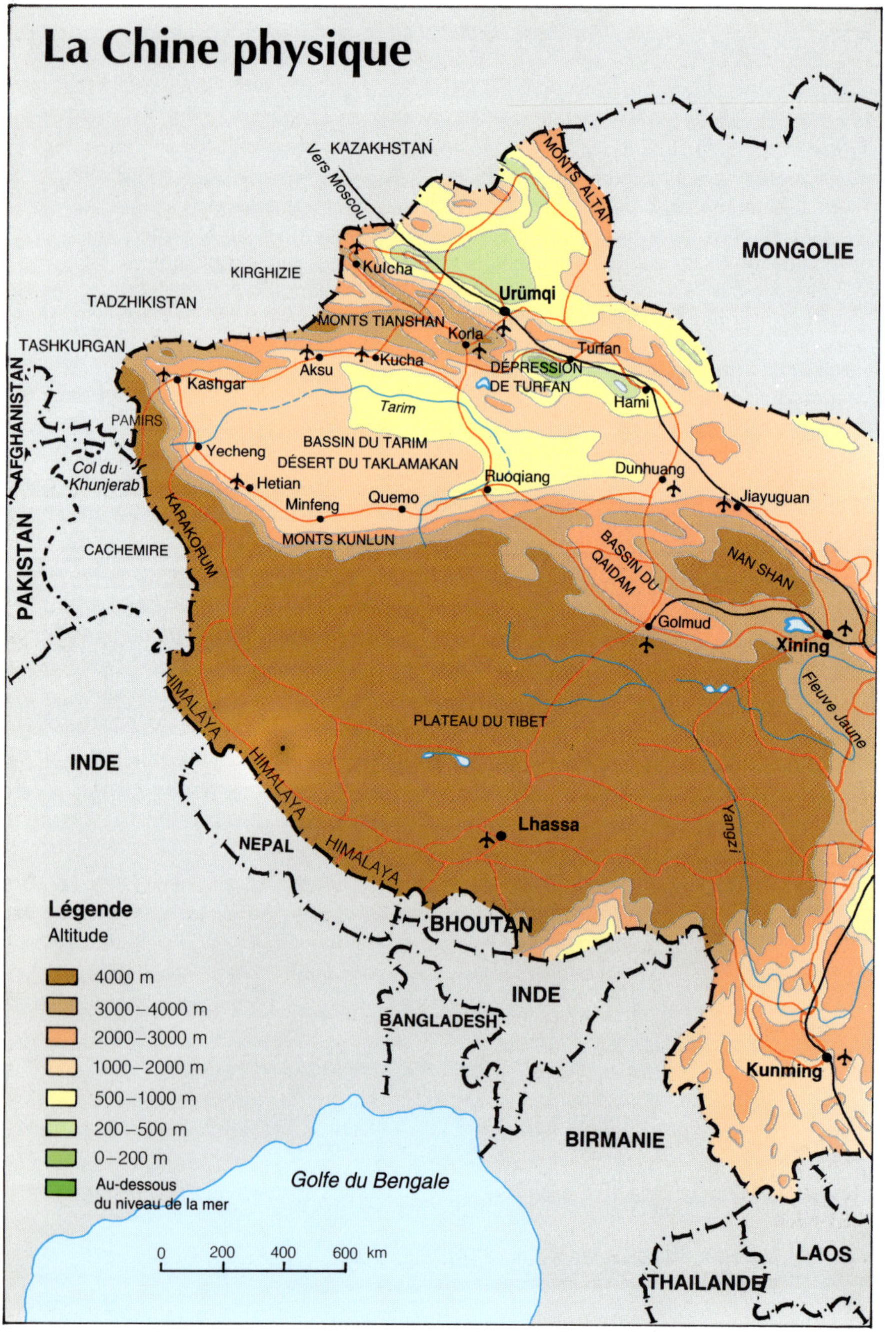

N
Vers Moscou
Manzhouli
MONTS KHINGAN
Harbin
Changchun
Shenyang
Mer du Japon
DÉSERT DU GOBI
Hohhot
Pékin
Tianjin
Golfe de Bohai
Yinchuan
Fleuve Jaune
PLATEAU
DE LOESS
Taiyuan
Shijiazhuang
Jinan
Mer Jaune
Lanzhou
Baoji
Xi'an
Zhengzhou
Lianyungang
Nankin
Hefei
Shanghai
Hangzhou
Chengdu
BASSIN DU
SICHUAN
Wuhan
Yangzi
Mer de Chine
orientale
Changsha
Nanchang
Guiyang
Fuzhou
Taipei
Océan Pacifique
Canton
Nanning
Pingxiang
Hong Kong
VIÊT-NAM
Haikou
Golfe du
Tonkin
Mer de Chine méridionale
© The Guidebook Company Ltd

# INFORMATIONS PRATIQUES

## COMMENT S'Y RENDRE

Partir à la découverte de la Route de la Soie signifie pour la plupart des Occidentaux la concrétisation d'une envie peu ordinaire : revivre les aventures de Marco Polo. La réalisation de ce rêve exaltant a été rendue possible en 1986 par l'ouverture de la frontière sino-pakistanaise au col du Khunjerab. Ce col est ouvert aux touristes étrangers de mai jusqu'au début du mois de novembre (ou plus tard si les conditions météorologiques le permettent). Le col est ouvert toute l'année pour les services postaux et le commerce frontalier. Depuis fin 1991, la ligne de chemin de fer Moscou-Urumqi, qui passe par la mer d'Aral, a été remise en service.

### Visas

Tous les visiteurs qui entrent en Chine doivent être munis d'un visa. Le touriste qui fait partie d'un groupe aura probablement un visa collectif, document unique où figurent tous les membres du groupe et qui est obtenu par l'agence de voyages pour le compte de ses clients. La demande de visas individuels se fait soit à certaines agences de voyage soit directement aux ambassades ou consulats chinois et ne pose généralement aucun problème. Le coût et la validité du visa (de 1 à 3 mois) varient en fonction du bureau émetteur.

Les extensions de visa d'un mois peuvent être obtenues au Bureau de la Sécurité Publique (PSB, *gongan ju*), dans la plupart des grandes villes, mais seulement à quelques jours de l'expiration du visa original. Un visa touriste donne accès à toutes les villes ou régions ouvertes du pays (c'est-à-dire toutes les capitales provinciales et les lieux touristiques).

Tous les voyageurs qui traversent la frontière sino-pakistanaise par le col du Khunjerab doivent avoir un visa de tourisme valable pour le Pakistan. Si vous n'obtenez pas votre visa pakistanais avant d'entrer en Chine, faites-en la demande à l'ambassade de la République islamique du Pakistan à Pékin, au 1, Dongzhimenwai Dajie, Sanlitun, tél. 522504, 522695 ou 522581. Pendant la saison touristique, la frontière est ouverte tous les jours, y compris pendant les fêtes nationales.

## Douanes

Une déclaration de douane doit être remplie par chaque visiteur à l'entrée. Conservez soigneusement le double de ce formulaire qui devra être présenté en cas d'inspection au départ de Chine, sous peine d'amende. Les effets personnels que l'on vous demande d'énumérer à l'arrivée — tels qu'appareils photo, caméras, enregistreurs, montres et bijoux — doivent être en votre possession à votre départ. Si vous avez acheté des antiquités en Chine, les douaniers peuvent vous demander de produire les reçus officiels.

Quatre bouteilles d'alcool, trois cartouches de cigarettes, une quantité illimitée de pellicule et des médicaments pour votre usage personnel peuvent être importés. Les armes à feu et les drogues dangereuses sont strictement interdites. Il n'y a pas de limite à la quantité de devises étrangères que vous pouvez importer en Chine.

## La préparation d'un itinéraire

Emprunter la Route de la Soie signifie souvent une combinaison de trajets par air, rail et route. Ceci demande une planification soignée pour tenir compte des énormes distances, de la condition des routes, de la lenteur des trains et de la rareté des vols intérieurs dans certaines zones. Le circuit habituel offert par les agences de voyages commence à Xi'an par des vols vers Lanzhou et Dunhuang. Un trajet de nuit par train mène de Dunhuang à Turfan, puis par la route jusqu'à Urumqi, capitale de la région autonome ouïghoure du Xinjiang. De nombreux vols, chaque semaine, permettent de faire une excursion d'Urumqi à Kashgar; assurez-vous que vous passerez un dimanche dans cette ville car il serait dommage de ne pas visiter le bazar.

Ceux qui ont plus de temps et d'énergie préféreront prendre le train de Xi'an à Lanzhou et, traversant le Passage de Hexi, s'arrêter à Jiuquan et à Jiayuguan afin de visiter le fort qui garde la Grande Muraille. De là, on prend habituellement un bus pour Dunhuang puis un train jusqu'à Turfan ou Urumqi. Mieux vaut prendre la route pour aller de l'une à l'autre de ces deux villes. Des bus partant soit d'Urumqi soit de Turfan font le trajet vers le sud-ouest jusqu'à Kashgar en prenant un minimum de trois ou quatre jours, selon les conditions de la route — et du bus! Des tempêtes de sable ou de soudaines crues peuvent être la cause de longs retards, soit par la route, soit par le rail.

Bien que ce guide suive la Route de la Soie d'est en ouest, soit de Xi'an à Kashgar, il est bien sûr possible de voyager dans l'autre sens, en arrivant en Chine par le Pakistan ou le Turkménistan. La durée d'un voyage en Asie centrale dépendra largement des moyens de transport que vous emprunterez et du temps que vous consacrerez à chaque étape. Il est possible de voir les sites principaux du Gansu et du Xinjiang en deux à trois semaines en se déplaçant en train et en bus, mais il sera plus agréable de disposer d'un mois ou deux, surtout si vous voyagez de manière indépendante, pour pouvoir vous arrêter plus longuement dans certains endroits.

Ceux qui désirent se joindre sur place à un groupe ou qui ont déjà préparé un itinéraire et qui voudraient qu'une agence s'occupe des détails peuvent s'adresser à la CITS (*China International Travel Service*), l'agence de voyage pour étrangers qui a des bureaux dans plus de 140 villes de Chine. Depuis Lanzhou, il existe toute une gamme d'itinéraires plus ou moins longs (de 9 à 30 jours), qui comprennent par exemple des excursions aux vergers de Hami, des sorties en planeur au-dessus du Gobi et des chasses à l'antilope dans le Gansu.

### Le col du Khunjerab

Les voyageurs quittant la Chine doivent passer par le poste frontière de Hongqilafu (Pirali) avant 14 h (heure chinoise) et le poste frontière pakistanais à Sost avant 16 h (heure pakistanaise). Les voyageurs allant en Chine doivent avoir passé par Sost avant 11 h (heure pakistanaise) et Hongqilafu avant 19 h (le temps légal de la Chine a 3 h d'avance sur le temps légal du Pakistan).

Des jeeps officielles vous emmèneront pour environ 10 US$ du poste frontière pakistanais de Sost jusqu'au poste chinois de Hongqilafu (86 km). Là, vous aurez à remplir les formalités usuelles de douane et d'immigration.

Les groupes organisés sont accueillis par des jeeps ou des bus à Hongqilafu et transportés à Tashkurgan pour y passer la nuit. C'est là que se font les arrangements pour continuer le voyage par route jusqu'à Kashgar. Pour se rendre à Tashkurgan, les voyageurs individuels doivent emprunter n'importe quel moyen de transport disponible à Hongqilafu.

## TRANSPORTS

### Transports aériens

Pendant la saison touristique, il existe des liaisons aériennes entre la plupart des villes le long de la Route de la Soie. Si l'avion reste de loin le moyen de transport le plus rapide dans cette région, certains vols ne sont pas très fréquents (hebdomadaires) et, comme partout ailleurs dans le pays, peuvent soudainement être annulés sans raison apparente. Les prix des billets pour les touristes étrangers est relativement élevé. Il est conseillé de réserver sa place plusieurs jours à l'avance.

## Trains

La ligne de chemin de fer Lanzhou-Urumqi a été terminée en 1963, mettant ainsi fin à l'isolement économique du Xinjiang et reliant les principaux sites de la voie nord de la Route de la Soie. A partir d'Urumqi, la ligne continue vers le Turkménistan mais n'est pas rattachée aux villes comme Kashgar dans le sud du Xinjiang. Contrairement à l'avion, le train est presque toujours à l'heure et permet de contempler des heures durant les vastes paysages de l'Asie centrale. La « classe molle », avec couchettes ou places assises, est la classe généralement utilisée par les étrangers et les responsables de haut rang, mais le prix d'un billet est aujourd'hui presque égal à celui d'un billet d'avion. La classe « assis dur » est, comme son nom l'indique, la moins confortable, surtout pour des trajets d'une journée ou plus.

## Bus

Le bus est le moyen de transport le moins onéreux et il existe des liaisons entre toutes les villes de la région. En contrepartie, au Xinjiang les bus sont très lents en raison de l'état des routes, des distances à parcourir et de l'âge des véhicules. Il faut, par exemple, compter trois jours pour le trajet Urumqi-Kashgar (en passant la nuit à Korla et Aksu), mais l'effort en vaut la peine pour la beauté des paysages traversés. A noter qu'au Gansu, les étrangers doivent acheter une assurance (20 yuan) pour utiliser les bus intervilles. Cette règle est assez sévèrement appliquée jusqu'à Jiayuguan.

Autre possibilité : louer un 4 x 4 ou un minibus pour la visite des sites à l'extérieur des villes qui seraient autrement inaccessibles. A plusieurs et en marchandant le prix, cette location ne devrait pas être très onéreuse. S'adresser aux agences de voyage ou aux hôtels. Le prix devrait être calculé en fonction de la distance kilométrique et du nombre de jours de la location.

## CLIMAT ET VÊTEMENTS

Les conditions climatiques le long de la Route de la Soie varient du climat continental dans la région de Xi'an (semblable à celui de l'Europe centrale) à un rude climat désertique pour la plus grande partie de son extension ouest. Ce dernier signifie un été extrêmement chaud et aride et un automne et un printemps si courts qu'on les remarque à peine, ainsi qu'un hiver relativement froid avec des chutes de neige sur les hauteurs. Les oasis ont des micro-climats similaires aux régions chaudes de la Méditerranée, l'humidité étant fournie par des cours d'eau souterrains.

Si l'été est la saison la plus chaude elle est également la saison la plus fleurie. Au Xinjiang, le mois de juin est déjà chaud, avec des températures estivales avoisinant les 30°C à Urumqi et s'élevant jusque vers 45°C à Turfan. Les chutes de pluie sont faibles et l'air est très sec. De juillet à septembre, les températures à Xi'an atteignent 38°C, avec un fort taux d'humidité qui peut être désagréable.

Les hivers sont rudes et rigoureux. Les températures à Xi'an en décembre et janvier avoisinent –4°C ou –5°C. La température moyenne à Urumqi est de –10°C et bien plus basse dans les montagnes et dans la partie nord du bassin de Junggar.

Il est conseillé d'emporter en été des vêtements légers de coton et un chapeau pour le soleil. Vous devriez imiter les habitants en restant à l'ombre aux alentours de midi. Les chaussures doivent être solides et confortables ; même en été, il est conseillé de porter des chaussures à semelles épaisses, car la température du sol peut être élevée et rendre la marche en sandales légères insupportable. En hiver, des vêtements de laine et un manteau rembourré et bien chaud sont nécessaires contre les vents pénétrants.

Vous devrez être équipés contre les tempêtes de poussière qui, fine et jaunâtre, peut rester en suspension toute la journée, surtout à Turfan où des sables abrasifs sont fouettés en rafales par des vents violents, ce qui fait cesser toute activité. La poussière est particulièrement néfaste pour votre appareil photo ; emportez une pochette plastique pour le protéger. Il est important de prendre une bonne lampe de poche, particulièrement pour les visites de grottes bouddhiques non éclairées.

## ALTITUDE ET SANTÉ

Aucune vaccination particulière n'est demandée ; cependant, les voyageurs qui empruntent le col du Khunjerab et passent la nuit à Tashkurgan, qui se

Derrière cette façade se trouve une grotte abritant un grand bouddha ; Mogao, près de Dunhuang.

trouve à 4000 m, peuvent souffrir du mal d'altitude causé par un apport insuffisant d'oxygène au cerveau et autres organes vitaux. Chacun peut en être affecté au-dessus de 3000 m. Contrairement à un voyage au Tibet où l'on reste à de très hautes altitudes pendant tout le séjour, les voyageurs de la Route de la Soie ne sont exposés à l'altitude que deux ou trois jours au plus.

Les symptômes du mal d'altitude comprennent: maux de tête, nausées et souffle court. Dans 99 % des cas, un peu de repos et deux aspirines suffisent à faire passer le malaise. Cependant, l'œdème cérébral et pulmonaire qui est un état sérieux — parfois fatal — commence avec les mêmes symptômes. Epuisement et déshydratation semblent contribuer au mal des montagnes. Buvez beaucoup de liquide, ne fumez pas et évitez somnifères et tranquillisants qui ont tendance à limiter la respiration et l'absorption d'oxygène. Le Diamox (acétozolamide) est un diurétique doux, obtenu sur ordonnance, qui stimule l'absorption d'oxygène; il est utilisé par les médecins de l'Association de secours de l'Himalaya à Kathmandou pour les grimpeurs qui font des ascensions rapides.

## QU'EMPORTER AVEC SOI ?

### Films

De nombreux touristes regrettent amèrement de ne pas avoir emporté assez de films. On trouve des films un peu partout en Chine mais le bon format n'est pas toujours disponible au bon moment. Vous avez le droit d'emporter jusqu'à six douzaines de pellicules, aussi emportez-en suffisamment pour être assuré de ne pas être à court durant votre voyage. Vous serez peut-être tenté de faire développer vos films en cours de route car nombre d'hôtels de luxe proposent maintenant un service 24 heures. Méfiez-vous toutefois: la qualité de la reproduction et la manipulation des négatifs laisse souvent à désirer.

### Médicaments et articles de toilette

Emportez tous les médicaments prescrits dont vous avez besoin, et une provision de médicaments à usage général. On trouve certains produits pharmaceutiques en Chine mais il est plus prudent de pouvoir subvenir vous-même à vos besoins.

A l'exception de certains produits cosmétiques d'importation, la plupart des dentifrices, shampooings, crèmes à raser, etc. fabriqués en Occident sont introuvables en Chine du nord-ouest; il existe bien sûr des marques chinoises de ces articles qui sont souvent excellentes. On ne trouve pas partout des serviettes hygiéniques et des tampons ; les voyageuses devront emporter leurs propres réserves. Si vous passez par Pékin, sachez qu'il existe une excellente pharmacie au sous-sol du Palace Hotel (Wangfu binguan, Wangfujin) qui stocke presque tout ce dont vous pourriez avoir besoin.

### Appareils électriques

Le voltage peut varier d'une région à l'autre, mais le plus souvent c'est du 220-240 V. Attention, les prises ne sont ni de taille ni de forme standard. On trouve quelques adaptateurs en vente mais le plus sûr, si vous ne pouvez vraiment pas vous passer d'un appareil électrique, est d'emporter des adaptateurs de différents modèles.

## L'HEURE DU XINJIANG

Parce que l'heure légale est unique dans toute la Chine, le Xinjiang connaît des aubes à 7 h 30 ou 8 h du matin et des crépuscules aux environs de 22 h 30 ou 23 h (en été). Bien que les horaires, en particulier ceux des bus, soient établis en temps de Pékin, les autochtones utilisent souvent l'heure non officielle du Xinjiang qui a deux heures de retard, et beaucoup d'entre eux règlent leur montre sur cette heure locale. Pour ajouter à la confusion, Pékin adopte une heure d'été — en avance d'une heure, ce qui augmente la différence de trois heures. Aussi, ne manquez pas de vérifier si le temps indiqué est celui de Pékin ou du Xinjiang.

Les heures de bureau au Xinjiang sont de 10 h à 14 h et de 14 h à 20 h (heure de Pékin), mais cela peut varier de ville en ville. Plus vous allez au sud et à l'ouest, plus l'horaire se relâche.

L'heure légale en Chine a trois heures d'avance sur celle du Pakistan.

## MONNAIE

La monnaie chinoise, appelée *renminbi* ou Rmb (c'est-à-dire argent du peuple) est divisée en yuan (appelé *kuai* dans le langage courant) qui est à son tour divisé en 10 jiao (appelé *mao* dans le langage courant). Chaque jiao est, enfin, divisé en 10 fen. Il existe des billets de banque de 100, 50, 10, 5, 2 et 1 yuan, et de 5, 2 et 1 jiao ainsi que des pièces de monnaie de 1 yuan, 5 jiao et de 5, 2 et 1 fen.

Les FEC ou certificats de devises étrangères introduits en 1980 à l'usage des étrangers ont été retirés en janvier 1994. Tous les étrangers reçoivent donc maintenant les mêmes billets que les Chinois, les renminbi.

Toutes les monnaies étrangères principales librement négociables peuvent être échangées à la Banque de Chine, dans les hôtels et dans les Magasins de l'Amitié.

Tous les principaux chèques de voyage européens, américains et japonais sont acceptés et sont échangés à un taux légèrement plus favorable que l'argent comptant. Les principales cartes de crédit internationales sont désormais acceptées presque partout dans les hôtels et les magasins des grandes villes.

Bien qu'officiellement interdits, les pourboires ont fait leur réapparition malgré des mesures sévères prises en 1987. Le personnel des restaurants et des hôtels, particulièrement ceux à capitaux mixtes, de même que les guides et les chauffeurs accepteront des souvenirs, des cigarettes et souvent de l'argent.

## JOURS FÉRIÉS

Contrastant avec le long calendrier des fêtes traditionnelles chinoises, le calendrier chinois moderne ne présente que trois jours fériés officiels : le 1er Mai, le 1er Octobre (date anniversaire de la fondation de la République populaire de Chine) et le Nouvel-An chinois que l'on appelle en Chine « Fête du printemps » et qui coïncide avec le Nouvel-An lunaire. Dans les régions musulmanes du Gansu et du Xinjiang, des fêtes islamiques sont aussi célébrées (elles ne sont pas cependant considérées comme fêtes nationales). Ces fêtes comprennent le *Bairam* ou « Petit Festival » et le *Corban* ou « Grand Festival ». Le mois de jeûne du Ramadan est aussi observé.

## HÉBERGEMENT

Le type d'hébergement disponible le long de la Route de la Soie va de l'hôtel de luxe à capitaux mixtes, tel le Hyatt à Xi'an et le Holiday Inn d'Urumqi, à l'auberge rudimentaire où les draps ne sont que rarement changés. On distingue quatre catégories distinctes d'hôtels :

***Lüshe/lüguan*** – le type le plus rudimentaire et le moins cher, mais aussi souvent le plus sale, où logent surtout les chauffeurs de camion et les voyageurs en bus ; toilettes à l'étage ; pas de douches. Beaucoup d'établissements n'ont pas de permis leur permettant d'accepter les étrangers.

***Zhaodaisuo*** (*guesthouse*) – le seul endroit dans grand nombre de petites villes où un étranger peut loger ; dortoirs bon marché ; toilettes et douches à l'étage ; en général plus propre que les *lüshe*.

***Binguan*** (hôtel) – la meilleure catégorie qui comprend aussi bien les hôtels deux étoiles que les palaces de luxe. En général, toutes les chambres ont l'air conditionné, et sont propres et confortables. Restaurants de cuisines chinoise, musulmane et souvent occidentale.

***Fandian*** (hôtel ou restaurant) – terme qui recouvre tous les types d'établissements, du *lüshe* au *binguan*, mais surtout employé pour les hôtels de deuxième catégorie.

Pour les employés des hôtels, tous les étrangers sont riches et ont nécessairement besoin de chambres de luxe. Ils vous expliqueront donc que toutes les chambres bon marché sont occupées ou qu'elles ne vous plairont pas. Il faut donc parfois faire preuve de patience pour obtenir ce que l'on désire et surtout ne pas s'énerver. Quel que soit le type d'hébergement, toutes les chambres sont fournies de thermos de *kai shui* (eau bouillie) ou de flacons d'eau froide (bouillie puis refroidie), propre à la consommation (ne buvez pas l'eau du robinet).

En raison des fluctuations très rapides des prix, le coût des chambres d'hôtel n'est pas indiqué pour chaque hôtel mentionné dans ce guide. De manière générale, les hôtels de luxe ont des chambres doubles à partir de 150 US$, les hôtels de première classe coûtent autour de 90 US$ la chambre double, les hôtels standard environ 40 US$, et les hôtels budget autour de 20 US$ (voir liste détaillée des hôtels sous chaque ville).

## BOISSONS ET NOURRITURE

Le cuisine traditionnelle ne varie guère d'un bout à l'autre de la Route de la Soie, mais elle est riche et savoureuse, bien que simple et parfois répétitive. Dans les grands centres, la réapparition depuis un ou deux ans de petits restaurants privés, spécialisés dans les cuisines du Sichuan, de Pékin ou de Canton, a contribué, par la concurrence que cela entraîne, à améliorer la qualité générale des plats proposés. Mais les restaurants des hôtels pour étrangers demeurent pour la plupart médiocres et très onéreux.

Le meilleur endroit pour goûter à la cuisine locale est le marché de nuit (*ye shi*) ou le petit restaurant (*xiao chi*). Chaque soir au crépuscule, les marchands dressent tables et étals le long de certaines rues des villes et proposent une gamme impressionnante de mets mijotés, frits ou grillés.

L'influence des habitudes alimentaires islamiques est immédiatement perceptible dans le nord-ouest de la Chine : le porc, tellement apprécié des Chinois Han, est remplacé au Gansu par le bœuf et au Xinjiang par le mouton. Parmi les spécialités ouïghoures notons le mouton entier rôti (*kao quan yang*), le mouton en brochette (*kao yangrou chuan*), le riz épicé (*zhua fan*), les raviolis à la viande de mouton cuits à la vapeur (*yangrou baozi*), et le *la tiao zi* avec du *la zi rou* (un plat de nouilles accompagné de mouton sauté aux aubergines, tomates et poivrons verts). D'autres plats locaux sont les bols de soupe de mouton, servie brûlante ; les *shao kao rou* (des petits morceaux de mouton frit aux épices parfumées) ; les *baozi* à la pâte épaisse ou fine (raviolis fourrés de viande de mouton et assaisonnés) ; et toute une variété de préparations de riz aux abricots, à la viande de mouton, aux oignons ou aux carottes que les Ouïghours mangent avec leur main droite uniquement. De grands morceaux de *nan*, pain sans levain, de taille et de forme différentes font partie de la nourriture de base. Le yogourt frais peut être sucré sur demande.

Une grande quantité de fruits sont cultivés dans le Gansu et le Xinjiang, surtout l'été : abricots (*xingzi*), pruneaux (*meizi*) et mûres (*sangshu*) en juin ; melons (*gua*) en juillet ; pêches (*taozi*), figues (*wuhuaguo*) et raisins (*putao*) en août ; grenades (*shiliu*), pommes (*pingguo*) et poires (*lizi*) en septembre. Les melons de Hami sont réputés dans tout le pays et il en existerait plus de cinquante variétés. Le choix d'un melon donne lieu à des rituels, des discussions prolongées afin d'en évaluer la maturité à l'odeur et au son. Au Xinjiang, les hommes portent des couteaux dans leur ceinture et les exhibent avec assurance, coupant d'abord une tranche de la base du melon pour s'assurer que la lame est propre. Tout le monde s'accroupit pour examiner un melon de Hami, du Gansu ou une pastèque et ces réunions sont toujours une occasion de partage et d'amitié (on ne devrait pas manger trop de melon : il peut déclencher une diarrhée).

Le thé se boit avec les repas ou juste avec du pain. A Xi'an et au Gansu, la variété la plus bue est le thé vert mais les habitants du Xinjiang lui préfèrent un thé noir moins raffiné. La bière (*pijiu*) et l'alcool de riz (*baijiu*) sont très appréciés lors des repas, même par les musulmans. La bière est souvent la boisson la plus désaltérante, car les jus de fruits peuvent être soit trop sucrés soit sans goût. Turfan produit un certain nombre de vins dont la plupart sont doux.

Musicien à Linxia.

## Le Grand Jeu

Au milieu du 19$^{e}$ siècle, la Grande-Bretagne, bien qu'ayant déjà établi son pouvoir impérial sur l'Inde, s'inquiéta des avances russes au sud du Caucase géorgien en direction de la Perse. Lorsque Napoléon Bonaparte s'était allié temporairement avec le tsar Alexandre I$^{er}$ quelques décennies auparavant et avait projeté de traverser la Perse et l'Afghanistan jusqu'en Inde, Londres ne s'en était pas ému outre mesure. Mais la région immédiatement au nord du sous-continent indien formait une sorte de no man's land d'une importance stratégique capitale pour la Grande-Bretagne et la Russie. Si les projets de Napoléon n'aboutirent jamais, l'avance russe à travers les khanats d'Asie centrale continua pendant quelque cinquante années.

A partir de cette époque et jusqu'au début du 20$^{e}$ siècle les deux pouvoirs impérialistes rivaux allaient s'engager dans une lutte subtile, parfois ouverte, pour le contrôle de cette région qui s'étendait du Caucase à l'ouest, à travers l'Asie centrale jusqu'au Turkestan chinois et au Tibet à l'est. La Russie cherchait à tout prix à avoir accès aux richesses légendaires de l'Inde — la source de la puissance et de la fortune de la Grande-Bretagne — en s'emparant des cols de montagne des Pamirs et du Karakoram. De son côté, Londres tentait de garder la Russie à distance en soutenant sur les frontières de l'Inde une série d'Etats tampon, loyaux à la couronne britannique. Le contrôle de cette région lointaine dépendait plus de la récolte d'informations et du relevé topographique des montagnes et des cols que d'une diplomatie de haut niveau. Ainsi, les deux côtés comptaient sur l'habileté d'individus courageux — beaucoup d'entre eux officiers et linguistes brillants — dont les explorations étaient entreprises sous prétexte de « voyages de chasse » ou de « relevés géographiques » par les Britanniques et d'« expéditions scientifiques » par les Russes. Ils s'aventuraient sur un territoire dangereux et traître et beaucoup d'entre eux ne revinrent jamais.

Pour ces expéditions de reconnaissance, le capitaine Thomas Montgomerie du Indian Survey, l'agence chargée de fournir au gouvernement les cartes du sous-continent et des régions voisines, employait de préférence des *pundits* indiens, entraînés à des techniques secrètes de topographie. Du point de vue politique, il était trop délicat d'envoyer des officiers britanniques en Afghanistan, au Turkestan et au Tibet; en cas d'exécution pour espionnage, aucune représaille ne pouvait être prise à l'encontre des khanats, très méfiants de toute menace étrangère à leur pouvoir. Les *pundits*, en tant qu'Indiens, passaient plus inaperçus et pouvaient être désavoués par le gouvernement britannique en cas de capture ou de décès. Déguisés en pèlerins bouddhistes, ils cartographièrent les régions inconnues, calculant la distance parcourue chaque jour sur leurs chapelets et notant ces chiffres sur des parchemins contenus à l'intérieur de leur roues à prières. Le couvercle de ce dernier renfermait une boussole, et des thermomètres, qui servaient à estimer l'altitude, étaient cachés dans le manche. Les *pundits* furent rarement récompensés pour leur bravoure, mais l'auteur Rudyard Kipling immortalisa leur travail dangereux dans son roman inoubliable, *Kim*.

Les intrigues de ce Grand Jeu, ou *Great Game*, étaient aussi passionnantes pour les stratèges assis dans leurs bureaux que pour les joueurs sur le terrain. Des volumes entiers de livres, d'articles et d'éditoriaux, consacrés à la menace que représentait la position de l'ennemi en Asie centrale, dictèrent la politique étrangère gouvernementale et ravirent un public passionné par ces aventures qui se déroulaient dans des royaumes exotiques comme le Ladakh, Boukhara ou Khokand.

Un des premiers acteurs dans ce Grand Jeu fut William Moorcroft, un vétérinaire de la Compagnie britannique des Indes orientales et partisan d'une politique plus agressive pour contrecarrer les avances russes. Ce ne fut qu'après sa mort que l'on réalisa qu'il avait eu raison de s'alarmer de la menace russe, mais de son vivant peu d'officiers étaient prêts à le prendre au sérieux. En 1819, Moorcroft partit en mission à Boukhara pour acheter les fameux chevaux turkmènes. Alerté par la présence là d'un marchand recruté par les Russes, il décida d'établir, sans autorisation, un traité commercial avec le souverain du Ladakh, ce qui provoqua la colère du roi du Penjab voisin. Moorcroft fut désavoué par la Compagnie des Indes orientales mais resta à Boukhara. Il devait y mourir quelques semaines plus tard, d'une fièvre selon certains, empoisonné selon d'autres.

Une mission secrète russe atteignit Kashgar en 1858 et dans les années 1860 des soldats russes occupèrent Tashkent, Samarcande et Boukhara. A la même époque, Yakub Beg prit le pouvoir à Kashgar, dressant les Russes et les Britanniques les uns contre les autres et établissant des traités avec les deux empires pour tenter de donner une réputation internationale à son pays. Son influence s'étendit rapidement au point de menacer la région de Yili, point d'accès stratégique à la frontière russe et à ses riches minéraux. En 1871, à la consternation du gouvernement chinois, les Russes occupèrent Yili. Six ans plus tard, Yakub Beg fut défait par une armée chinoise sous le commandement du général Zuo Zongtang qui restaura le pouvoir chinois dans la région.

Dans les années 1870, les Russes s'emparèrent de Khiva et de Khokand. En 1884, l'annexion par la Russie de Merv (aujourd'hui Mary au Turkménistan) située près de la frontière persane leur garantit l'accès à la Perse et à l'Afghanistan. Stratégiquement proches de l'Inde britannique, ils n'en étaient séparés que par la barrière formidable des Hauts Pamirs et du Karakoram ; la Russie et la Grande-Bretagne se trouvaient au bord de la guerre. A la fin de la décennie, les Russes envoyèrent des missions pour récolter des informations dans la région du Pamir, alors que les forces anglo-indiennes soumirent les tribus peu fiables installées le long de la frontière, tentant ainsi de bloquer les empiétements russes.

En 1888, le capitaine Gromchevsky, un explorateur russe, pénétra dans le royaume de Hunza (aujourd'hui au Pakistan) et fut reçu avec courtoisie par le khan dans une région pourtant considérée comme faisant partie de la sphère d'influence britannique. Pire encore, on apprit que des pillards hunza, qui s'avérèrent être envoyés par le khan lui-même, avaient pris l'habitude de passer par un col secret pour attaquer les caravanes commerciales dans les montagnes entre Leh et Shache. Bien déterminé à découvrir ce col avant les Russes, le lieutenant Francis Younghusband partit pour le Hunza. Selon lui, le fameux khan de Hunza, Safdar Ali — qui s'était emparé du pouvoir en tuant ses parents et en jetant ses deux frères du haut d'une falaise — croyait « que l'impératrice de l'Inde, le Tsar de la Russie et l'empereur de Chine étaient les chefs des tribus voisines ».

Grâce à l'établissement en 1890 d'une agence indo-britannique à Kashgar, la ville devint un centre d'observation vital. George Macartney y passa 28 ans en qualité de consul général britannique, créant un réseau de récolte d'informations qui garda un œil particulièrement attentif sur les Russes tout en forgeant des liens avec le gouverneur chinois. Ses relations avec le tout-puissant consul russe Nikolai Petrovsky étaient difficiles et pendant des années, le Russe refusa de lui parler. Younghusband arriva à Kashgar avec le jeune Macartney pour tenter de persuader les Chinois d'occuper la région du Pamir directement à l'ouest de leur territoire, comblant ainsi les trous entre la Chine et l'Afghanistan. Ayant eu vent de ce projet par le réseau d'espions de Petrovsky, les Russes furent les plus rapides et s'installèrent les premiers dans la région.

La défaite en 1905 de la flotte du tsar Nicholas par les Japonais réduisit à néant les espoirs russes de fonder un empire en Orient et les démoralisa à tel point qu'ils signèrent la Convention russo-britannique de 1907 qui mit fin à la première phase du Grand Jeu. Les termes du traité montrent bien la manière impérialiste dont les deux pays géraient les affaires internationales. Tous deux se mirent d'accord pour ne pas entrer au Tibet sauf officiellement via la Chine ; l'Afghanistan fit partie de la zone d'influence britannique mais Londres consentit à ne pas intervenir dans sa politique interne ; et l'actuel Iran fut divisé en deux, le nord et le centre allant à la Russie et le sud et l'accès au golfe Persique à la Grande-Bretagne.

La Révolution russe de 1917 déclencha la seconde phase du Grand Jeu. Lénine déclara sans détour: « L'Angleterre est notre plus grand ennemi. C'est en Inde que nous devons la frapper le plus durement [...] L'Orient nous aidera à conquérir l'Occident. »

Les armées russes blanches faisaient retraite vers l'ouest, établissant des poches de résistance, surtout en Asie centrale où les musulmans espéraient se débarrasser complètement du joug russe. L'émir de Boukhara, qui était fabuleusement riche, réalisant que sa situation était désespérée, approcha le colonel Percy Etherton, qui avait remplacé Macartney à Kashgar, pour lui demander de prendre en dépôt dans le consulat général sa fortune de quelque 35 millions de livres en or et argent. Le consulat n'était pas assez grand pour abriter un tel trésor mais Etherton aida l'émir à s'échapper vers Kaboul. Quant au trésor, il devait tomber dans les mains des bolchéviques. Etherton élargit son réseau d'informateurs et d'espions et ses efforts de propagande étaient formidables. A Tashkent, les Russes mirent sa tête à prix.

Un autre acteur extraordinaire de ce Grand Jeu fut le colonel F. M. Bailey, un linguiste, explorateur et naturaliste qui passa presque un an et demi à ruser avec la police secrète bolchévique de Tashkent en 1919 et 1920. Sa tâche était de multiplier les obstacles au pouvoir communiste en Asie centrale. Un maître en déguisements (il se fit passer entre autres pour un cuisinier autrichien, un officier roumain, un fonctionnaire letton et un prisonnier de guerre allemand), il fut même recruté par le contre-espionnage bolchévique, qui lui donna comme mission de démasquer un maître espion britannique du nom de Bailcy !

Au milieu des années 30, la Russie et la Grande-Bretagne étaient surtout préoccupées par la menace croissante du fascisme en Europe et, à la fin de la Deuxième Guerre mondiale, la Grande-Bretagne dut faire face à la désintégration de son empire et à la perte et la partition de l'Inde en 1947. En Chine, l'Armée de Libération du Peuple prit le pouvoir deux ans plus tard, inaugurant un jeu radicalement nouveau entre les grandes puissances.

Pages suivantes :
La pagode de la Grande Oie, à Xi'an.

# LA PROVINCE DU SHAANXI

## XI'AN

A diverses époques et pour une durée totale de quelque 1100 ans, Xi'an a été la capitale de l'Empire chinois. Ce fut le point de départ des grandes caravanes commerçantes de la Route de la Soie. De fabuleuses découvertes archéologiques dans la ville même et dans ses environs mettent en évidence cette gloire passée qui eut son apogée du 7e au 10e siècle, lorsque la cour des Tang ouvrit ses portes aux influences culturelles et économiques extrêmement variées venant de Byzance, d'Arabie, de Perse, d'Asie centrale, du Tibet, de Birmanie, d'Inde, de Corée et du Japon.

Les vallées de la rivière Wei et du fleuve Jaune sont connues comme le berceau de la civilisation chinoise. Dans les années 60, la découverte d'un crâne et d'un os maxillaire de l'homme paléolithique de Lantien fit remonter la présence dans cette région de l'*Homo sapiens* à plus de 800 000 ans. Vers 5000 ans av. J.-C., au début de l'époque néolithique, une société agricole sédentaire se développa qui connaissait la culture du millet et des légumes, les animaux domestiqués et la poterie cuite. Cette culture, appelée Yangshao ou « culture de la poterie peinte », fut suivie par celle de Longshan, dite de la « poterie noire ». Les fouilles de Banpo, à l'est de Xi'an, ont permis de mettre à jour les restes d'un village yangshao, aujourd'hui transformé en musée.

Pendant l'âge du bronze, la dynastie des Zhou de l'Ouest (1027-771 av. J.-C.) établit sa capitale dans la région de Fengshao, à 16 kilomètres de la ville actuelle de Xi'an. Un système féodal basé sur l'octroi de fiefs aux parents et aux fidèles officiers du souverain se développa mais, au fur et à mesure que ces fiefs prospérèrent, le pouvoir central s'affaiblit. De petits Etats indépendants émergèrent qui reconnaissaient nominalement la suzeraineté du roi Zhou. En 770 av. J.-C., suite à une invasion de nomades des steppes, les Zhou furent contraints d'abandonner leur capitale et de fuir plus à l'est, jusqu'à Luoyang. C'est le début de la période des Zhou de l'Est (771-221 av. J.-C.), marquée par des guerres, des alliances et des contre-alliances entre les différents Etats. En cinq siècles, les quelques centaines de petits royaumes du début des Zhou furent réduits à sept Etats principaux qui se livrèrent une lutte sans merci dont un seul devait sortir finalement vainqueur : l'Etat de Qin. Mais malgré les guerres, cette époque connut un développement intellectuel et artistique sans précédent, voyant notamment la formation des grandes écoles de pensée chinoise, dont le confucianisme et le taoïsme.

En 246 av. J.-C., un garçon de 13 ans accéda au pouvoir dans l'Etat de Qin ; il allait devenir le premier unificateur de la Chine et le bâtisseur de la Grande Muraille — Qin Shihuangdi, le premier empereur de la dynastie Qin qui régna de 221 à 207 av. J.-C. Pour administrer le vaste territoire qu'il avait conquis, Qin Shihuangdi créa une forme d'organisation politique et un appareil bureaucratique qui devaient durer quelque 2000 ans. Pendant les onze années de son règne, il entreprit une série de mesures administratives et de constructions à grande échelle, parmi lesquelles la standardisation de la monnaie, une codification des lois, l'unification du système d'écriture, le renforcement des murailles de défense le long de la frontière nord (la Grande Muraille), et la construction d'un réseau routier pour faciliter le déplacement des troupes.

Mais l'empereur était cruel et tyrannique. En 213 av. J.-C., il décréta la destruction par le feu des livres confucéens et mit à mort des centaines d'intellectuels en les enterrant vivants. Mégalomane, il se fit bâtir une magnifique capitale à Xianyang sur la rive nord de la rivière Wei (au nord-ouest de Xi'an) et surtout un célèbre tombeau près duquel a été retrouvée une véritable armée en terre cuite, devenu l'un des sites archéologiques les plus importants en Chine aujourd'hui.

La dynastie Han, qui prit le pouvoir après la chute des Qin en 221 av. J.-C., s'établit également dans la région de Xi'an, à Chang'an. Une nouvelle ère débuta qui vit de grands progrès agricoles, sociaux et technologiques (découverte de la boussole magnétique et de la fabrication du papier), mais également une vaste expansion territoriale vers l'ouest qui créa une prospérité jusqu'alors inconnue dans la capitale. Les deux places de marché officielles de Chang'an ne désemplissaient pas de marchands et de produits ; les jardins impériaux étaient remplis d'animaux et de plantes rares, cadeaux envoyés comme tribut par les royaumes de la Route de la Soie ; les palaces et les maisons des notables étaient décorés de couleurs éclatantes et de tissus de grand luxe ; les voitures étaient ornées d'or, d'argent ou de laque et les chevaux caparaçonnés de pierres semi-précieuses. A cette époque, Chang'an avait une population de 246 000 âmes.

En 25 ap. J.-C., la capitale fut déplacée à Luoyang, et ce ne fut qu'en 589, avec la réunification du pays sous les Sui, qu'elle fut à nouveau établie dans la région, cette fois-ci sous le nom de Da Xing Cheng (ville de la grande prospérité). Mais c'est surtout avec l'avènement de la dynastie Tang (618-907) que Chang'an regagna sa prééminence. Les Tang sont les artisans de l'âge d'or en Chine et ils firent de Chang'an la plus grande et la plus splendide des villes du monde. Son tracé constructeur fut copié en plus petit par les rois de Silla en Corée pour leur capitale, Kyongju, et par les Japonais qui construisirent Nara et Kyoto sur le même modèle.

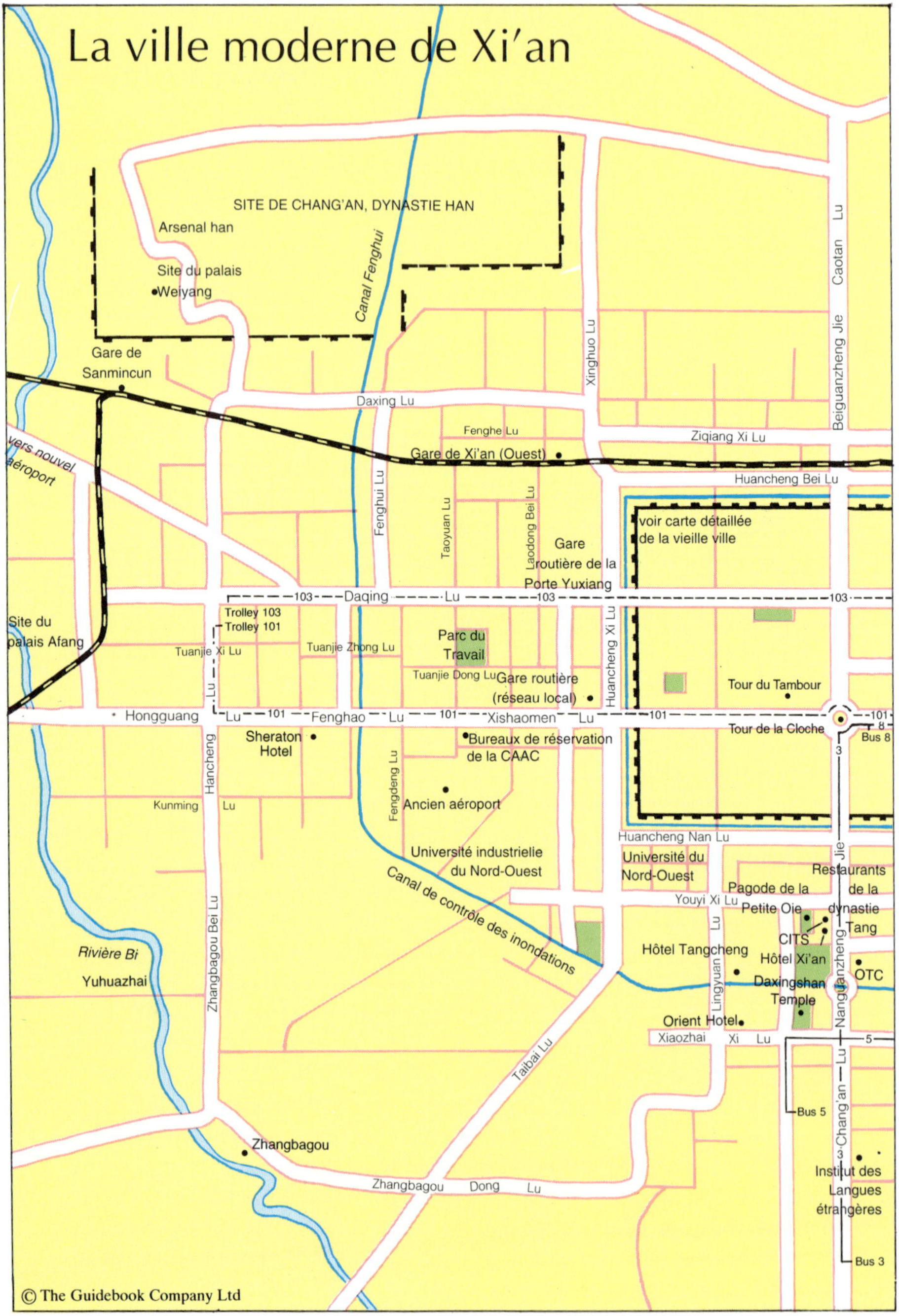
La ville moderne de Xi'an
SITE DE CHANG'AN, DYNASTIE HAN
Arsenal han
Site du palais
Weiyang
Canal Fenghui
Gare de
Sanmincun
Daxing Lu
Fenghe Lu
Gare de Xi'an (Ouest)
Xinghuo Lu
Ziqiang Xi Lu
Beiguanzheng Jie
Caotan Lu
Huancheng Bei Lu
vers nouvel
aéroport
Fenghui Lu
Taoyuan Lu
Laodong Bei Lu
Gare
routière de la
Porte Yuxiang
voir carte détaillée
de la vieille ville
Daqing Lu
103
Trolley 103
Trolley 101
Site du
palais Afang
Tuanjie Xi Lu
Tuanjie Zhong Lu
Parc du
Travail
Tuanjie Dong Lu
Gare routière
(réseau local)
Huancheng Xi Lu
Tour du Tambour
Hongguang Lu
Fenghao Lu
Xishaomen Lu
101
Tour de la Cloche
Bus 8
Sheraton
Hotel
Bureaux de réservation
de la CAAC
Hancheng Lu
Fengdeng Lu
Kunming Lu
Ancien aéroport
Huancheng Nan Lu
Université industrielle
du Nord-Ouest
Université du
Nord-Ouest
Restaurants
de la
dynastie
Tang
Pagode de la
Petite Oie
Youyi Xi Lu
Canal de contrôle des inondations
CITS
Hôtel Tangcheng
Hôtel Xi'an
OTC
Rivière Bi
Yuhuazhai
Zhangbagou Bei Lu
Lingyuan Lu
Daxingshan
Temple
Orient Hotel
Xiaozhai Xi Lu
Nanguanzheng Jie
Chang'an Lu
Taibai Lu
Bus 5
Zhangbagou
Zhangbagou Dong Lu
Institut des
Langues
étrangères
Bus 3

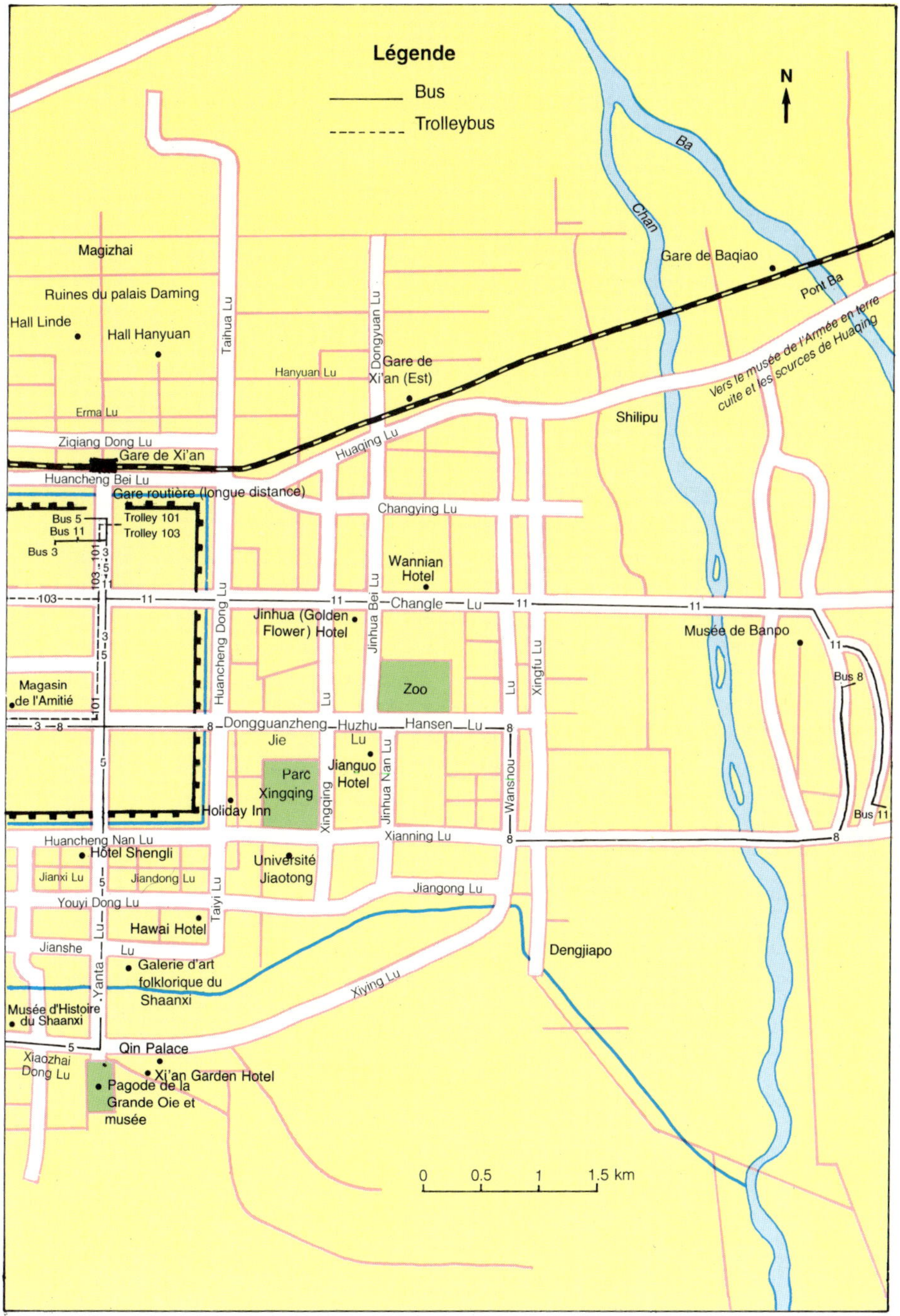
Légende
Bus
Trolleybus
N
Ba
Chan
Gare de Baqiao
Pont Ba
Vers le musée de l'Armée en terre cuite et les sources de Huaqing
Shilipu
Magizhai
Ruines du palais Daming
Hall Linde
Hall Hanyuan
Taihua Lu
Dongyuan Lu
Hanyuan Lu
Gare de Xi'an (Est)
Erma Lu
Ziqiang Dong Lu
Gare de Xi'an
Huaqing Lu
Huancheng Bei Lu
Gare routière (longue distance)
Changying Lu
Bus 5
Bus 11
Bus 3
Trolley 101
Trolley 103
Wannian Hotel
Changle Lu
Jinhua (Golden Flower) Hotel
Jinhua Bei Lu
Huancheng Dong Lu
Musée de Banpo
Bus 8
Zoo
Xingfu Lu
Magasin de l'Amitié
Dongguanzheng Jie
Huzhu Lu
Hansen Lu
Jianguo Hotel
Parc Xingqing
Jinhua Nan Lu
Xingqing Lu
Wanshou Lu
Holiday Inn
Bus 11
Huancheng Nan Lu
Xianning Lu
Hôtel Shengli
Université Jiaotong
Jianxi Lu
Jiandong Lu
Jiangong Lu
Youyi Dong Lu
Taiyi Lu
Hawai Hotel
Jianshe Lu
Dengjiapo
Galerie d'art folklorique du Shaanxi
Yanta Lu
Xiying Lu
Musée d'Histoire du Shaanxi
Qin Palace
Xiaozhai Dong Lu
Xi'an Garden Hotel
Pagode de la Grande Oie et musée
0 0.5 1 1.5 km

La grande capitale Tang attirait les étrangers de toutes les régions d'Asie et d'au-delà. Marchands, émissaires, soldats, pèlerins, amuseurs et sages se pressaient dans la grande métropole. Un prince perse sassanide en exil la choisit comme résidence, tandis que les fils de beaucoup de rois vassaux vinrent à la capitale, officiellement pour leur éducation, mais en fait, comme otages garantissant l'attitude docile de leurs pères.

Les religions prospéraient dans cette atmosphère cosmopolite. En 628 fut bâtie une église nestorienne, en 631 un temple zoroastrien, puis en 781, une seconde église nestorienne. L'islam, le judaïsme et le manichéisme furent également présents, mais ce fut le bouddhisme, arrivé par la Route de la Soie, qui domina, faisant de Chang'an le centre des études bouddhiques en Asie de l'Est.

A la cour, la mode était turque ; les femmes chinoises montaient à cheval, le polo était un sport populaire et beaucoup d'étrangers remplissaient des fonctions officielles. Vers le milieu du 7$^{e}$ siècle, des sentiments xénophobes embrasèrent la ville, dirigés spécialement contre les Turcs dont la population était d'environ 10 000 personnes. Cette hostilité devait plus tard, au 9$^{e}$ siècle, mener à la répression des religions étrangères et à la restauration d'une religion véritablement chinoise, le taoïsme.

Pendant la seconde moitié du 7$^{e}$ siècle, le pouvoir impérial résidait dans les mains de l'impératrice Wu (627-705), femme très ambitieuse qui avait été concubine de l'empereur Taizong. Après la mort de celui-ci, elle épousa Gaozong, fils de Taizong et de sa femme officielle, et prit petit à petit tout le pouvoir, devenant en 690 la première femme à régner sur la Chine. Elle fit déplacer la capitale à Luoyang, mais l'empereur suivant, Xuanzong, retourna à Chang'an et éleva la ville à un niveau de sophistication sans précédent. Ce fut l'apogée artistique et culturelle de la Chine des Tang, l'époque des grands poètes Li Bai et Du Fu.

L'amour que l'empereur Xuanzong portait pour la belle concubine Yang Guifei est devenu célèbre dans les annales de l'histoire chinoise. Le souverain négligea de plus en plus ses devoirs gouvernementaux, favorisant ainsi une atmosphère d'intrigues de cour et de corruption dont profita un officier d'origine turque et sogdienne, le général An Lushan. La rébellion qu'il mena de 755 à 763 causa la mort de millions de personnes et une migration vers le sud, vers la vallée du Yangzi pour quelques millions de plus. Xuanzong lui-même s'enfuit au Sichuan et Yang Guifei fut tuée en cours de route. L'ordre fut restauré seulement avec l'assistance militaire des Ouïghours et d'une armée de mercenaires arabes, et au prix d'une brève occupation de la capitale par les Tibétains.

La dynastie survécut encore 150 ans, mais les Tang ne reprirent jamais complètement le contrôle politique du pays. En 880, l'empereur fut forcé d'abandonner Chang'an à une armée de paysans rebelles qui la pillèrent, et en 907 la dynastie Tang s'effondra.

Le centre économique de la Chine se déplaça plus au sud, vers la riche région agricole du Yangzi. Famines et sécheresses appauvrirent la province du Shaanxi et Chang'an ne devait jamais plus être qu'un centre régional. En 1368, la ville fut rebaptisée « Xi'an », ce qui signifie « paix de l'ouest ». Xi'an demeura relativement isolée du reste de la Chine jusqu'à la construction en 1930 d'un tronçon de la ligne de chemin de fer qui reliait Shanghai à Lanzhou.

En 1936, les yeux du monde se tournèrent vers Xi'an lorsque le généralissime Chiang Kai-shek fut kidnappé aux sources chaudes de Huaqing, un événement qui prit le nom de « incident de Xi'an » (voir p. 57). Aujourd'hui, Xi'an est la capitale de la province du Shaanxi et a une population de 3 400 000 habitants. Elle a vu son développement industriel s'intensifier notablement durant ces dernières décennies (principalement machines, textiles et produits d'industrie légère) et elle est le siège de nombreux instituts d'éducation supérieure. La découverte en 1974 de la fameuse armée en terre cuite en a fait l'une des plus importantes villes touristiques du pays.

## VISITE DE LA VILLE

### ■ LES PORTES ET LES MURS DE LA VILLE (*CHENGMEN*)

Les remparts restaurés, datant de la dynastie Ming, et leurs quatre portes offrent un contraste historique agréable avec les constructions de la ville moderne. Une grande partie des remparts du 14$^{e}$ siècle est encore intacte. Les murs, de 12 mètres de haut et d'une circonférence de 12 kilomètres, sont entourés d'un fossé. Comme il est coutume dans les villes chinoises, les quatre portes indiquent les quatre points cardinaux. La tour de la porte Ouest, rénovée, est aujourd'hui un musée. Il est possible de faire le tour des remparts depuis les portes Est, Sud et Ouest. Des vestiges des anciens remparts de la capitale des Tang, époque à laquelle la ville était bien plus étendue, sont visibles à l'extérieur de la ville.

### ■ LA TOUR DE LA CLOCHE (*ZHONGLOU*)

Bâtie en 1384, la Tour de la Cloche, qui abritait autrefois une grande cloche que l'on sonnait tous les jours à l'aube, est un exemple classique de l'architecture Ming. Située autrefois à un point qui marquait le centre de la partie sud de la ville fortifiée, elle fut déplacée en 1582. La tour, restaurée en 1740, est un pavillon de bois à deux étages et à triple toit qui domine le carrefour principal du centre ville. Très bonne vue sur la ville depuis le second étage. Ouvert de 8 h 30 à 17 h 30.

## ■ LA TOUR DU TAMBOUR (*GULOU*)

Un peu à l'ouest de la tour de la Cloche et d'un style similaire se dresse la tour rectangulaire du Tambour, érigée en 1380, puis restaurée en 1669, 1739 et 1953. Du sommet de cette tour, on battait un tambour chaque jour au coucher du soleil. Le balcon du second étage offre une vue sur le vieux quartier musulman. Ouvert de 8 h 30 à 17 h 30.

## ■ LA GRANDE MOSQUÉE (*QINGZHENSI*)

Fondée en 742, la Grande mosquée sur Huajue Xiang est le point de rassemblement principal des plus de 30 000 Chinois musulmans (*Hui* en chinois) de Xi'an, qui se distinguent des Chinois Han par leur barbe et leur toque blanche. Les bâtiments de la mosquée, qui sortirent par miracle indemnes de la Révolution culturelle, se dressent dans de magnifiques cours bordées de vieux arbres, d'arches décorées et de stèles de pierre : le tout contribuant à une atmosphère de sérénité. Les salles actuelles datent du 14$^{e}$ siècle et ont été restaurées à plusieurs reprises en 1527, 1660, 1768 et à nouveau en 1987. Son architecture est typiquement chinoise, avant-toits recouverts de tuiles turquoise et murs de briques sculptés. Ne cherchez pas le minaret dans le ciel, il est remplacé ici par un joli pavillon Ming. Dans la troisième cour se dressent, dans la salle des stèles, quelques tablettes de pierre recouvertes d'inscriptions en arabe, persan et chinois, de même qu'une carte du monde islamique de l'époque Qing avec, au centre, le carré noir de la Kaaba à La Mecque. La grande salle de prière, dans la quatrième cour, a un plafond lambrissé et incrusté, décoré d'une élégante calligraphie arabe. Le paravent sacré, le *mihrab*, est une pièce de bois délicatement ciselée.

Plus de 500 dévôts assistent aux prières quotidiennes et, le vendredi, ils sont plus de 2000 (l'entrée de la mosquée est réservée aux musulmans pendant les heures de prière).

La mosquée se trouve au nord-ouest de la tour du Tambour : prenez la première rue à gauche (ouest) après avoir pris la direction du nord en passant par la tour. La promenade à travers le vieux quartier est très agréable : de nombreuses façades de bois, des édifices à deux étages ont été rénovés. Ouvert de 9 h à 18 h tous les jours.

# La vieille ville de Xi'an

## ■ LE MUSÉE DES ARTS DE LA DYNASTIE TANG (*TANGDAI YISHU BOWUGUAN*)

Situé près de la pagode de la Grande Oie, ce musée est l'un des mieux conçus de Chine. Ouvert fin 1991 et construit dans le style architectural des Tang, il abrite une superbe collection d'objets en tous genres retrouvés dans la province, notamment des bronzes bouddhiques, des porcelaines et des fresques provenant des tombeaux impériaux Tang. Ouvert tous les jours de 9 h à 16 h 30. Bus 5, 14, 24 ou 27.

## ■ LE MUSÉE PROVINCIAL DU SHAANXI (*SHAANXI SHENG BOWUGUAN*)

Abrité dans un ancien temple autrefois dédié à Confucius, ce musée abrite la plus grande collection de tablettes de pierre gravées en Chine, la fameuse Forêt de Stèles. Cette collection de plus de mille tablettes fut commencée en 1090; elle ne cessa d'augmenter jusqu'au 18e siècle, époque à laquelle elle reçut son nom. On y distingue quatre catégories, les œuvres classiques de littérature et de philosophie, les textes historiques, des exemples de calligraphie et divers dessins. La plupart des stèles sont de la main d'érudits célèbres en leur temps et les meilleurs exemples datent des dynasties Tang et Song. Une stèle nestorienne, gravée en 781 en chinois et syrien et surmontée d'une croix, retrace l'histoire de la communauté chrétienne nestorienne à Chang'an depuis sa fondation au 7e siècle par un missionnaire syrien. Même sans une connaissance de l'écriture chinoise, ces stèles peuvent être appréciées non seulement pour l'intérêt des plans de ville et des portraits qui y figurent, mais également pour la beauté des inscriptions elles-mêmes. Des estampages de certaines stèles sont en vente au musée mais sont parfois très chers.

Le musée se trouve sur Baishulin Lu. Il est ouvert de 8 h à 17 h 30.

## ■ LA PAGODE DE LA GRANDE OIE ET LE TEMPLE DE DA CI'EN

L'origine du nom de cette pagode n'a jamais été éclaircie de manière satisfaisante. Elle fut bâtie en 652 par l'empereur Gaozong à la demande de l'intrépide moine bouddhiste Xuan Zang au retour de son extraordinaire pèlerinage en Inde. Xuan avait demandé un grand stoupa en pierre comme ceux qu'il avait vus lors de son voyage vers l'Ouest, mais l'empereur lui offrit à la place une pagode de pierre et de bois, d'abord appelée pagode des Ecritures saintes. C'est ici que Xuan Zang et ses confrères traduisirent en chinois les textes bouddhiques en sanscrit qu'il avait rapportés. Des tablettes de la dynastie Ming (1368-1644) racontent l'histoire de la vie de Xuan Zang. A l'origine, la pagode ne comptait que cinq étages; cinq autres furent rajoutés en 703 mais un incendie les réduisait au sept que l'on voit aujourd'hui. Les inscriptions datent de la période Tang et sont décorées de dragons et d'angelots. Une vue très large de la ville s'offre en récompense à ceux qui grimperont son escalier de bois.

Le temple de Da Ci'en, dont fait partie la pagode, fut construit en 647 pour honorer la mère de l'empereur Gaozong. A son apogée, quelque 300 moines résidaient dans ses treize cours et jardins, ornés par des œuvres d'artistes de l'époque. Après la persécution religieuse du 9e siècle, il déclina et, malgré plusieurs restaurations, il ne put recouvrer son importance passée. A l'extérieur de l'enceinte, près de l'entrée sud, se dresse une lampe en pierre de la ville de Kyoto, au Japon ; à l'intérieur, se trouvent les petites tours de la Cloche et du Tambour ainsi que la Grande Salle avec ses statues du Bouddha et de ses disciples. Les salles actuelles et la statuaire datent de 1466. Le temple et la pagode sont situés à plusieurs kilomètres au sud de Xi'an ; prendre le bus 5 depuis la gare. Ouvert de 8 h 30 à 18 h tous les jours.

### ■ LA PAGODE DE LA PETITE OIE ET LE TEMPLE DE DA JIANFU

La pagode de la Petite Oie est le seul vestige du temple de Da Jianfu, bâti en 684 par l'impératrice Wu Zetian en l'honneur de l'empereur Gaozong. Au 8e siècle, le temple devint un centre de traduction des textes bouddhiques ramenés d'Inde par le moine Yiqing. La pagode de brique de quinze étages fut rajoutée en 707 et elle seule survécut au mouvement anti-bouddhiste des années 841-45. Un violent tremblement de terre en 1487 aurait fendu en deux la pagode, du sommet à la base, mais un autre séisme en 1556 recolla les deux parties ensemble (les deux étages supérieurs furent détruits, n'en laissant aujourd'hui que treize). La pagode a survécu miraculeusement à plus de soixante-dix tremblements de terre. Des gravures Tang de bodhisattvas entourent la base de pierre. La pagode se trouve à moins d'un kilomètre de la porte Sud ; prendre le bus 3 depuis la gare.

## VISITE DES ENVIRONS À L'EST DE XI'AN

Des excursions d'une journée vers les sites soit à l'est soit à l'ouest de Xi'an sont organisées par la CITS et les autres agences touristiques dans les grands hôtels.

### ■ LE MUSÉE DE BANPO (*BANPO BOWUGUAN*)

Cet important site néolithique se trouve à 7 km à l'est de la ville. Découvert par des laboureurs en 1953, il est l'un des plus grands et des plus complets sites néolithiques du monde. Le village mis à jour consiste en des

# Sites historiques dans les environs de Xi'an

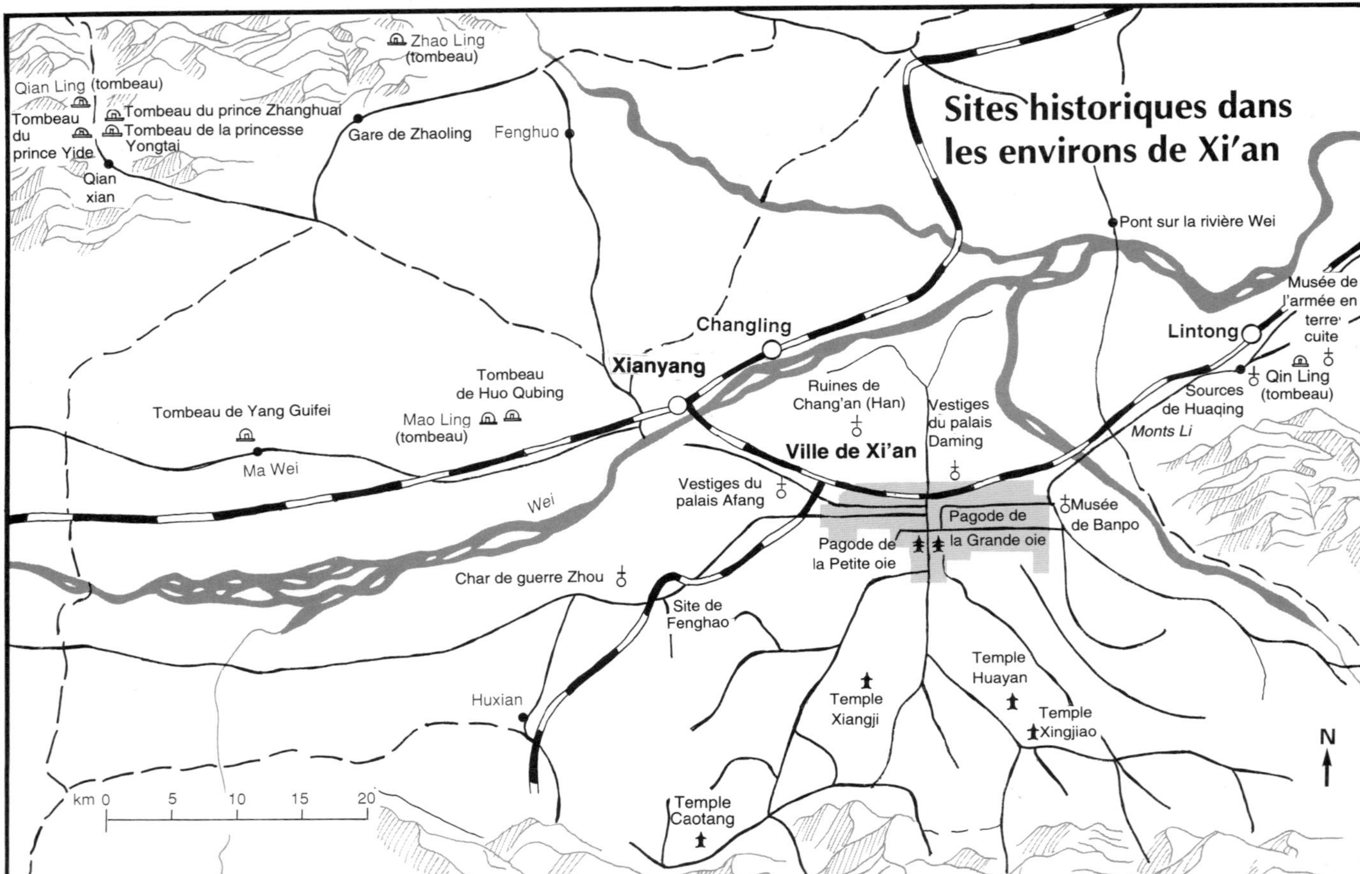

fondations de 45 abris ronds et carrés, d'une place de réunion, de 200 pots de stockage, 5 fours à poterie et plus de 200 tombes, sans mentionner des milliers d'objets et de morceaux de poteries. Il abritait une communauté néolithique de la culture Yangshao (5000 à 4000 av. J.-C.) d'environ 250 personnes qui pratiquaient l'agriculture, la chasse, la pêche et la domestication des chiens et des porcs. Il s'agirait selon les archéologues d'une société matriarcale, car les tombeaux des femmes, situés à quelque distance de ceux des hommes, contenaient un plus grand nombre d'objets funéraires.

Le site couvre quelque 4000 $m^2$ et un passage surélevé permet d'en faire facilement le tour. Les salles d'exposition et le site couvert sont ouverts tous les jours de 9 h à 17 h 30. Bus 8 depuis la tour de la Cloche.

## ■ LES SOURCES CHAUDES DE HUAQING (*HUAQING CHI*)

A 30 kilomètres à l'est de Xi'an, sur les contreforts nord du Lishan, se trouvent les sources chaudes de Huaqing, devenues un lieu d'excursion favori des habitants de Xi'an. Ces sources ont été le site de palais impériaux de villégiature dès le 11$^{e}$ siècle av. J.-C. Qin Shihuangdi de même que les empereurs Han et Sui y ont habité, faisant construire pagodes, pavillons et jardins. En 644, l'empereur Taizong y érigea un palais qui fut agrandi par Xuanzong. C'est ici que ce dernier passa les hivers de 745 à 755 avec sa concubine Yang Guifei. Les bâtiments Tang ont tous été détruits, à l'exception du bassin où se baignait autrefois la douce Guifei. En 936, une communauté taoïste établit un monastère sur les lieux ; quelques temples subsistent encore dans les collines environnantes.

C'est également ici qu'eut lieu en 1936 le fameux « incident de Xi'an » lors duquel le généralissime Chiang Kai-shek fut kidnappé. Zhang Xueliang, dit le « Jeune Maréchal », fils du dictateur mandchou Zhang Zuolin (qui avait été assassiné par les Japonais) était un subordonné de Chiang ; il perpétra l'enlèvement du chef des nationalistes parce qu'il le voyait préférer la lutte contre les communistes à celle contre les Japonais. Après près de deux semaines, Staline ordonna à Zhang de relâcher Chiang et Zhang fut envoyé en exil à Taiwan. Néanmoins, son acte amena le Kuomintang (nationalistes) à coopérer avec les communistes pendant les neuf années de guerre contre l'invasion japonaise qui suivirent. Mais la guerre civile éclata à nouveau en 1946. Les salles où Chiang vécut dans le palais sont indiquées de même que l'endroit sur la colline où il fut capturé.

La plupart des salles et pavillons du parc datent du début du siècle. La température de l'eau minérale de ces bains publics est constante à 43°C.

## ■ LE MUSÉE DE L'ARMÉE EN TERRE CUITE DES QIN (*QIN BINGMAYONG BOWUGUAN*)

L'extraordinaire « armée en terre cuite » se trouve à Lintong, à 36 km à l'est de la ville, un peu au-delà des sources chaudes de Huaqing. C'est incontestablement le site archéologique le plus impressionnant de la Chine. Des milliers de soldats revêtus d'armures et de chevaux de grandeur nature — destinés à être les gardes du corps de l'âme de l'empereur Qin Shihuangdi (qui régna de 221 à 210 av. J.-C.) — furent découverts en 1974 par des fermiers qui creusaient un puits. Les fouilles sont encore en cours sur le site qui est devenu une magnifique attraction pour touristes et archéologues.

Les soldats furent découverts à cinq mètres sous la surface, sous une voûte de terre battue avec un toit en bois. En 206 av. J.-C., le général Xiang Yu ouvrit la voûte et y fit mettre le feu ; le toit s'écroula, endommageant les figures dessous. On estime le nombre total de soldats à 6000, arrangés en rangs, trois par trois, avec une arrière-garde, sur une surface de quelque 12 000 mètres carrés. Jusqu'à présent, 1087 guerriers, 8 chars de combat en bois, 2 chariots de bronze et 32 chevaux en terre cuite ont été retrouvés.

Les traits du visage de chaque soldat lui donnent une personnalité distincte et on voit une grande diversité de coiffures, de barbes et de moustaches. De plus haute taille que les Chinois Han (environ 1,8 m), il semble qu'on ait voulu représenter des mercenaires d'Asie centrale. Les soldats se divisent en archers, cavaliers, conducteurs de chars et fantassins armés d'épées et de lances. A l'origine, ces statues étaient toutes peintes mais les couleurs ont aujourd'hui disparu.

L'armée peut être visitée sur les lieux mêmes où elle fut enterrée. Il existe actuellement trois sites de fouilles ouvert au public ; le plus grand est le premier à avoir été découvert. Ne manquez pas le troisième site, un peu caché à l'arrière du bâtiment principal, et qui a été ouvert depuis quelques années seulement. Dans le musée adjacent, vous pourrez voir de remarquables chars de bronze, des armes découvertes lors des fouilles, ainsi que des modèles de soldats.

A l'extérieur du musée se trouve un marché rural où l'on vend dentelles et artisanat. N'hésitez pas à marchander.

## ■ LE TOMBEAU DE QIN SHIHUANGDI (*QIN SHIHUANGDI LINGMU*)

Le site du musée n'est qu'une partie du vaste mausolée que l'empereur se fit construire. La tombe de l'empereur elle-même, un tumulus artificiel de terre, se trouve à une distance de 1500 m du site. Selon Sima Qian, le célèbre historien chinois du 1er siècle ap. J.-C., il fallut 36 années de labeur à plus de 700 000 ouvriers pour construire le tombeau. Certains textes historiques attestent qu'il contient une énorme carte de pierre de la Chine en relief, surmontée d'un dôme en cuivre représentant le ciel où les astres sont figurés par des pierres précieuses. Des modèles réduits de palais et de jardins borderaient une centaine de rivières de mercure. Les visiteurs peuvent monter sur le tumulus, mais les chambres funéraires n'ont pas encore été ouvertes officiellement, de peur d'endommager les précieux trésors qu'elles pourraient renfermer. Toutefois, la tombe a été pillée en 206 av. J.-C. par le général Xiang Yu — et probablement maintes fois depuis — et l'on s'interroge sur ce qu'il peut rester à l'intérieur.

## VISITE DES ENVIRONS À L'OUEST DE XI'AN

### ■ LA TOMBE DE L'EMPEREUR HAN WUDI À MAO LING

L'empereur Han Wudi, « l'Empereur Martial », qui régna de 141 à 87 av. J.-C., entreprit d'étendre l'influence de son empire jusqu'au Viêt-nam, en Corée et aux confins de l'Asie centrale. Il envoya Zhang Qian, son ambassadeur, pour de longues missions vers les royaumes situés le long de la Route de la Soie, mal connus à cette époque. La tombe de l'empereur, à 40 km à l'ouest de Xi'an, n'a pas encore été mise à jour; un monument commémoratif indique le tumulus.

### ■ LA TOMBE DE HUO QUBING (*HUO QUBING MU*)

Seize grandes figures de pierre, représentant animaux et humains, ornent le site funéraire du général de la dynastie Han, Huo Qubing (140-117 av. J.-C.), connu également sous le nom du « Véloce Général de Cavalerie ». Il passa sa courte vie à combattre les Xiongnu au service de l'empereur Wudi. Il les affronta d'abord à l'âge de 18 ans sous le commandement de son oncle, puis, en 121 av. J.-C., il mena une armée de dizaines de milliers de cavaliers contre les Xiongnu, les repoussant à travers le passage de Hexi au Gansu (voir pp. 78). Lorsque Huo mourut à l'âge de 24 ans, l'empereur Wudi décréta que sa tombe aurait la forme des monts Qilian au Gansu où le général remporta sa première victoire. Un petit musée flanque sa tombe qui est située à 1,5 km à l'est de celle de son empereur.

### ■ TOMBES IMPÉRIALES DE LA DYNASTIE TANG (*TANGDAI DIHUANG LINGMU*)

La plupart des dix-huit tombes impériales Tang, situées dans les collines au nord-ouest de Xi'an, n'ont pas encore été mises à jour. Chacune a sa propre allée de figures de pierre, formant un « chemin des esprits ». Le site de

Qianling, à 85 km de Xi'an, contient les mausolées de l'empereur Gaozong (qui régna de 650 à 684) et de sa mère, la toute puissante impératrice Wu Zetian qui usurpa le trône pendant 20 ans. Leurs longs « chemins des esprits » — avec chevaux ailés, oiseaux géants, chevaux de guerre et gardes — sont particulièrement impressionnants. Sur la gauche se dresse une grande stèle en l'honneur de Gaozong ; en face la « stèle sans paroles » érigée par l'impératrice, marque le pouvoir suprême que nul mot ne peut exprimer. Ce mausolée n'a pas encore fait l'objet de fouilles.

Près de Qianling se trouvent les tombeaux de la princesse Yongtai et des princes Yide et Zhanghuai, les enfants de Gaozong et de Wu Zetian. Ils contiennent des fresques murales dépeignant divers aspects de la vie de cour ; beaucoup d'entre elles montrent une forte influence des cultures de la Route de la Soie dans les habillements, les sports et les amusements.

La tombe de l'empereur Taizong (qui régna de 627 à 650) est à Zhaoling, à 60 km au nord-ouest de Xi'an, au sommet du mont Jiuzong. Des six chevaux de guerre gravés sur pierre qui ornaient l'entrée de la tombe, quatre sont maintenant exposés au musée Beilin à Xi'an et les deux autres sont au musée de l'Université de Philadelphie, aux Etats-Unis. Quatorze tombes de moindre grandeur ont été ouvertes près de là. Le musée contient une belle collection d'objets funéraires comprenant des figurines d'argile vernissé (beaucoup ont les traits typiques de l'Asie centrale), des chevaux et des chameaux en céramique ainsi que des fresques.

## VISITE DES ENVIRONS AU SUD DE XI'AN

Au sud de la ville se dressent deux temples bouddhiques connus par les premiers voyageurs de la Route de la Soie. Prendre le bus depuis la gare routière (réseau local) de la porte Sud.

### ■ LE TEMPLE DE L'ENSEIGNEMENT FLORISSANT (*XINGJIAO SI*)

Ce temple est situé à 20 km au sud-ouest de Xi'an. Il fut dédié en 669 à la mémoire de Xuan Zang dont les cendres reposent sous une élégante pagode en brique de cinq étages. A droite et à gauche de celle-ci sont des pagodes dédiées à deux de ses disciples. Ces trois structures sont tout ce qui reste du temple original. Les tours de la Cloche et du Tambour, la Grande Salle du Bouddha, la salle du Prêche et la bibliothèque furent toutes construites dans les années 1920 et 1930, mais certaines des statues datent de la dynastie Ming (1368-1644). La bibliothèque contient d'anciens soutras bouddhiques en sanscrit et des traductions, y compris celles de Xuan Zang. La salle principale contient un bouddha de jade blanc de Birmanie.

■ **LE TEMPLE DE LA HUTTE DE PAILLE** (*CAOTANG SI*)

Ce temple se trouve à 55 km au sud-ouest de Xi'an. Au 4e siècle, un palais se dressait ici où vécut et où travailla Kumarajiva, le moine indien qui devint le premier des grands traducteurs de textes bouddhiques en chinois (voir p. 217). Ce n'est que sous les Tang qu'un temple fut érigé sur ce site. Dans le complexe, un petit stoupa de pierre abrite les cendres de Kumarajiva.

## INFORMATIONS PRATIQUES

Il est facile de se déplacer à pied dans le centre-ville, à l'intérieur des murailles; les rues commerçantes les plus modernes sont le Jiefang lu et Dong dajie. Pour le réseau de bus, voir la carte de Xi'an pp. 48-49. De nombreux hôtels touristiques sont établis en dehors de la vieille ville; attention au prix des taxis qui attendent aux alentours de ces hôtels.

### Transport

Il existe des vols et des trains quotidiens à partir de la plupart des grandes villes du pays, notamment Pékin, Shanghai, Canton, Kunming, Chengdu et Lanzhou. Les vols pour Urumqi partent quatre fois par semaine, pour Dunhuang trois fois par semaine, et pour Hong Kong deux fois par semaine. Des bus quotidiens à destination de Tianshui et de Lanzhou partent de la gare routière en face de la gare principale. Le bureau de la CAAC se trouve juste à l'ouest de la gare de l'Ouest, sur Xishaomen lu. Pour les billets de train, adressez-vous au guichet pour étrangers à la gare principale ou au bureau sur Lianhu lu.

### Hébergement

*Hyatt Xi'an*

158 Dong dajie. Tél. 712020, 731234, fax 715546
Hôtel de luxe, bien situé. Restaurants chinois et occidentaux. Voitures de location avec chauffeur et tours guidés.

*Golden Flower Hotel (Jinhua fandian)*

Changle xilu. Tél. 332981, fax 721477, télex 70145
Ouvert en 1985, le premier hôtel de luxe de Xi'an. Au nord-est de la ville.

*Xi'an Garden (Tanghua binguan)*

4 Yaning lu. Tél. 711111, fax 711998, télex 70027
A l'est de la pagode de la Grande Oie. Hôtel de luxe bâti dans le style Tang.

*Bell Tower Hotel (Zhonglou fandian)*

Carrefour de la tour de la Cloche. Tél. 718760, 779200, fax 718767
Hôtel de première classe géré par Holiday Inn. Rénové récemment. Très bien situé au centre ville, près de la mosquée.

*New World Hotel*

Nan dajie. Tél. 719988, fax 716688
Juste au sud du Bell Tower, hôtel de première classe.

*Xi'an Guesthouse (Xi'an binguan)*

26 Chang'an lu. Tél. 711351, fax 711796
Au sud des murailles, près de la CITS. Hôtel standard.

*People's Mansion (Renmin dasha, Résidence du Peuple)*

319 Dongxin jie. Tél. 715111, fax 717722
Bien situé. Un peu défraîchi. Location de bicyclettes. Hôtel standard.

*Hôtel de la Libération (Jiefang fandian)*

321 Jiefang lu. Tél. 713329, télex 70044
Hôtel standard récemment refait, juste en face de la gare principale.

*Hôtel de la Victoire (Shengli binguan)*

16 Huangcheng lu. Tél. 712244, 713184
Juste à l'extérieur de la porte Heping (porte Sud). Hôtel budget ; toilettes et douches à l'arrière du bâtiment.

## Restaurants

*East Asia (Dongya fandian)*

46 Luoma shi. Tél. 718410
Certains le considèrent le meilleur restaurant de la ville. Cuisine du Jiangsu (Suzhou et Wuxi). Ouvert de 8 h à 20 h.

*Wuyi fandian*

351 Dong dajie. Tél. 714410
Restaurant au centre-ville réputé pour ses banquets et sa cuisine locale, surtout ses raviolis. Ouvert de 8 h à 20 h.

*Restaurant Xi'an-Heping*

88 Heping lu. Tél. 714726
Autrefois le restaurant de la Paix. Plats du Shaanxi et raviolis. Spécialités : le *chao babao* et le *qinxiang shaomai*.

*Jiefanglu jiaoziguan*

229 Jiefang lu. Tél. 23185
Autre restaurant réputé pour ses raviolis (125 variétés). Près de la gare. Réserver à l'avance.

*Baiyunzhang jaioziguan*

Dong dajie et Juhuanyan. Tél. 719247
Restaurant musulman spécialisé dans les raviolis. Ouvert de 10 h à 20 h.

*Qingyazhai fandian*

384 Dong dajie. Tél. 718268
Restaurant musulman spécialisé dans le mouton et les plats végétariens. Situé sur le côté sud de Dong dajie, un peu à l'ouest du grand magasin Dong dajie en direction de la tour de la Cloche.

*Tongshengxiang Paomoguan*

33 Xi dajie. Tél. 22170
Restaurant bon marché spécialisé dans les « fondues » chinoises (*huoguo*) et les *paomo* traditionnels (soupe de mouton que l'on mange avec du pain).

## Agences de voyage

Les agences suivantes peuvent organiser des excursions ou des tours (avec guide parlant anglais et parfois français), et se chargeront des réservations de billets de train ou d'avion.

*Xinjiang International Travel Service (Xinjiang guoji lüxingshe)*

319 Dongxin jie (dans l'hôtel Renmin Dasha), tél. 715111, fax 717722 ou 718152

*CITS (Zhongguo guoji lüxingshe)*

32 Chang'an bei lu, tél. 752060, 735600, fax 711453

*OTC (Haiwai lüxingshe)*

15 Chang'an bei lu, tél. 751425, fax 711660

*China Travel Service (Shaanxi sheng Zhongguo lüxingshe)*

272 Jiefang lu, tél. 712557

# DE XI'AN À BAOJI

Les 720 kilomètres de chemin muletier entre Xi'an et Lanzhou étaient autrefois franchis par les commerçants de la Route de la Soie en dix-huit étapes environ. Au début des années 30, une route carrossable fut bâtie par des milliers de réfugiés fuyant la famine, grâce à 400 000 US$, don de la branche américaine de la Commission Internationale pour l'aide aux victimes de la famine en Chine, ce qui raccourcit le voyage à 4 jours. La liaison ferroviaire fut terminée en 1954.

Harry Franck, un Américain qui voyagea à travers toute la Chine dans les années 20, fit le voyage avec des mules de bât et deux chariots: « Au-delà de Xianyang, tout le paysage empoussiéré était couvert de tombes aussi loin que pouvait porter le regard », écrivait-il. « Aucune touche de couleur, sinon le brun jaunâtre d'un automne sans pluie [...]. On voyait partout des abris troglodytes, et nous devions les voir pendant plusieurs jours de suite; des villages, des villes entières de grottes, s'étendant rangée après rangée dans les grandes falaises de lœss [...]. Les petites villes et hameaux, qui longeaient le chemin ou se trouvaient dispersés dans la campagne alentour, étaient tout aussi monotones, sales et misérables. » Les habitations troglodytes sont encore nombreuses dans les parties limoneuses du fleuve Jaune dans le Shaanxi, le Henan et le Gansu.

Aujourd'hui, de nombreux voyageurs débutent leur trajet sur la Route de la Soie en prenant l'avion de Xi'an à Lanzhou, mais pour ceux qui disposent de suffisamment de temps il peut être intéressant de prendre le bus ou le train et de s'arrêter en route pour visiter quelques sites historiques importants.

Dans le district de Fufeng (120 km de Xi'an) est situé le temple de **Famensi** où un fabuleux trésor bouddhique a été découvert en 1987 dans une chambre secrète sous la pagode. Parmi les superbes reliques en argent doré et en céramique que l'on peut admirer dans le musée, se trouvent notamment des ossements sacrés, dont un doigt qui serait celui du Bouddha lui-même.

C'est dans cette région que se forma la puissance militaire des Zhou, tribu qui devait renverser la dynastie Shang et fonder celle dite des Zhou de l'Ouest (1027-771 av. J.-C.). Bien que cette période de l'histoire soit à demi-légendaire, ses vestiges culturels ne le sont pas. Dans le district de Qishan on peut visiter les ruines d'un palais Zhou et les beaux bronzes que l'on y a découverts sont exposés dans le musée des Reliques culturelles Zhou Yuan.

**Baoji**, une ancienne étape sur le Route de la Soie sur les rives de la rivière Wei, est à la jonction de la ligne ferroviaire Xi'an-Lanzhou et de la ligne de Baocheng, longue de 669 km, qui relie la province du Shaanxi à Chengdu, la capitale du Sichuan, plus au sud. (Cette dernière voie suit la vieille route commerciale du sud-ouest qui allait de Xi'an jusqu'en Birmanie en passant par le Yunnan.) Centre culturel pendant les dynasties Zhou et Qin, la région de Baoji devint un champ de bataille durant les guerres entre les Etats de Wei, Shu et Wu pendant la période des Trois Royaumes (220-265). Sur le versant d'une colline voisine se trouve le **monastère de Jintai**, construit pendant la dynastie Ming (1368-1644), qui fut la résidence du fondateur de la secte taoïste *kung fu*, Zhang Sanfeng. A Beishouling se trouve une salle d'exposition érigée sur un site néolithique. Un funiculaire grimpe jusqu'à un sommet pittoresque des monts Qinling voisins.

La province du Shaanxi est riche en artisanat et en traditions et **Fengxiang**, à une heure trois-quarts de bus au nord-est de Baoji, est un exemple de cette richesse. On y voit des dentelles colorées apposées sur les vêtements et les chapeaux d'enfants, des patchworks, des porte-bonheur pour les enfants et les jeunes mariés et d'habiles tableaux taillés dans le bois pour le Nouvel-An. Les produits les plus connus de cet artisanat sont des figurines d'argile et des masques de héros populaires joyeusement peints en jaune, rouge, vert et noir. Les masques de tigres décorés de papillons et de fleurs auraient été créés par un soldat de la dynastie Ming pendant ses longues heures de garde. Une nuit, des soldats ennemis encerclèrent Fengxiang ; l'officier commandant ordonna à ses soldats de mettre les masques de tigres et de se dresser, épée à la main, sur les remparts de la ville. L'ennemi terrifié s'enfuit précipitamment. Le motif du tigre semble cependant plus ancien et remonterait à la dynastie Zhou.

## La Horde d'Or

L'Empire mongol constituait le plus grand empire terrestre de l'histoire, s'étendant de la mer du Japon jusqu'à la mer Caspienne. Entre 1218 et 1253, ces barbares avaient conquis toute l'Asie centrale et la Russie et se trouvaient aux frontières de l'Europe de l'Est. Les Mongols, dont l'empire ne dura qu'une période relativement courte, quittèrent leurs steppes natales sous la conduite de Temujin (1162-1227), connu plus tard sous le nom de **Genghis Khan**, un homme illettré mais véritable génie politique et militaire. Il parvint à unifier et à organiser les tribus nomades dispersées de Mongolie, de Manchourie et de Sibérie en une force militaire disciplinée et très efficace. Après avoir conquis le royaume de Xixia, Genghis Khan traversa le désert du Gobi vers le sud ; quatre ans plus tard, en 1215, une grande partie de l'Empire chinois avait été subjuguée par la machine de guerre mongole qui se tourna alors vers l'Asie centrale et l'Europe de l'Est, détruisant complètement les villes de Boukhara et de Samarcande en 1220. La mort de Genghis et de son fils Ogötai en 1241 força les généraux mongols à interrompre leur campagne européenne.

Ce fut **Kublai Khan** (1216-1294), le petit-fils de Genghis, qui termina la conquête de la Chine en 1279 et fonda la dynastie des Yuan, fixant sa capitale à Khanbalik (Pékin). Moins cruel et plus tolérant que son grand-père, Kublai permit une certaine liberté de religion, ce qui conduisit à se convertir à l'islam de nombreux Mongols. Puisque les Mongols contrôlaient une grande partie du territoire de l'ancienne Route de la Soie, le commerce terrestre fut rétabli avec l'Europe et une culture cosmopolite vit le jour. Une demande fut même faite au père et à l'oncle de Marco Polo, qui visitèrent l'Empire mongol au 13e siècle, de ramener à Khanbalik lors de leur prochain voyage cent prêtres chrétiens pour que le souverain mongol puisse en apprendre plus long sur leur religion. Marco Polo lui-même devait rester plus de 17 ans au service de Kublai Khan. La dynastie Yuan marque la première conquête d'un peuple barbare sur la Chine tout entière.

Mais les Mongols s'avérèrent de piètres administrateurs, trop souvent corrompus. Un conseiller chinois à la cour remarqua « qu'il est possible de conquérir un grand empire à dos de cheval, mais qu'il n'est pas possible de le gérer de là ». L'Empire mongol commença à se désintégrer vers la fin des années 1200 et se divisa à la mort de Kublai Khan. En 1368, une dynastie chinoise, les Ming, reprit le contrôle du pays.

**Tamerlan** (1336-1405), un descendant de Kublai Khan, était un Tartare, ou Turc mongol, né près de Samarcande. Musulman dévot et chef farouche, il devint souverain de Samarcande en 1369. Il réunit les royaumes dispersés de l'Empire mongol, envahit l'Inde et contrôla un vaste territoire en Asie centrale. En 1398, ses armées mirent Peshawar à sac, puis le Penjab, Lahore et Delhi et capturèrent même Baghdad en 1401. Tamerlan mourut alors qu'il préparait l'invasion du Turkestan chinois.

**Babur**, un descendant de la cinquième génération de Tamerlan, établit en 1526 l'Empire moghol de l'Inde qui devait s'étendre des Himalayas à l'Inde du Sud, de Kaboul à Bombay. L'empire dura jusqu'en 1707 et est considéré comme l'un des plus sophistiqués que le monde ait connu.

# LA PROVINCE DU GANSU

Le Gansu est un étroit passage naturel reliant la Chine au Xinjiang et à l'Asie centrale. C'est d'ici que les anciennes routes commerciales se glissaient entre le haut plateau tibétain à l'ouest et les étendues de Mongolie au nord. Au nord-ouest, le Gobi est bordé d'un côté par le plateau de Mongolie et de l'autre par les monts Qilian (Qinghai), formant un corridor appelé le Passage de Hexi. Les caravanes de pèlerins, de marchands et de missionnaires passaient par cette zone désolée avant de s'aventurer dans les premiers sables du désert du Taklamakan. Le sud-est du Gansu, en revanche, est une région de prairies étendues, le Gannan, où les nomades tibétains conduisent leurs troupeaux de chevaux, de moutons, de chameaux et de bovins. Les villes du Gansu se sont développées à partir d'oasis le long de la Route de la Soie, et plusieurs complexes de grottes bouddhiques, parmi les plus célèbres de Chine, ponctuent ce tracé.

La Route de la Soie du nord pénétrait au Gansu depuis Xi'an (Chang'an), passait par les monts Liupan (où Genghis Khan serait mort) puis par le sud du Ningxia (détaché du Gansu en 1928 et qui forma dès 1969 la région autonome des Hui du Ningxia) jusqu'à Jingyuan, au nord-est de Lanzhou. Là, elle traversait le fleuve Jaune et rejoignait les autres voies commerciales, à travers le Passage de Hexi. La route du sud passant par Tianshui et Lanzhou traversait le fleuve Jaune près des grottes bouddhiques de Binglingsi. Frisant la frontière de la province du Qinghai, elle escaladait les monts Qilian pour rejoindre l'itinéraire du Passage de Hexi à Zhangye. La route du centre, qui devint la route principale après le 10$^{e}$ siècle, suivait le tracé qui est maintenant celui de la ligne de chemin de fer Xi'an-Lanzhou. D'autres routes de caravanes se dirigeaient à l'ouest vers le Tibet et au nord vers la Mongolie.

Depuis la dynastie Han, époque à laquelle les Chinois se battaient pour le contrôle de cette région inhospitalière, le Gansu a servi de lien entre les autres provinces du nord-ouest et le commerce très lucratif de la Route de la Soie. Au fur et à mesure que les Chinois repoussèrent leur frontière vers l'ouest, ils prolongèrent la Grande Muraille et construisirent des tours de guet pour la protéger. La garnison de Jiayuguan était la dernière à être installée sur sol chinois ; sa présence est encore marquée par un fort et quelques sections de la Grande Muraille. Les soldats Han avaient beaucoup recours au cheval pour patrouiller dans la région et surtout aux petits

Jeune femme hui du Gansu

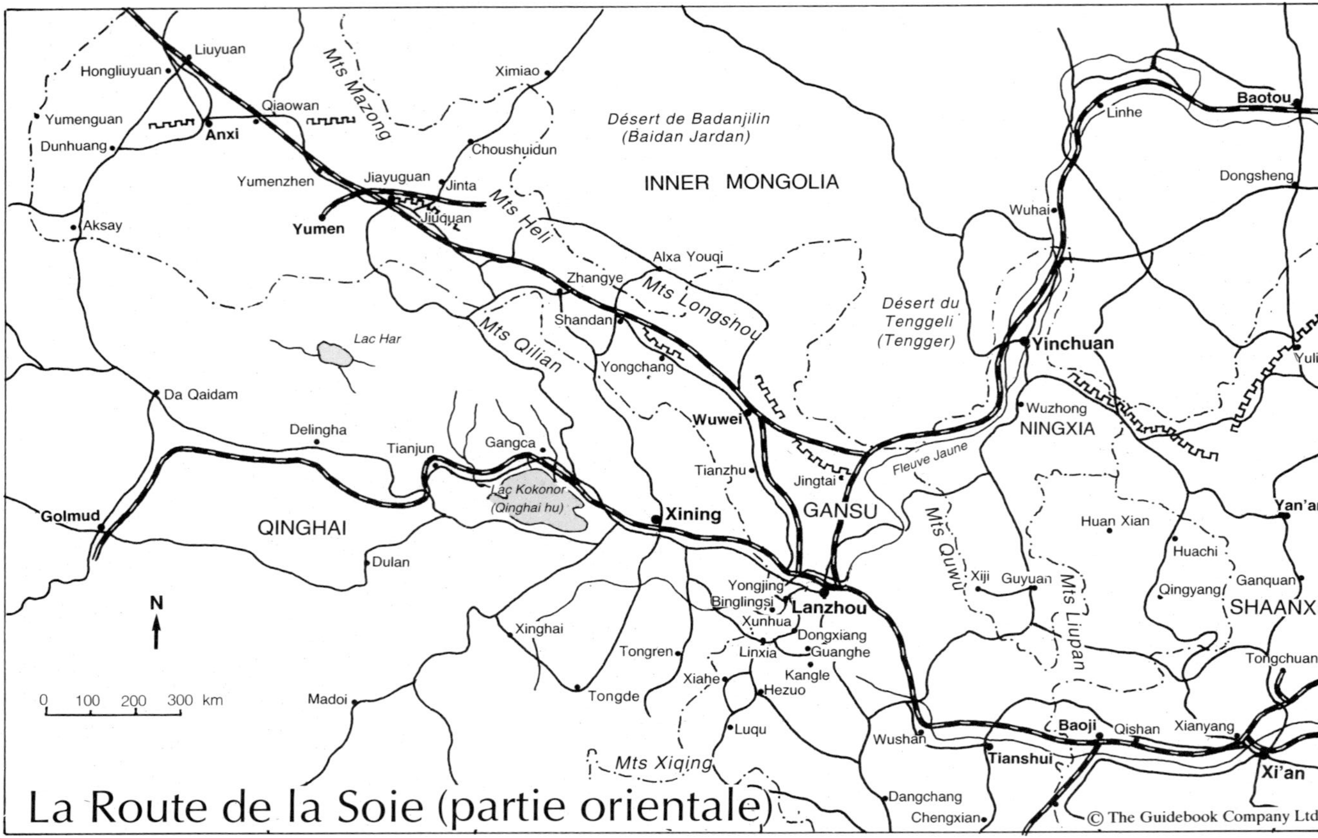
La Route de la Soie (partie orientale)
Liuyuan
Hongliuyuan
Yumenguan
Dunhuang
Anxi
Qiaowan
Mts Mazong
Ximiao
Choushuidun
Désert de Badanjilin
(Baidan Jardan)
INNER MONGOLIA
Yumenzhen
Jiayuguan
Jinta
Yumen
Jiuquan
Mts Heli
Aksay
Alxa Youqi
Zhangye
Mts Longshou
Shandan
Mts Qilian
Lac Har
Yongchang
Da Qaidam
Delingha
Tianjun
Gangca
Wuwei
Tianzhu
Jingtai
Lac Kokonor
(Qinghai hu)
Golmud
QINGHAI
Xining
GANSU
Dulan
Désert du
Tenggeli
(Tengger)
Baotou
Linhe
Dongsheng
Wuhai
Yinchuan
Yulin
Wuzhong
NINGXIA
Fleuve Jaune
Mts Quwu
Xiji
Guyuan
Mts Liupan
Huan Xian
Huachi
Yan'an
Qingyang
Ganquan
SHAANXI
Tongchuan
Yongjing
Binglingsi
Lanzhou
Xunhua
Dongxiang
Linxia
Guanghe
Kangle
Xiahe
Hezuo
Xinghai
Tongren
Tongde
Madoi
Luqu
Mts Xiqing
Wushan
Tianshui
Baoji
Qishan
Xianyang
Xi'an
Dangchang
Chengxian
N
0 100 200 300 km
© The Guidebook Company Ltd

chevaux fougueux importés des Etats d'Asie centrale. Vers la fin de la dynastie Han, après la défaite des nomades Xiongnu, la Chine établit des préfectures dans la région, mais ce ne fut que pendant la dynastie mongole des Yuan (1279-1368) que le Gansu devint officiellement une province chinoise.

En grande partie aride, le Gansu a toujours été une région pauvre. Aujourd'hui, le gouvernement central a fait quelques efforts pour y développer l'industrie, surtout autour de Lanzhou, la capitale. Bien que la province soit riche en gisements de pétrole, de charbon, de nickel, de platine, de chrome, de plomb, de chaux, de gypse et de marbre, ces ressources n'ont pas été pleinement exploitées et le Gansu reste une des provinces les plus pauvres de Chine. Les experts de l'Institut de recherches du désert à Lanzhou tentent de développer des moyens peu coûteux — tels que des campagnes de plantation massive d'arbres, d'herbe et de buissons — pour enrayer l'érosion du sol et pour protéger les terres cultivables des sables qu'on appelle ici « les Dragons jaunes ». Les prairies du sud et les déserts du Passage de Hexi donnent au Gansu un aspect sauvage et isolé.

La majorité de la population du Gansu est chinoise mais neuf minorités y vivent également — les Hui, les Dongxiang, les Tibétains, les Tu, les Yugur, les Salar, les Mongols, les Baoan et les Kazakh — qui résident pour la plupart dans sept districts autonomes. Les Dongxiang (Mongols musulmans), les Yugur et les Baoan vivent uniquement au Gansu.

Cette province est considérée comme un des nombreux lieux de naissance de la civilisation chinoise et plusieurs sites archéologiques se regroupent autour de sources d'eau encore utilisées aujourd'hui — les riches oasis du Passage de Hexi et les vallées irriguées au sud de Lanzhou. Le site le plus ancien, Dadiwan, remonte à 12000 ans et se trouve à Qinan (au nord-est de Tianshui). Les poteries néolithiques typiques du Gansu sont de couleurs noire et rouge et ont été largement répertoriées ; récemment, de nombreuses pièces magnifiques sont apparues sur le marché international, sorties en fraude de Chine par Hong Kong.

## TIANSHUI

Tianshui est la première ville de la Route de la Soie dans la province du Gansu. Réputée pour ses objets en laque, la ville a été peu touchée par le développement moderne et on peut encore y voir des maisons traditionnelles en bois. De nos jours, Tianshui est essentiellement une ville de passage pour les personnes se rendant aux grottes de Maijishan.

L'ensemble de grottes bouddhiques de **Maijishan**, à 45 kilomètres au sud-est de Tianshui, est le quatrième plus grand complexe rupestre bouddhique de Chine après Datong, Luoyang et Dunhuang. Cette étrange colline circulaire à la terre rougeâtre est percée de 194 grottes qui contiennent plus de 7000 statues d'argile et de pierre et 1300 mètres carrés de peintures murales. Ce sont surtout ces sculptures d'argile qui donnent au site sa valeur artistique. De même qu'à Dunhuang, la roche est ici trop friable pour être sculptée, ce qui explique l'emploi privilégié de l'argile (les sculptures entièrement en pierre ont été amenées ici de l'extérieur). Toute une série de catastrophes naturelles ont détruit l'aspect original du site ; lors d'un tremblement de terre en 734, une partie de la colline s'est effondrée et plusieurs des fresques ont disparu à cause de l'humidité.

Les premières grottes auraient été creusées pendant la dynastie Qin (221-207 av. J.-C.), mais les plus anciennes de celles qui existent encore aujourd'hui datent de la dynastie des Wei du Nord (386-534) ; d'autres furent rajoutées pendant les dynasties Sui, Tang et même Qing. Les gracieuses statues de pierre du 6e siècle portent la forte influence de la tradition artistique de Gandhara (style gréco-indien), tandis que les statues d'argile des dynasties Tang et Song, souvent plus vivantes et audacieuses, suivent plus fidèlement le modèle chinois. Quelques énormes bouddhas sculptés dans la roche ajoutent à la dignité du site. La plupart des grottes sont facilement accessibles grâce à un excellent système d'escaliers en béton mais certaines ne peuvent être vues qu'à travers un grillage.

Dans les collines de Xiaolong, à 10 kilomètres de Maijishan, se trouvent la **falaise des Immortels (Xianren)** ; ces grottes furent creusées pendant la dynastie des Wei du Nord et abritent des statues de divinités taoïstes, confucéennes et bouddhiques. Un troisième ensemble de grottes est situé sur la rive nord de la Wei, au nord-ouest de Tianshui, dans le district de Wushan. Peu visitées, elles sont parfois difficiles d'accès en raison d'inondations.

## INFORMATIONS PRATIQUES

Tapis de soie, paravents sculptés et laqués, et mobilier incrusté de pierres sont les principaux produits artisanaux de Tianshui.

### Transport

Trains et bus quotidiens en direction de Lanzhou et Xi'an. Excursions (en chinois) pour Maijishan plusieurs fois par jour en face de la gare routière.

### Hébergement

Le Tianshui binguan (5 Yingbin lu, tél. 212410, fax 213018) est le seul grand hôtel (première classe) de la ville. L'hôtel Longling (Weihe nan lu, tél. 235594) est un peu moins cher ; il se trouve de l'autre côté de la rivière Wei, au sud de la gare. A Maijishan, essayez le Lüyou Fuwubu Zhusu (Hôtel des Services touristiques, classe standard).

## LANZHOU

Lanzhou, capitale de la province du Gansu, chevauche les rives du fleuve Jaune sur plus de 40 km ; elle est blottie dans une vallée étroite, dominée de chaque côté par des collines brunes et dénudées. Cette situation géographique particulière est la cause du climat relativement doux de Lanzhou.

La ville était une halte pour les caravanes de l'antique Route de la Soie et un point de transit pour le commerce de la laine, de la soie et du thé entre la Mongolie, le Sichuan et le Tibet. L'importance de Lanzhou réside dans sa position stratégique, à l'entrée même du Passage de Hexi ; c'est là que se faisait le transbordement des marchandises sur le fleuve Jaune, à l'aide de radeaux faits de peaux d'animaux gonflées. C'était aussi un relais de poste qui fournissait des chevaux aux envoyés gouvernementaux, aux messagers et aux missions des pays vassaux.

A partir de la fin du 18e siècle, le nord-ouest fut secoué par de violentes révoltes musulmanes et, en 1872, le général Zuo Zongtang fut chargé de réprimer les soulèvements et de rétablir l'ordre. Il fixa son quartier général à Lanzhou et y créa un arsenal grâce à des prêts d'investisseurs étrangers et chinois de Shanghai. Bâti par d'habiles ouvriers cantonais, l'arsenal manufacturait des obus pour le canon allemand de Zuo et d'autres munitions.

A la fin du 19e siècle, une dispute entre la Compagnie Minière et d'Ingénierie chinoise, propriété britannique, et la Compagnie de Lanzhou, une entreprise du gouvernement chinois, éclata au sujet de droits sur les dépôts de charbon bitumeux des environs de Lanzhou. La dispute traîna pendant des années, jusqu'au jour où la fusion des deux entreprises aboutit au partage — et à l'accroissement — des bénéfices.

Dans les années 20, le chef de guerre chrétien Feng Yuxiang choisit brièvement Lanzhou comme base d'une partie de son Armée nationale du Peuple, ce qui créa des tensions avec les chefs de guerre musulmans de la famille Ma qui régnaient sur le sud du Gansu, l'est du Qinghai et le Ningxia. Ceux-ci se rendirent à l'armée de libération populaire en août 1949, après six semaines de combats féroces.

En 1953, la décision du Comité central du parti communiste de faire de Lanzhou le premier centre industriel du nord-ouest causa une explosion démographique. L'établissement de l'industrie pétrochimique de transformation de métaux non-ferreux, de manufactures de machines, de l'industrie

# Lanzhou

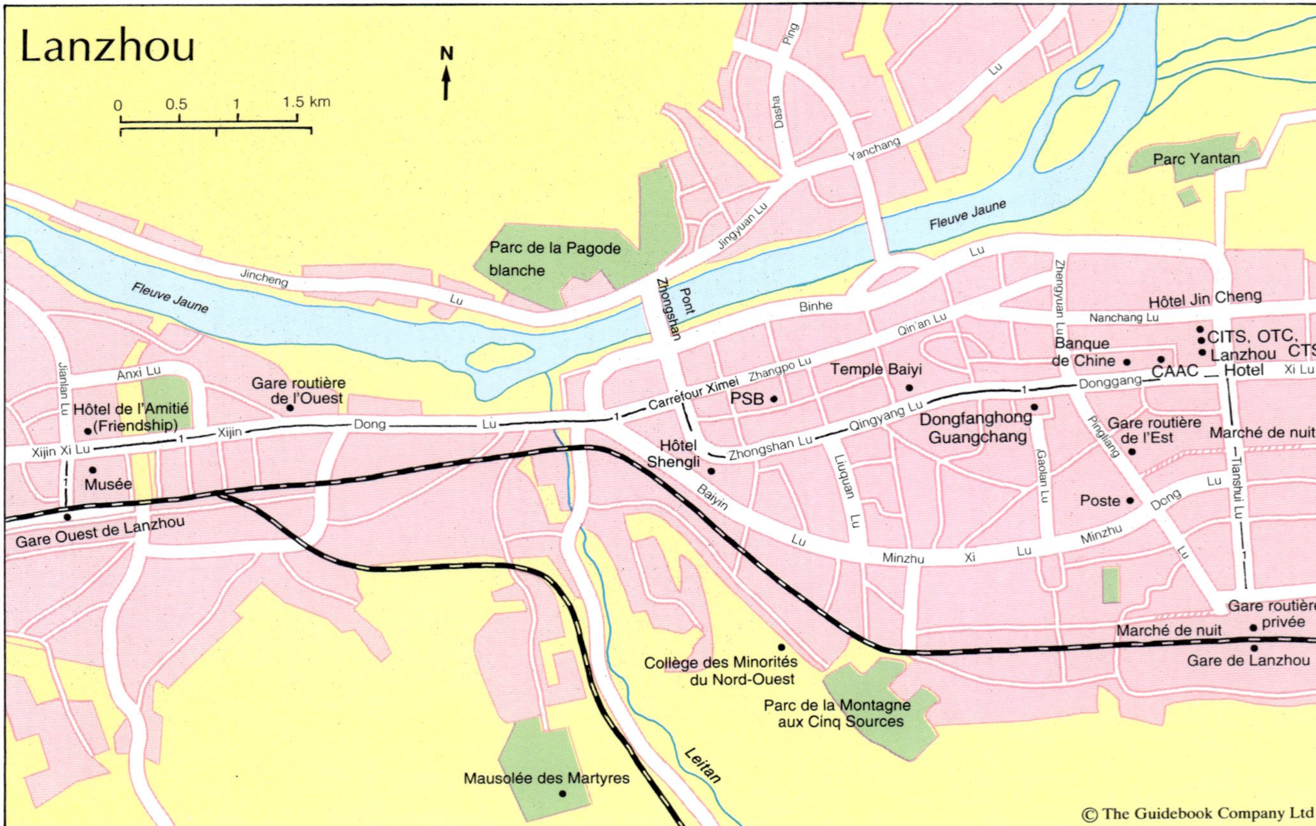

N
0
0.5
1
1.5 km
Parc Yantan
Fleuve Jaune
Parc de la Pagode blanche
Pont Zhongshan
Jincheng Lu
Yanchang Lu
Dasha
Ping
Jingyuan Lu
Binhe Lu
Qin'an Lu
Zhangpo Lu
Carrefour Ximei
Zhengyuan Lu
Nanchang Lu
Hôtel Jin Cheng
CITS, OTC, Lanzhou CTS Hotel
Banque de Chine
CAAC
Xi Lu
Donggang
Temple Baiyi
PSB
Qingyang Lu
Dongfanghong Guangchang
Gare routière de l'Est
Marché de nuit
Pingliang
Tianshui Lu
Hôtel Shengli
Zhongshan Lu
Liuquan Lu
Gaolan Lu
Poste
Dong Lu
Baiyin Lu
Minzhu Xi Lu
Minzhu
Gare routière privée
Marché de nuit
Gare de Lanzhou
Collège des Minorités du Nord-Ouest
Parc de la Montagne aux Cinq Sources
Leitan
Mausolée des Martyres
Jianlan Lu
Anxi Lu
Hôtel de l'Amitié (Friendship)
Gare routière de l'Ouest
Xijin Xi Lu
Xijin
Dong
Lu
Musée
Gare Ouest de Lanzhou

de la laine, du cuir et des plastiques ainsi que de nombreux instituts universitaires et techniques attira les meilleures têtes et les mains les plus habiles de toute la Chine ; par conséquent, la population a aujourd'hui atteint les 2 millions d'habitants, dont 97 % sont des Chinois Han. Lanzhou est aussi le centre de l'énergie atomique en Chine depuis les années 60.

Marco Polo a vécu une année entière à Lanzhou à la fin du 13e siècle, mais « sans expérience qui vaille d'être relatée ». En 1925, l'Américain Joseph Rock, botaniste et explorateur, décrivit Lanzhou comme « la capitale chinoise la plus sale que j'aie jamais vue » et mentionna le triste sort des officiers de l'armée russe blanche jetés en prison ou exécutés. En revanche, Peter Fleming, le journaliste et aventurier britannique qui visita Lanzhou dix ans plus tard en compagnie de la jeune voyageuse suisse Ella Maillart, trouva les rues de la ville « romantiques ».

Aujourd'hui, Lanzhou est une ville étendue et polluée mais qui comprend quelques parcs, des marchés de nuit animés et un bon musée.

## VISITE

### ■ LE MUSÉE PROVINCIAL DU GANSU (*GANSU SHENG BOWUGUAN*)

Situé sur Xijin xi lu (en face de l'hôtel de l'Amitié), ce musée abrite une superbe collection de la poterie néolithique pour laquelle le Gansu est réputé. Une fois n'est pas coutume, les objets exposés sont accompagnés de notices explicatives claires en anglais. Les salles de stockage renferment plus de 432 000 objets. Parmi ceux qui sont exposés (au second étage), on verra des outils de pierre servant à l'agriculture, des bols d'un gris rougeâtre et des récipients trouvés sur le riche site de Dadiwan, dans le Gansu central. Ces objets sont vieux de 6000 à 12 000 ans. On y trouve aussi des poteries noires et rouges des cultures néolithiques et chaléolithiques de Yangshao (7000-4000 av. J.-C.), de Majiayao (5000-4000 av. J.-C.), de Miaodigou (5000-4000 av. J.-C.) de Qijia (4000-3000 av. J.-C.), de Banshan (2000 av. J.-C.), de Siwa (1100-770 av. J.-C.) et de Xindian (770-476 av. J.-C.). Une réplique d'un site funéraire situé à Wuwei, dans le Passage de Hexi, et qui appartiendrait à la culture de Qijia, présente, tels qu'on les a retrouvés, trois squelettes entourés de poterie, de turquoises et de bijoux.

La dynastie Han (206 av. J.-C.-220 ap. J.-C.) est représentée par des bronzes, des haches, des équipements de cavaliers et plus de 220 000 documents écrits à l'encre sur des tablettes de bois. Trouvés dans le Gansu du nord-ouest, ces documents racontent l'histoire de la région, y compris les mouvements des garnisons militaires. Les bronzes trouvés à Wuwei sont extrêmement intéressants, en particulier le fameux « Cheval volant », une très élégante reproduction de 24 cm de haut d'un cheval avec le sabot arrière posé sur un oiseau en vol. Il représenterait la nouvelle race de chevaux ramenée via la Route de la Soie jusqu'à la cour impériale de Chine depuis le Fergana (Ouzbékistan). Ces chevaux étaient connus pour leur rapidité et leur endurance bien supérieures à celles des races chinoises, ce qui leur donnait beaucoup de valeur. Parmi les autres pièces Han, notons un cortège de cavaliers et de chars retrouvé dans la tombe d'un général.

De l'époque des Jin de l'Ouest (265-316) viennent des briques peintes trouvées dans une tombe à Jiayuguan, tombe qui a été reconstituée dans le musée. Les briques décrivent avec réalisme la vie quotidienne de cette période par des scènes de chasse, de moisson, d'élevage des animaux, de labours et de portage d'eau.

Le troisième étage abrite des objets illustrant la Longue Marche de l'Armée rouge en 1935 et des fossiles du fleuve Jaune — dont ce qui passe pour être le squelette fossilisé le plus complet du monde : le *Stegodon hunghoensis,* un mammouth, découvert en 1973. Au premier étage se trouve une exposition sur la faune, la flore, la géologie et les parcs naturels du Gansu.

Le dimanche, le lundi et parfois le mardi le musée est fermé, mais il peut également l'être à d'autres moments, à cause de la visite d'un notable ou même sans raison apparente. Le musée est également fermé pendant les mois d'hiver. Des expositions comme celle de la tombe de Jiayuguan peuvent être fermées pendant des mois à cause d'une simple panne d'électricité. Pour arriver au musée prendre le bus n° 1 depuis la gare.

## ■ LES PARCS

La rive nord du fleuve Jaune est dominée par quelques grandes mosquées, ainsi que par le **parc de la Pagode Blanche** (*Baita shan*) aux multiples avant-toits, un endroit agréablement vert et feuillu qui s'étend sur plusieurs niveaux reliés entre eux par des escaliers de pierre et un labyrinthe de passages, pavillons, corridors peints et temples. Une pagode à sept étages de la dynastie Yuan (restaurée sous les Ming) est la curiosité architecturale principale. Près de là se trouve le **pont à cinq arches de Zhongshan** ; il fut construit en 1907 par des ingénieurs allemands et américains et il est considéré avec fierté comme « le premier pont lancé sur le fleuve Jaune ».

Le **parc de la Montagne aux Cinq Sources** (*Wuquan shan gongyuan*) s'étend au pied de la colline de Gaolan, au sud de la ville. Une légende sur

Musulmans chinois en prière, Lanzhou.

道冠古今

l'origine de ces sources d'eau douce évoque les premiers jours de la Route de la Soie. L'empereur Wudi (qui régna de 140 à 88 av. J.-C.), voyant ses frontières occidentales menacées par les Xiongnu, plaça un corps de cavalerie fort de 200 000 hommes sous le commandement du général Huo Qubing (voir p. 59). En 121 av. J.-C., après plusieurs jours de marche forcée depuis la capitale Chang'an (Xi'an), l'armée arriva épuisée, assoiffée et affamée au pied de cette colline. Ce n'est qu'après avoir établi le camp qu'on réalisa qu'on ne pouvait y trouver d'eau. Huo Qubing, ému à la vue de son armée exténuée, partit lui-même à la recherche d'une source. Exaspéré par son insuccès, il tira son épée et en frappa un rocher en criant « Je ne puis croire qu'il n'y ait pas d'eau ici ! » Lorsqu'il releva son épée, on vit jaillir, à l'étonnement de tous, une eau pure. Il répéta son geste encore quatre fois jusqu'à ce que les besoins de son armée aient été satisfaits. Et les cinq sources coulent encore à ce jour.

Parmi les nombreux temples et pavillons qui parsèment le versant de la colline, notez le **temple de Chongqing** qui abrite une cloche de fer du 13e siècle et un bouddha de bronze aux formes harmonieuses de la dynastie Ming.

## ■ LES GROTTES DES MILLE BOUDDHAS DE BINGLINGSI

A 70 km au sud-ouest de Lanzhou, dans le district de Yongjing (près de deux heures par route) se trouve l'une des centrales hydro-électriques les plus grandes de Chine, le **barrage de Liujiaxia**, qui génère 5,7 milliards de kilowattheures d'électricité chaque année. Entre avril et octobre, des bateaux de tourisme partent chaque jour du barrage et remontent pendant deux heures le fleuve Jaune, pour atteindre les grottes des Mille Bouddhas de Binglingsi. Pendant les mois d'hiver, le niveau de l'eau est trop bas pour permettre la navigation et aucune route ne mène au site.

Le voyage sur le fleuve est saisissant. Quelques champs cultivés parsèment les rives parmi les collines jaunâtres dénudées et les falaises. Celles-ci sont érodées en d'étranges formes, parfois colorées de sédiments de terre ocre. L'entrée de Binglingsi à Dasi Gou (le ravin du Grand Temple) est gardée par des roches géantes qui se dressent comme des doigts tourmentés.

Les grottes que l'on voit sur la paroi ouest de la crique furent creusées sur une période de 1500 ans et ont fait l'objet de fouilles archéologiques depuis 1952. Elles sont mentionnées dans des documents historiques dès le 5e siècle et ont été un important centre bouddhique pendant des centaines d'années, en particulier sous les Song et les Ming. Le nom du site est relativement récent ; sous les Tang le monastère s'appelait Lingyansi (monastère de la falaise surnaturelle). Le nom Binglingsi vient d'une déformation de la phrase tibétaine qui signifie « site des dix mille bouddhas », un nom courant pour les grottes bouddhiques. La ville de Yongjing, toute proche, était depuis longtemps un carrefour commercial et la visite au site de nombreux pèlerins permettait de restaurer les anciennes grottes et d'en creuser de nouvelles.

Les plus anciennes grottes datent de la dynastie Wei du Nord (386-532) et les plus récentes du début de la dynastie Qing (1644-1911). Certaines des niches sont des stoupas de pierre, sculptés dans le style indien rarement vu en Chine. Près de 700 statues de pierre et 82 de stuc ont survécu. Les statues endommagées permettent de se rendre compte de la méthode de fabrication utilisée : de l'argile et de la paille étaient posées sur une armature en bois, et le tout recouvert de stuc et de peinture. La plus grande statue est celle du Grand Bouddha Maitreya qui a 27 mètres de haut et qui est faite de stuc et de paille. C'est celle-ci que l'on voit tout d'abord, depuis la rivière. Les grottes ont, pour la plupart, des plafonds à caisson et, dans certaines d'entre elles, les couleurs des peintures murales sont encore éclatantes. La grotte la plus ancienne (n° 169), qui contient un bouddha et deux bodhisattvas, est malheureusement fermée aux visiteurs.

Après la construction du barrage de Liujiaxia, le niveau de l'eau monta de plus de 20 m et la boue envahit les 171 grottes situées en bas de la falaise. On sauva cependant 800 des plus belles statues qui furent placées dans d'autres grottes.

Si le temps et le niveau de l'eau le permettent, il est possible de remonter le ravin ensablé et au-delà, à travers de hautes gorges de roche jaune, jusqu'au monastère supérieur (environ 45 minutes ; prendre un guide). C'est là que vit, dans de minuscules huttes de terre construites contre la falaise, une petite communauté de lamas tibétains qui cultivent de petits champs de maïs et quelques arbres fruitiers. Ils gardent un petit temple nouvellement construit qui abrite des soutras du début de la dynastie Qing. Le temple fut détruit trois fois et l'on y voit les ruines des habitations des lamas éparses alentour. Parmi les monuments qui ont survécu, il y a une jolie pagode à encens, sculptée dans la pierre rouge de la dynastie Song (960-1279) et, à proximité, une grotte contenant un grand bouddha présentant la Roue de la Vie, qui date de la dynastie Tang (618-907).

Des excursions d'une journée sont organisées par la CITS ou par le *Silu lüxingshe* à Lanzhou. Des excursions meilleur marché mais avec guide chinois uniquement partent tôt le matin de la gare routière en face de l'hôtel Shengli. Emportez un pique-nique, car il existe peu de possibilités de se restaurer sur le site. Attention, l'autorisation de photographier l'intérieur des grottes de Binglingsi coûte très cher.

## INFORMATIONS PRATIQUES

Il y a peu de visites à faire dans la ville même de Lanzhou. Le bus n° 1 qui part de la gare s'arrête à l'hôtel Lanzhou, à l'hôtel Shengli (principales rues commerçantes), à la gare routière de l'Ouest et à l'hôtel de l'Amitié et au Musée provincial. Les heures d'ouverture des magasins et du musée sont de 8 h à 12 h et de 15 h à 18 h.

### Transport

Il existe des vols quotidiens de et pour Pékin, Dunhuang et Xi'an, et des vols quatre fois par semaine vers Canton, Shanghai, Jiayuguan et Urumqi. L'aéroport se trouve à 75 km de la ville (très beau paysage ; bus de la CAAC au bureau de la Donggang xilu). Des trains quotidiens circulent en direction d'Urumqi, Shanghai et Pékin ; le guichet de vente des billets pour les étrangers est à la gare principale. Il existe également des liaisons quotidiennes en bus à destination de Xi'an, Wuwei, Tianshui (gare routière de l'Est), Linxia, Xiahe et Hezuo (gare routière de l'Ouest).

### Hébergement

*Hôtel Jincheng*

209 Tianshui lu, tél. 416638, fax 418438
Hôtel de luxe avec air conditionné ; sept restaurants.

*Hôtel de la Victoire (Shengli fandian)*

127-133 Zhongshan lu, tél. 465221, fax 461531
Hôtel de première classe bien situé au centre ville ; cinq restaurants ; agence de voyage.

*Hôtel de l'Amitié (Youyi binguan, Friendship Hotel)*

14 Xijin xilu, tél. 334711, fax 418457
Hôtel standard construit par les Russes ; décentré mais en face du musée ; plusieurs restaurants ; bureau de poste.

*Hôtel Lanzhou*

204 Donggang xilu, tél. 22131, 28321
Hôtel standard de style soviétique ; près de la gare ; coffee shop et magasin.

### Restaurants

Lanzhou est réputée pour ses fruits ; les permiers vergers de la région furent plantés pendant la dynastie des Han de l'Ouest (206 av. J.-C.-24 ap. J.-C.). Aujourd'hui, la ville est entourée de vergers et de champs qui, durant les mois d'été, fournissent les marchés de rue avec une profusion de produits comme des pêches, des prunes, des pommes, des dattes, des noix, du raisin et des légumes. On verra le long des routes les marchands de melons et de pastèques, fruits que les passants mangent sur place, et dont ils crachent les graines que le vendeur récupère promptement, sèche et revend. Les dattes rouges qui sont séchées au soleil sur les toits des maisons ou dans les cours sont ensuite trempées dans du vin blanc et conservées dans des pots à vin. Elles seront consommées en hiver.

La spécialité culinaire de Lanzhou est le *niurou mian*, une soupe de nouilles au bœuf épicée. Les restaurants sont concentrés autour du centre-ville, près de l'hôtel Shengli sur Jiuquan lu. Il y a également plusieurs zones de marchés très animés : le plus grand est sur Hezhong lu, de chaque côté de Tianshui lu, au sud de l'hôtel Lanzhou. Le matin vous pourrez y déguster le petit-déjeuner typique de la Chine du nord : *doujiang* (lait de soya chaud) et *youtiao* (baguettes frites). Le soir, on y trouve du mouton grillé, des raviolis, des *chunjie* (rouleux de printemps), des *jianbing* (grande omelette fourrée de légumes et de piment), des nouilles et du riz frits, et des soupes de haricots sucrés. A l'ouest de la gare principale se trouvent une variété de petits restaurants et un marché de fruits et légumes.

## Agences de voyage

Les trois agences principales sont toutes situées dans le même bâtiment, au 361 Tianshui lu, entre les hôtels Lanzhou et Jincheng.

*CITS (Zhongguo guoji lüxingshe)*

Tél. 26181, 23055, fax 418556. Organise des circuits assez classiques, sans grande flexibilité ; personnel en général assez peu serviable.

*CTS (Zhongguo lüxingshe)*

Tél. 27931, fax 418457. Propose une plus grande gamme de circuits entre 14 et 18 jours, dont des voyages à thème (lamasseries, grottes bouddhiques, chasse, expédition sur le glacier de Qiyi au sud de Jiayuguan, etc.).

*OTC (Haiwai lüxingshe)*

Tél. 27931, fax 418442. Mêmes services que le CTS, personnel très serviable.

*Silk Road Travel Services (Silu lüxingshe)*

133 Zhongshan lu (2e étage de l'hôtel Shengli), tél. 465221, fax 461531. Visites de Binglingsi et des principales destinations de la Route de la Soie.

Pages suivantes : Le Grand Bouddha de Binglingsi.

## Les Premiers Voyageurs Chinois sur la Route de la Soie

**Zhang Qian** : Le héros sans conteste de la Route de la Soie est Zhang Qian, l'ambassadeur extraordinaire chinois du 3e siècle av. J.-C., dont les deux étonnants voyages en Asie centrale ouvrirent la Route et établirent le premier échange culturel entre l'Orient et l'Occident. En 139 av. J.-C., il fut envoyé par l'empereur Han Wudi vers les Régions occidentales ; il avait pour tâche de persuader les tribus de Yuechi à Fergana de faire alliance commune avec les Chinois contre les Xiongnu. Zhang Qian se mit en route avec une centaine de personnes pour escorte mais il fut capturé par les Xiongnu. Pendant ses dix années de captivité, il apprit leurs coutumes et leurs stratégies. Il épousa une femme xiongnu qui lui donna un fils avant qu'il ne s'échappe et continue sa mission impériale sur la Route nord de la Soie vers Kashgar et Fergana. Il ne parvint pas à établir une alliance militaire avec les Yuechi, mais fut bien reçu et aidé lors de ses voyages à travers les royaumes voisins, y compris la Bactriane et la Sogdiane.

Espérant éviter les Xiongnu, Zhang Qian revint par la Route sud de la Soie — pour tomber aux mains de tribus alliées. Il resta captif encore une année avant que la confusion suscitée par la mort du chef des Xiongnu ne crée les conditions pour son évasion. C'est donc treize ans plus tard que Zhang Qian et un attaché — le seul membre rescapé de son ambassade — purent retourner à Chang'an (Xi'an), en 126 av. J.-C. Il rendit compte en détail de la géographie, des cultures et de l'organisation économique des trente-six royaumes des Régions occidentales — un nouveau monde pour les Chinois. L'empereur Wudi, désireux d'étendre son influence en Asie centrale, fut ravi et envoya à nouveau Zhang Qian avec mission de maintenir les contacts établis. Avec 300 hommes, 10 000 moutons, des montures de remplacement et de grandes quantités d'or et de soie, Zhang Qian repartit en 119 av. J.-C. Ses représentants se rendirent aux cours de Fergana, de Sogdiane, de Bactriane, de Parthie et du nord de l'Inde et l'ambassade revint quatre ans plus tard accompagnée de nombreux ambassadeurs étrangers. Deux ans plus tard, en 113 av. J.-C., Zhang Qian mourut. Sa tombe, dans la province du Shaanxi, a été récemment restaurée.

**Ban Chao** : Au premier siècle de notre ère, les oasis du bassin de Tarim furent prit aux Chinois par les Xiongnu. Ban Chao, le commandant de cavalerie dont les campagnes permirent le rétablissement du contrôle militaire chinois, devint un des plus grands généraux de Chine.

Après s'être distingué dans les batailles contre les Xiongnu dans la région de Hami et de Barkol, dans le nord-est du Xinjiang, on lui confia la tâche peu enviable de soumettre les royaumes de la Route de la Soie qui s'étaient rebellés contre la Chine en s'alliant avec les Xiongnu. Soldat inventif et bon diplomate, il s'empara des royaumes de Loulan, Khotan et Kashgar soit par la force, soit par la ruse, y installant des souverains pro-chinois et ouvrant ainsi à nouveau la Route sud de la Soie au commerce. Il demeura en Asie centrale pendant 31 ans, écrasant les rébellions et établissant des relations diplomatiques avec plus de cinquante Etats des Régions occidentales. Escorté par des cavaliers vêtus de cuir d'un rouge éclatant, il parvint lui-même aussi loin que Merv (au Turkestan) et établit des contacts avec les Parthes, les Babyloniens et les Syriens.

Ce dernier contact fut établi par l'envoyé de Ban Chao, Gan Ying, qui reçut l'ordre en 97 ap. J.-C. de poursuivre son voyage vers Ta Ts'in (l'Empire romain). Il atteignit le golfe Persique pour s'entendre dire par les Perses que la route maritime vers Ta Ts'in était longue et dangereuse et qu'il aurait à emporter des provisions en grains pour trois ans. Gan Ying fut découragé par cette information mensongère (qui avait probablement pour but de protéger les intérêts des intermédiaires dans le commerce Occident-Orient) et il s'en retourna. Néanmoins, ces voyages permirent à la Chine d'approfondir ses connaissances de l'Empire romain. Ban Chao retourna en Chine à la fin de sa vie pour y recevoir les plus grands honneurs. Il mourut en l'an 101.

**Fa Xian**: Le moine Fa Xian fut l'un des premiers d'une longue série de bouddhistes chinois à faire un pèlerinage en Inde. Le compte rendu de son voyage par terre, *Un Mémoire sur les Royaumes bouddhistes*, l'immortalisa aussi bien en Chine que — après traduction — en Occident.

La mission que Fa Xian s'était donnée était de rapporter en Chine des textes canoniques et des représentations bouddhiques afin d'élargir la connaissance de cette religion dans son propre pays. Avec quelques compagnons, moines comme lui, il partit en 399 par la Route sud de la Soie, traversant l'Hindu Kush pour atteindre l'Inde; au moins un de ses compagnons succomba de froid en route. Fa Xian resta deux années au Sri Lanka et revint en Chine par voie de mer, en 414.

Cette grande aventure dura quinze ans et pour le reste de sa longue vie — il mourut à l'âge de 88 ans — Fa Xian travailla à traduire du sanscrit les soutras qu'il avait rapportés avec lui. Le compte rendu de son voyage est une contribution importante à l'histoire des royaumes d'Asie centrale au 5e siècle.

**Xuan Zang**: Le moine bouddhiste Xuan Zang est peut-être le plus connu de tous les voyageurs chinois de la Route de la Soie. Deux récits de son voyage sont devenus des classiques chinois — ses propres mémoires sur les Régions occidentales qui ont valeur historique et géographique, et un roman comique du 16e siècle, *Le pèlerinage d'Occident* par Wu Cheng'en, qui décrit la drôle de bande qui accompagna le moine, défaisant des monstres et balayant tous les obstacles.

Les voyages depuis la Chine vers l'étranger étaient interdits lorsqu'en 629, Xuan Zang entreprit son périple solitaire à pied et à cheval vers l'Inde. Il voyageait de nuit pour éviter les sentinelles des tours de guet au-delà de Dunhuang, mourut presque de soif lorsqu'il se perdit dans le désert près de Hami et fut fêté si somptueusement par le roi de Turfan qu'il dut faire une grève de la faim pour obtenir la permission de continuer son trajet.

Empruntant la Route de la Soie du Nord jusqu'à Kucha, il atteignit Tashkent et Samarcande, et puis, plus ou moins dans les pas d'Alexandre le Grand, il se dirigea vers le sud jusqu'à la région de Peshawar dans le Pakistan actuel où il étudia pendant plusieurs années à la fameuse université bouddhique de Nalanda. Il passa 14 ans en Inde, au Népal et au Sri Lanka avant de retourner en Chine par la Route de la Soie du Sud via Kashgar, Yarkand et Khotan. Le temps d'atteindre Khotan, l'empereur avait appris son retour et il fit escorter triomphalement le moine sur tout le chemin menant à la capitale, Chang'an.

Xuan Zang rentra en Chine en 654 avec 22 chevaux portant plus de 700 textes bouddhiques ainsi que des reliques de la Chaise du Bouddha et des statues d'or, d'argent et de bois de santal. La pagode de la Grande Oie à Xi'an fut bâtie pour abriter les soutras et c'est là qu'il passa le reste de sa vie, travaillant à les traduire. Il mourut en 664 et l'empereur Tang Gaozong fit bâtir le temple de Xingjiao à l'extérieur de Xi'an en mémoire de ce grand homme.

Le *Karakoram Highway.*

# LE SUD DE LA PROVINCE DU GANSU

## LE DISTRICT AUTONOME DES DONGXIANG

Linxia est situé à 160 km de Lanzhou, un trajet de cinq à six heures par route. De Lanzhou, la route passe par Liujiaxia, traverse le fleuve Jaune, et se dirige vers le sud-ouest par les canyons pittoresques sillonnés de ravins escarpés du district autonome des Dongxiang.

La plupart des 190 000 membres de la minorité des Dongxiang vivent dans ce district. Reconnus comme minorité distincte en 1949 seulement, les Dongxiang sont des musulmans d'origine mongole. Leur langue prend ses racines dans le mongol altaïque, avec des emprunts au chinois et au turc et s'écrit aussi bien en caractères arabes que chinois. Ils sont probablement les descendants des troupes de Genghis Khan stationnées à Hezhou (Linxia), non loin de là, lorsque celui-ci attaqua au début du 13e siècle le royaume des Xixia alors tout-puissant. L'amnistie leur ayant été accordée pendant la dynastie Ming (1368-1644), ils s'établirent dans la région, préférant l'agriculture et le tissage des tapis à la guerre. Ils se marièrent entre eux et se convertirent à l'islam.

En tant que musulmans, ils s'impliquèrent dans les rébellions qui éclatèrent sporadiquement contre les Qing dès la fin du 18e siècle. Beaucoup d'entre eux s'engagèrent dans les armées des chefs de guerre de la famille Ma pendant la première moitié de ce siècle. De nos jours, les Dongxiang survivent en cultivant la pomme de terre, le blé, l'orge, le maïs et la fève sur de petites terrasses accrochées sur les versants de vallées escarpées et ils améliorent leur ordinaire par l'élevage de chèvres, de moutons et d'ânes, recourant parfois au travail offert lors de constructions de routes.

Bien qu'on ne puisse aujourd'hui les différencier des autres Hui par leur façon de se vêtir, autrefois les femmes dongxiang portaient de belles vestes et pantalons brodés et, à l'occasion des fêtes, des jupes de couleur, des chaussures fleuries à talons hauts et des bijoux d'argent. Leurs toques, ornées de glands et décorées de vert ou de bleu, indiquaient leur statut de femmes mariées ou non. Ce costume semble avoir disparu il y a près de 70 ans. Musulmans traditionnels et stricts, les Dongxiang marient encore leurs filles à l'âge de 13 ou 14 ans malgré les lois chinoises qui interdisent cette pratique. Mais leurs origines mongoles ressortent lors des fêtes de Nouvel-An marquées par des joutes de lutte et de petite guerre menée en jetant des mottes de terre.

Du chef-lieu du district des Dongxiang la route serpente à travers les collines ; on aperçoit de temps à autre la rivière Tao coulant plus bas. Une brusque descente dans la vallée de la rivière Daxia, particulièrement riche et fertile (elle produit à la fin de l'été des aubergines, des pommes de terre, des fèves, du maïs, des poivrons verts, des choux géants, des poires, des pommes et du tournesol), mène aux environs de Linxia, la capitale de la préfecture.

Tout au long des vallées du Tao et du Daxia de riches sites archéologiques ont révélé de grandes quantités de poteries du néolithique récent, de couleur noire et rouge, des cultures de Majiayao (5000-4000 av. J.-C.), de Qijia (4000-3000 av. J.-C.) et de Banshan (2000 av. J.-C.); elles se trouvent maintenant dans le Musée provincial du Gansu à Lanzhou.

## LINXIA

La préfecture autonome hui de Linxia, établie en 1945, est composée de sept districts peuplés de diverses minorités — les Hui, les Dongxiang, les Baoan, les Salar et les Tibétains. A l'exception de ces derniers, tous sont musulmans.

Linxia se trouvait probablement au croisement de deux des trois anciennes voies de la Route de la Soie dans le Gansu, et les ruines d'un ancien fort se dressent dans le district de Jishishan, à 84 km de Linxia. La ville joua certes un rôle important dans la propagation de l'islam, religion venue d'Asie centrale, car elle fut connue sous le nom de « petite Mecque » et devint un lieu de pèlerinage pour les musulmans d'autres provinces chinoises et un centre d'études religieuses. Près du chef-lieu du district se trouve la **tombe de Han Zeling** (Hamuzeli), premier missionnaire arabe à venir par la Route de la Soie à Linxia il y a quelque 1300 ans.

Au 18e siècle, la secte du Nouvel Enseignement (Xinjiao) ou Mémoire Orale fut introduite au Gansu par un musulman chinois, Ma Mingxin, qui avait voyagé jusqu'à Boukhara et au-delà. Rapidement, cette nouvelle doctrine entra en conflit avec les pratiques du Vieil Enseignement (ou Mémoire Silencieuse). Cette tension, combinée à l'hostilité grandissante face à la répression chinoise des musulmans, conduisit à une révolte ouverte contre les autorités de la dynastie Qing dans plusieurs provinces. Hezhou (Linxia) devint l'un des centres principaux de cette activité religieuse et militaire. Une armée Qing avança sur la ville en 1871 mais fut défaite par les forces musulmanes, ce qui permit au chef musulman de négocier avec le général Qing, Zuo Zongtang, à partir d'une position favorable et d'obtenir ainsi la permission pour les musulmans de demeurer dans la région, tandis que les Chinois Han se virent forcés de la quitter. Cet accord coûta 4000 chevaux

Autel taoïste dans la ville de Linxia, à majorité musulmane.

丙寅六月吉日
普
被
九重天

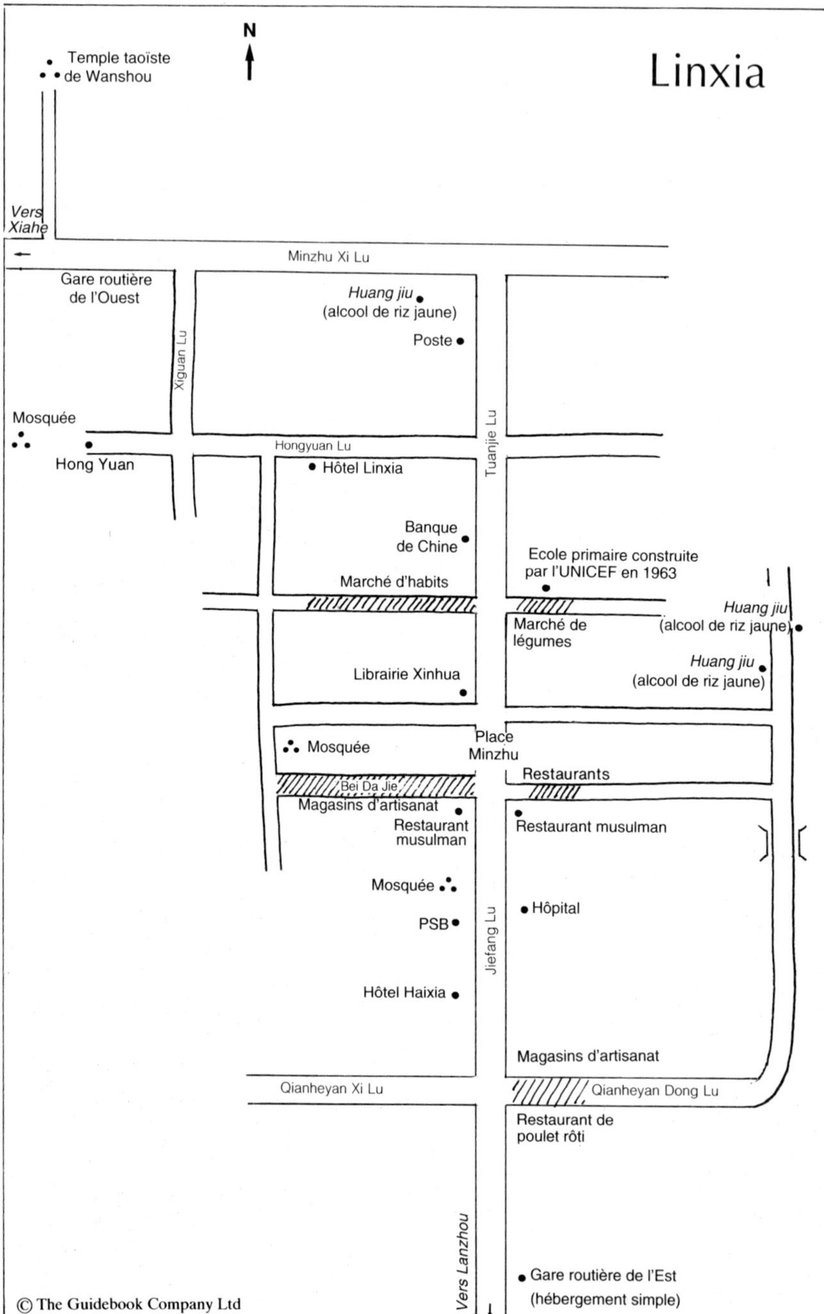

Linxia
N
Temple taoïste
de Wanshou
Vers
Xiahe
Minzhu Xi Lu
Gare routière
de l'Ouest
Huang jiu
(alcool de riz jaune)
Poste
Xiguan Lu
Mosquée
Hong Yuan
Hongyuan Lu
Tuanjie Lu
Hôtel Linxia
Banque
de Chine
Ecole primaire construite
par l'UNICEF en 1963
Marché d'habits
Marché de
légumes
Huang jiu
(alcool de riz jaune)
Huang jiu
(alcool de riz jaune)
Librairie Xinhua
Mosquée
Place
Minzhu
Restaurants
Bei Da Jie
Magasins d'artisanat
Restaurant
musulman
Restaurant musulman
Mosquée
PSB
Hôpital
Jiefang Lu
Hôtel Haixia
Magasins d'artisanat
Qianheyan Xi Lu
Qianheyan Dong Lu
Restaurant de
poulet rôti
Vers Lanzhou
Gare routière de l'Est
(hébergement simple)

et 10 000 armes à feu et lances. Suite aux victoires Qing dans le nord-ouest du Gansu, des milliers de musulmans purent fuir et se fixer dans cette région plus méridionale.

En 1928, les troupes chinoises républicaines résistèrent pendant plusieurs semaines à une armée de 50 000 musulmans jusqu'à ce que le seigneur de la guerre chrétien, Feng Yuxiang, ne leur envoie des renforts depuis Lanzhou. Selon un voyageur étranger, l'armée musulmane, forte maintenant de 100 000 hommes, tenta une seconde fois de prendre la ville « avec les Ahung (imams) qui poussaient les hommes à une furie fanatique [...] Vague après vague de Hui-Hui aux yeux hagards et sabres au clair, furent fauchés par les mitraillettes chinoises ou déchiquetés par l'artillerie. » Les Chinois devaient par la suite massacrer les femmes et les enfants hui de la ville et raser complètement le quartier musulman.

Linxia est le lieu de naissance du seigneur de la guerre musulman Ma Zhongying qui régna sur la partie sud de Xinjiang et créa la brève « République du Turkestan Oriental » en 1933. Ses frères, Ma Bufang et Ma Buqing, étaient les gouverneurs militaires du Qinghai, du Gansu et du Ningxia pendant la première partie du 20e siècle. Les troupes féroces de Ma Bufang combattirent les survivants de la Longue Marche de Mao Zedong lorsque ceux-ci franchirent la frontière entre le Gansu et le Qinghai pendant l'hiver de 1936-37.

## VISITE

Le bel édifice qui fut le quartier général de Ma Buqing, maintenant le Palais des Enfants sur Huancheng donglu, conserve encore quelques exemples de la remarquable brique sculptée qui avait autrefois fait la renommée de la ville. Une autre résidence, Hudie Lou (la villa Papillon), est occupée par l'armée et fermée aux visiteurs.

De nombreuses rues de la ville sont longées par de hauts murs de terre entrecoupés par des arches de briques grises et des portes de bois peintes en noir et rouge. Ces portes mènent à de petites cours et à des jardins qui sont entourés par des habitations à un seul étage. Malheureusement, les autres rues ont été « modernisées » avec les habituelles constructions gouvernementales de ciment gris.

### ■ BEI DAJIE

Cette rue, qui donne sur la place Minzu, est la plus intéressante de la ville avec ses échoppes vendant les produits locaux tels que tapis, tapis de prière, peaux de léopards et de tigres, selles de bois ou de cuir, couteaux baoan, objets de culte et vêtements tibétains, copies du Coran habilement reliées, horloges (de Harbin), miroirs peints de scènes de La Mecque ou d'autres symboles islamiques. De nombreuses échoppes vendent des produits des minorités, spécialement tibétaines, tels que bijoux et colliers de corail, turquoise et ambre, bracelets d'argent et vieilles porcelaines.

L'horizon de la ville est découpé par les minarets verts et les coupoles de quelques vingt mosquées. Pendant la Révolution culturelle, toutes les mosquées de la ville, à l'exception de douze d'entre elles, furent détruites, mais certaines ont pu être reconstruites récemment grâce aux dons des fidèles. Les enfants étudient l'arabe dans les mosquées après les heures d'école normale jusqu'à l'âge de 12 ans; à partir de cet âge, ils peuvent l'étudier à l'école publique. Nombreuses sont les mosquées qui servent aussi de résidence à de jeunes séminaristes que l'on voit habillés de longs manteaux noirs ou blancs; les plus chanceux d'entre eux pourront étudier l'arabe à l'Institut de langues étrangères de Pékin ou même être autorisés à aller à La Mecque. L'appel du muezzin est entendu cinq fois par jour.

Beaucoup d'hommes et de femmes musulmans portent une calotte blanche et peuvent facilement être confondus avec les employés des restaurants. Les femmes hui s'habillent de façon modeste avec une coiffe de dentelle en forme de capuchon, de couleur verte pour les jeunes femmes, noire pour les femmes mariées et blanche pour les femmes âgées. Un voyageur étranger des années 1930 avait noté ainsi la différence entre Linxia et les autres villes han: « Avec ses rues grouillantes et ses marchés bondés, on peut se croire dans les quartiers de quelque ville levantine. De haute taille, la peau claire, des hommes à la barbe touffue déambulent avec l'arrogance d'une race agressive, consciente de sa supériorité. Les femmes habillées de pantalons colorés et portant le voile comme leurs sœurs musulmanes du Moyen-Orient interpellent leurs enfants bruyants qui n'acceptent aucun enfant chinois dans leurs jeux. »

## ■ HONG YUAN

Le parc principal de la ville, avec de nombreux petits jardins, des pagodes, une serre, un petit étang et un parc pour les enfants situé à côté du zoo. On y sert des thés *sanxiangcha* accompagnés de graines de tournesol. La plupart des visteurs sont des musulmans et on y rencontre peu de Chinois.

## ■ LE TEMPLE TAOÏSTE DE WANSHOU (LONGÉVITÉ)

Ce temple est situé dans les collines au nord de la ville. Pour y accéder, empruntez le funiculaire ou les (nombreuses) marches qui y mènent. Très belle vue sur les mosquées de la ville et sur les vallées et les montagnes environnantes. Construit sous les Ming, le temple fut détruit pendant la Révolution culturelle puis restauré en 1983 avec des fonds recueillis par la communauté taoïste. Aujourd'hui, une quinzaine de moines vivent et étudient dans ces bâtiments éparpillés dans les collines. Tout au sommet, se trouve une série de jardins et de cours avec une maison de thé et un restaurant musulman. C'est un endroit très agréable pour se reposer et de nombreuses personnes viennent y passer leur jour de congé en famille, avec un pique-nique.

### ■ LE MONT LIANHUA

Près de Linxia, dans le district de Kangle, se déroule pendant six jours chaque année le festival de chants folkloriques *hua'er*, durant le sixième mois lunaire (aux environs de juillet). Han, Tibétains, Dongxiang, Hui et Baoan y prennent tous part, les hommes comme les femmes. Chaque équipe de dix personnes chante des réponses spontanées aux chants des autres groupes et les vainqueurs sont ceux qui auront su improviser le plus de réponses. Chants d'amour et ballades historiques sont les thèmes favoris.

## INFORMATIONS PRATIQUES

Linxia est peu connu des touristes (les services touristiques sont pratiquement inexistants) mais la ville est néanmoins très agréable pour les ballades (pas de bus publics) et les achats.

### Transport

Bus plusieurs fois par jour pour Lanzhou (gare routière de l'Est), Xiahe et Hezuo (gare routière de l'Ouest). Service de bus peu fréquent pour Xining.

### Hébergement

*Hôtel Linxia (Linxia fandian)*
9 Hong Yuan lu, tél. 2413. L'hôtel le plus confortable (standard) de Linxia ; restaurants chinois et musulman.

*Hôtel Shuiquan*
Jiefang nanlu, tél. 6960. A côté de la gare routière de l'Est ; propre et confortable (hôtel budget) ; restaurant musulman.

*Hôtel Haixia*
Jiefang nanlu. Plus près du centre que le précédent ; hébergement de base ; toilettes à l'étage, pas de douche.

## Restaurants

De petits restaurants musulmans très propres servent des bols de nouilles plates, accompagnées de cinq sauces parfumées, de la soupe de mouton à l'ail servie avec des nouilles et des petits pains au curry. Les vendeurs de rue offrent du poulet rôti ou bouilli, du mouton, des brochettes, du riz glutineux au miel cuit dans des feuilles de bambou ou du *mozhou* (riz glutineux, œufs, lait sucre et raisins secs — un délice !). Les échoppes à thé servent le thé hui (*sanxiangcha* — feuilles de thé vert, sucre brut, *longyan* séchés et noyaux d'abricots) dans des bols avec couvercle et soucoupe. Essayez les deux restaurants-maisons de thé musulmans East et West Happy Bridge, près de la place Minzu et du marché de nuit ; on y sert d'excellentes nouilles. D'autres bons restaurants musulmans se trouvent au sud de la place.

Les drapeaux bleus à franges blanches, portant les caractères *huang jiu* (alcool de riz jaune) indiquent les marchands de vin. Un accueil chaleureux est assuré par les marchands de vin des familles Xu et Fang (*Xujia/Fangjia huangjiu dian*). Le vin est produit à base de petits grains de riz fermentés pendant une année et est très fort. Traditionnellement, ce vin est bu au petit-déjeuner, accompagné de bols de soupe de mouton ébouillanté, épicée d'oignons frais. Les magasins, qui ouvrent à 5 h du matin, sont toujours remplis de musulmans qui se rendent à leur travail.

# LE DISTRICT AUTONOME BAOAN ET SALAR DE JISHISHAN

Ce district est situé à l'ouest de Linxia, près de la frontière entre le Gansu et le Qinghai. Le bus qui relie Lanzhou à Xiahe, où se trouve le monastère de Labrang, traverse ces villages dans l'étroite vallée de la Daxia. On y voit un contraste culturel intéressant entre bouddhisme et islam. Alors qu'un village est centré autour d'une petite mosquée, le suivant sera décoré de drapeaux de prière tibétains. Autour des aires de battage s'élèvent d'énormes tas de paille maintenus par de hautes structures de bois et, de loin (comme le faisait remarquer l'un des premiers voyageurs européens), les villages semblent être formés de mâts. Pendant la récolte, des groupes de paysans tibétains se reposent dans les champs en buvant du thé au beurre de yack et en mangeant de la *tsampa* à l'ombre d'ombrelles colorées.

Pages précédentes :
Habitants de la minorité hui à Linxia.

Le peuple baoan, une des plus petites minorités de Chine, compte seulement quelque 8000 membres. Comme leurs voisins, les Dongxiang, ils sont d'origine mongole et ont probablement émigré du nord du Xinjiang pendant la dynastie Yuan (1271-1368). Leur langue comprend encore beaucoup de mots mongols. A la fin de la dynastie Yuan et au début de la dynastie Ming, les Baoan se convertirent à l'islam et s'établirent dans la région de Tongren, dans la partie est du Qinghai. Bien qu'ils se lièrent par mariage avec la population locale — Tibétains, Tu, Han et Hui — les Baoan réussirent à garder leur langue particulière et leurs coutumes et furent reconnus comme minorité distincte en 1949.

Vers 1860, cette petite communauté musulmane, vivant au milieu d'une population à prédominance tibétaine et bouddhiste, se trouva sujette à des persécutions religieuses croissantes et se vit disputer ses droits à l'eau. Ses chefs décidèrent d'émigrer vers l'est, dans les montagnes de Jishishan, où la communauté s'établit dans des villages bien distincts au milieu d'autres musulmans. Ils cultivèrent le blé, le maïs, les fruits, et élevèrent de petits troupeaux de moutons. Pris dans les rébellions musulmanes de la fin du 19e siècle et des années 20 et 30, ils tombèrent sous la domination des chefs de guerre de la famille Ma.

De leur longue fréquentation des Tibétains, les Baoan apprirent l'art de faire des couteaux, qui est maintenant leur spécialité. Ces couteaux ont des manches d'os, de cuivre et de bronze savamment incrustés et sont très populaires parmi les minorités du Gansu et du Qinghai. Autrefois le costume baoan ressemblait à celui des Mongols et des Tibétains mais aujourd'hui ils s'habillent comme les Hui ou à la mode chinoise. Ce n'est que lors de fêtes que leur ascendance nomade devient apparente dans des activités comme la lutte, le tir et le cheval.

Pour célébrer les mariages (en général arrangés par les familles et souvent à travers des intermédiaires), un imam est invité à la cérémonie qui a lieu dans la maison du marié. Après avoir lu les écritures saintes, il jette des poignées de dattes rouges et de noix sur les invités. Avant de partir pour sa nouvelle maison, la jeune mariée jette sur le seuil de la maison de ses parents des poignées de grains mélangés à des feuilles de thé pour exprimer son attachement à sa famille et son désir de la voir prospère. Ensuite, elle s'éloigne à cheval et non pas à dos de mule, car les mules, étant stériles, pourraient lui porter malchance.

Bien que la plupart des 60 000 membres de la minorité salar, qui parlent une langue turque, vivent au-delà de la frontière du Qinghai, dans le district autonome salar de Xunhua, certains d'entre eux vivent à Jishishan. Les Salar seraient venus de Samarcande au 14e siècle. Tenus pour des bandits et des fauteurs de troubles par les troupes turques voisines, ils furent poussés

à l'exil et, selon une légende, reçurent à leur départ un chameau blanc, un sac de terre et une gourde d'eau. Le chameau devait les conduire vers un nouveau pays où ils trouveraient la terre et l'eau semblables à celles qu'ils emportaient avec eux. Après les avoir conduits à travers le Xinjiang jusqu'à la frontière entre le Qinghai et le Gansu, le chameau se transforma en pierre. Là, les Salar trouvèrent que l'eau et la terre étaient vraiment identiques à celles de leur pays d'origine et ainsi, ils s'y installèrent.

Leurs mariages sont habituellement arrangés par les parents ou des intermédiaires à la façon musulmane. La très jeune mariée, éplorée, est escortée de sa maison par ses parents ; à cheval, elle fait trois fois le tour de la cour et jette les cinq grains de prospérité sur sa famille réunie. A la naissance d'un enfant, un feu est allumé devant la porte de la maison pour empêcher les visiteurs d'entrer.

Les Salar possèdent une riche tradition orale de contes, de mythes et de chansons, et ils ne manquent pas de participer aux festivals de chants traditionnels, le *hua'er*, au mont Lianhua. Quant aux dances baoan, elles sont fortement influencées par les mouvements traditionnels des danses tibétaines.

## LA PRÉFECTURE AUTONOME TIBÉTAINE DE GANNAN

### Xiahe

Cette petite ville entourée de collines est située sur les rives de la rivière Daxia à une altitude de 900 m ; c'est le chef-lieu d'un district faisant partie de la préfecture autonome tibétaine de Gannan. Son rôle historique a été d'entretenir le grand monastère de Labrang.

De nos jours, les échoppes de la rue principale pourvoient aux besoins simples des fermiers tibétains et des bergers semi-nomades des prairies. Les magasins à deux étages, construits en bois, sont tenus pour la plupart par des musulmans et vendent des objets religieux tibétains tels que des soutras imprimés à la main, des moules, des moulins à prière, des instruments de musique, des cloches, des *vajras* (foudres), ainsi que des photographies coloriées à la main du Dalaï-Lama et du feu Panchen Lama. Des artisans habiles travaillent à exécuter des bijoux pour quelques dames tibétaines et les cordonniers façonnent de hautes et solides bottes de cuir,

Pages précédentes :
Entrée d'une maison familiale à Linxia.

des selles et des harnais. Entre deux saisons, des pèlerins aux habits colorés affluent dans la ville. La mouture de l'orge grillé, la *tsampa*, base de l'alimentation tibétaine, est assurée par des moulins à eau.

Les maisons de nombreux Tibétains sont misérables — de hauts murs de terre entourent les larges cours boueuses où se serrent des cahutes de bois délabrées à deux étages : dans l'étage du bas se trouvent la cuisine, les pièces de stockage et l'étable. Une simple échelle de bois mène au balcon de l'étage supérieur où sont situées les habitations. Chaque balcon a son fourneau blanc où brûlent tous les jours des feuilles parfumées de cyprès. Les toits sont utilisés pour le stockage du combustible, principalement des branches et de la paille. Des galettes d'excrément de vache et de yack sèchent sur les parois ; la puanteur est intense toute l'année. Les familles les plus prospères vivent dans des aires privées dans des maisons soutenues par des piliers de bois sculptés, richement décorés.

La vallée alentour est sereine ; dans les champs voisins, des yacks tirent les charrues. Les prairies — excellente pâture pour les troupeaux de yacks et pour les chevaux — commencent à près d'une demi-heure de voiture au-delà de Xiahe. En été, elles sont tapissées de fleurs sauvages et les apiculteurs chinois y passent le court été, déplaçant leurs ruches tous les vingt jours.

Les 260 kilomètres de Lanzhou à Xiahe prennent environ sept à huit heures en bus. La route qui passe par Linxia monte à travers les collines dénudées de limon jaune du bassin du fleuve Jaune, traçant des courbes plutôt éprouvantes. Elle traverse le district de Guanghe dont la spécialité est la production de l'ail. Les bus s'arrêtent en chemin pour permettre aux passagers de se dégourdir les jambes et d'acheter des melons mûrs pendant la saison d'été aux vendeurs du bord de route. Le mauvais temps peut ralentir le voyage considérablement et le rendre encore plus éprouvant pour les nerfs. Les bus partent tous les jours de la gare routière de l'Ouest de Lanzhou.

## ■ LE MONASTÈRE DE LABRANG (*LABULENG SI*)

Ce monastère majestueux est l'un des six grands établissements de la secte des Bonnets Jaunes, avec Ganden, Sera, Drepung et Tashilumpo au Tibet, et Taersi au Qinghai. Labrang fut fondé en 1709 par le premier Jiamuyang, ou Bouddha vivant, nommé E'angzongzhe, un moine érudit de la région voisine de Ganjia. Sa réincarnation présente est le sixième Jiamuyang, un rang de la hiérarchie religieuse tibétaine situé juste au-dessous du Dalaï-Lama et du Panchen Lama. Labrang était autrefois la résidence de quelque quatre mille moines et avait juridiction sur plus de cent petits monastères ; sa richesse provenait des taxes et des donations.

Pendant les années 1920, lorsqu'une grande partie du Gansu et du Qinghai languissait sous le joug des seigneurs de la guerre musulmans, l'activité commerciale florissante et le pouvoir du monastère attisèrent la convoitise de la puissante famille Ma qui tenta de lui imposer de lourdes amendes à payer en fusils et en argent. En signe de protestation, le jeune Bouddha vivant et son entourage quittèrent le monastère ce qui eut pour résultat l'arrêt immédiat de tout commerce et raviva d'anciennes tensions religieuses. Les armées des seigneurs de la guerre occupèrent la région et furent attaqués par les soldats tibétains, qui prenaient grand plaisir à étriper leurs prisonniers. Les musulmans contre-attaquèrent, fauchant les Tibétains à la mitraillette, et réoccupèrent Labrang, offrant une récompense de trois dollars en argent pour chaque tête tibétaine.

Pendant la Révolution culturelle, de nombreux temples furent détruits et les moines contraints de retourner travailler dans leurs villages. La réouverture du monastère fut autorisée en 1980, mais le nombre de moines est limité à cinq cents. Beaucoup d'anciens moines sont retournés; quant aux jeunes novices, ils reçoivent un salaire mensuel du gouvernement, doivent en principe avoir 18 ans et avoir terminé leurs études secondaires. Cependant, on voit dans le monastère beaucoup de petits garçons portant la robe rouge, apparemment là pour y recevoir une éducation religieuse selon la tradition tibétaine ancestrale.

Ce bel ensemble de style tibétain ne possède aujourd'hui qu'une douzaine de temples alors qu'il en avait plus de quatre-vingts à son apogée. La lamaserie contient quelque 60 000 statues bouddhiques, la plupart en bronze, et une riche collection de manuscrits tibétains, dont des écritures saintes, et des traités sur la philosohie, l'histoire, la médecine et les arts. Une reconstruction et une restauration importantes sont en cours et la plupart des peintures murales sont nouvelles. En 1985, le feu prit dans la grande salle de chant, éventrant le bâtiment qui est maintenant en reconstruction. Depuis 1981, l'Etat a alloué quelque 100 000 Rmb annuellement pour la rénovation du monastère. Des objets sauvés de l'incendie sont aujourd'hui exposés dans le musée; on y verra en particulier des selles en bronze, des vêtements, des instruments de musique, des mousquets et des cottes de maille. A noter, les sculptures très colorées en beurre de yack destinées au festival qui se déroule annuellement le quinzième jour du premier mois lunaire. A l'intérieur, les temples sont sombres, mystiques, exotiques; certains visiteurs peuvent les trouver oppressants. La photographie y est interdite.

Danse exécutée par des lamas tibétains
au monastère de Labrang.

Traditionnellement, six collèges à Labrang confèrent des diplômes tibétains d'enseignement supérieur. Ce sont les collèges de Médecine tibétaine, d'Enseignement ésotérique, d'Astronomie, de Haute et Basse Théologie et de la Roue du Temps. La musique, la danse et la peinture sont aussi enseignées, dont certaines branches demandent jusqu'à 15 ans d'études intenses.

Le **Collège de Médecine tibétaine** fut établi en 1784 par le second Jiamuyang. Aujourd'hui, près de trente-cinq moines y étudient. Les murs de la cour sont joliment peints de plantes médicinales et de fleurs. Le temple lui-même abrite une grande statue de la déesse Târâ la Blanche, une compagne du bodhisattva Avalokitesvara (ou Guanyin en chinois) ainsi qu'un stoupa funéraire incrusté de corail et de turquoise du maître bien-aimé du présent Dalaï-Lama et du feu Panchen Lama.

L'étude complexe et parfois déconcertante de la médecine tibétaine est basée sur la théorie indienne des humeurs (vent, bile et flegme) qui correspondent à trois faiblesses humaines (gourmandise, colère et paresse). Pour les Tibétains la maladie physique est également une maladie spirituelle. Un diagnostic est établi en déterminant quelle humeur est déséquilibrée ; le traitement consiste à la rééquilibrer avec une variété de remèdes à base d'herbes, de prières, d'amulettes, d'exorcisme et de saignées. Les textes tantriques énumèrent quelques 84 000 maladies possibles. Traditionnellement, il fallait suivre une formation de onze ans pour devenir médecin.

Dans le **temple du Onzième Bouddha** (1809), des étagères entières de boîtes à soutra tapissent les murs, et un balcon surélevé donne accès aux niveaux supérieurs. Des drapeaux de victoire, jaunes et rouges, sont drapés majestueusement entre les piliers, éventant délicatement le visage de la statue principale. Des lampes au beurre de yack brûlent 24 heures sur 24 ; le beurre est un don des pèlerins.

L'**école de Danse des lamas** fut établie par le quatrième Jiamuyang en 1879. Elle fut détruite en 1958 puis reconstruite un an plus tard. Aujourd'hui, environ quarante moines y étudient la danse et, deux fois l'an, donnent un spectacle de danses aux mouvements tournants, lents et dramatiques. Les danseurs sont revêtus de masques terrifiants, figures de dieux dont le plus terrible est Yama, à l'origine le dieu de la Mort hindou, et qui est devenu au Tibet le seigneur des Morts et le roi de la Religion. Il est généralement représenté avec une tête de buffle — d'où pendent des crânes et des têtes — et est monté sur un taureau bleu.

Le temple de **Maitreya** fut fondé en 1788. Maitreya est le Bouddha de l'avenir et la tradition assure que si le pèlerin peut jeter un regard sur la couronne de Maitreya, il ne souffrira pas dans l'enfer bouddhiste après sa mort. Des statues de bodhisattvas (illuminées) longent le temple intérieur, quatre de chaque côté. Des moulins à prière géants flanquent l'entrée.

Lorsque les moulins tournent (toujours dans le sens des aiguilles d'une montre, symbole de la rotation de l'homme autour du Bouddha comme de celle des planètes autour du soleil), les textes qu'ils contiennent libèrent des prières et des invocations qui montent aux cieux, faisant ainsi gagner du mérite au pèlerin. A côté du temple se trouve la **place de débat** où les moines tiennent des discussions très formelles sur les écritures durant le 6e et le 7e mois lunaires.

Le bâtiment le plus sacré du monastère est le **Jokhang** au toit doré (1907). Deux cerfs dorés se tiennent à côté de la Roue de la Loi — rappelant le premier sermon du Bouddha dans le parc aux Cerfs de Sarnath — et la cour supérieure est longée de moulins à prière en bronze. La statue du Bouddha Çâkyamuni au sommet de l'autel fut fabriquée en Inde il y a 2500 ans par les disciples du Bouddha.

Le **Collège de Basse Théologie** est utilisé comme salle de prières principale jusqu'à ce que la grande salle de chant soit reconstruite. Le collège lui-même a été temporairement établi dans le **temple de Tsong Khapa** (1940); Tsong Khapa (1357-1419) était un abbé du monastère de Ganden dont les réformes conduisirent à la fondation de la secte dite des Bonnets Jaunes. Le long des murs du temple, sont dressées mille statues de Manjuçrî (l'incarnation de la Sagesse), don du tuteur du présent Dalaï-Lama et du feu Panchen Lama.

Le **temple des Parasols blancs** (1907; les parasols sont un signe de royauté et le symbole de la protection du *dharma*, la foi), le **temple de Târâ la Blanche** (1940), et le **temple de Manjuçrî** (1928) comptent parmi les autres édifices du monastère. Une nouvelle **bibliothèque** abrite quelque 60 000 volumes de soutras et de littérature religieuse. Dans l'**atelier d'imprimerie,** on peut voir les moines imprimer les textes sur des bandes de papier de riz à l'aide de blocs de bois gravés. Dans les **cuisines**, des bouilloires de cuivre géantes et des énormes chaudrons servaient autrefois à préparer les repas de milliers de moines lors des fêtes et des festivals. L'un d'eux, d'un diamètre de plus de trois mètres, peut cuire 2250 kg de riz, d'huile et de viande en une seule fois — mais cela prenait un jour et demi !

Les festivals et cérémonies religieuses qui se déroulent à Labrang et auxquels prennent part les moines, les nomades et les habitants bouddhistes de la région sont nombreuses. Les dates en sont fixées selon le calendrier lunaire tibétain et changent donc d'année en année. L'un des festivals les plus importants est celui de **Monlam** (la grande prière) qui célèbre la victoire du Bouddha sur ses six ennemis et qui a lieu trois jours après le Nouvel An tibétain (fin février ou début mars). Cette fête dure trois semaines à Lhassa mais est écourtée à quatre jours à Labrang. Le premier matin, un énorme thanka, une peinture sacrée du Bouddha sur toile de 20 m sur 30 m, est déroulée sur la colline qui fait face au monastère sur l'autre rive de la Daxia. Les cérémonies comprennent des cortèges, des rituels purificateurs et beaucoup de prières. Le deuxième jour, des danses masquées appelées *cham* sont exécutées par les étudiants du collège de Danse sous la conduite du dieu Yama. Le lendemain a lieu une cérémonie de nuit où l'on expose des lanternes et des sculptures en beurre de yack, nourriture sacrée présentée aux dieux. Le dernier jour, la statue de Maitreya est portée en procession dans le monastère.

## INFORMATIONS PRATIQUES

Xiahe est une toute petite ville et le monastère est accessible à pied.

### Transport

Bus quotidiens depuis Hezuo, Linxia et Lanzhou. La gare routière se trouve au nord de la rue principale de la ville.

### Hébergement

Le Minzu fandian, près de la gare routière, proposait autrefois des chambres de base très sales mais serait en cours de rénovation. Le Dasha bingguan est plus propre et plus confortable et propose les services de guides pour Labrang parlant anglais. Le charmant hôtel Labrang (tél. 21849), à vingt minutes à pied au-delà du monastère, donne sur la rivière et offre des chambres confortables de style architectural tibétain, de bons restaurants et le chauffage central en hiver.

### Restaurants

Il existe quelques restaurants le long de la rue principale de Xiahe mais les normes hygiéniques y sont plutôt basses. La cuisine locale consiste surtout en des nouilles sautées ou des soupes de nouilles ; les légumes sont relativement rares. Plusieurs maisons de thé servent du *sanxiangcha*.

# HEZUO

A environ 70 kilomètres au sud-est de Xiahe se trouve **Hezuo**, le chef-lieu de la préfecture autonome tibétaine de Gannan. Cette petite ville, qui a été ouverte au tourisme étranger en 1990 seulement, est un centre de commerce important pour les nomades tibétains des prairies du sud du Gansu. De nombreux magasins vendent des articles essentiels à la vie nomade, dont des selles, des étriers, des couvertures aux couleurs vives, du cuir, des couteaux et des vivres (fruits secs, noix, amandes, épices, sucre).

## VISITE

Devant la gare routière, se dresse une grande statue en bronze d'un daim, qui représente le premier sermon du Bouddha à Saranath. Le marché se trouve le long des rues en terre qui partent de cette grand-place circulaire. Des moines de Labrang et du monastère hui local, des paysans hui et de véritables cow-boys tibétains aux bottes de cuir et aux chapeux noirs s'y rendent pour faire leurs achats. Le bâtiment en forme de pagode à trois étages juste à l'ouest de la gare routière est la mosquée pour la communauté hiu, majoritaire en ville. Dans la banlieue de la ville, on aperçoit les maisons tibétaines en briques de boue séchée et aux portes en bois sculpté. Les Tibétains viennent de tout le Gansu pour étudier à l'Institut des enseignants des minorités de Hezuo où l'on enseigne le tibétain.

Pendant les mois d'été, des courses de chevaux et de yacks sont organisées par les tribus tibétaines qui vivent sous tente pendant l'été puis descendent passer l'hiver dans les vallées abritées, vivant dans des habitations de pierre bien fournies en beurre de yack et en sacs de *qingke* (orge de montagne). Depuis quelques années, plusieurs réserves naturelles ont été établies dans ce coin du sud-ouest du Gansu. La plus importante est la réserve de **Baishuijiang** où vit le panda géant ainsi qu'une réserve d'oiseaux dans le district de **Luqu** où l'on peut voir les oies à tête barrée et d'autres oiseaux migrateurs.

## INFORMATIONS PRATIQUES

Tout comme Xiahe, Hezuo est une petite ville où il est facile de se déplacer à pied.

### Transport

Il existe des bus quotidiens depuis Xiahe, Luqu, Lanzhou et Linxia.

### Hébergement

S'adresser au *guesthouse* gouvernemental de la préfecture autonome de Gannan à dix minutes à pied au sud de la gare routière, après le cinéma.

### Restaurants

Le meilleur endroit pour manger est le marché : de petits restaurants hui offrent une cuisine musulmane appétissante ainsi que des nouilles à toutes les sauces. De grands pains plats (au sésame, salés ou doux) cuisent dans des fours en terre, abrités dans des cabanes en bois. Les maisons de thé servent le *sanxiangcha*.

經天緯地
人文化成
貴相太常

# LE PASSAGE DE HEXI

Depuis des temps immémoriaux, le Passage de Hexi, ou du Gansu (ouest du fleuve Jaune), a été le principal axe de communication entre la Chine et l'Asie centrale. Il est bordé au sud par les monts Qilian dont les neiges fondantes irriguent les champs des villages et au nord par les vastes déserts de Tenggeli et de Badanjilin ainsi que par les chaînes de Mazong, Heli et Longshou.

Les premiers habitants connus du Passage étaient les Wusun, les ancêtres des Kazakh et les premières victimes d'une série de migrations forcées vers l'ouest et l'Asie centrale. Ils furent chassés par les Yuechi, une tribu indo-européenne qui à son tour céda devant l'avancée des Xiongnu au 2e siècle av. J.-C. (Le crâne du roi Yuechi fut utilisé comme coupe à boire par les vainqueurs). L'empereur Qin Shihuangdi, qui régna de 221 à 210 av. J.-C., construisit un segment de la Grande Muraille autour de cette région stratégique afin de contenir les armées des Xiongnu. Zhang Qian, le brave et dévoué envoyé de l'empereur Han Wudi, fut retenu en captivité dans ce cul-de-sac pendant 10 ans par les Xiongnu avant de s'échapper et continuer son voyage vers l'ouest. La dynastie Han (206 av. J.-C.-220 ap. J.-C.) soumit les turbulents Xiongnu et créa quatre préfectures dans le défilé, établissant ainsi fermement sa présence dans la région et annonçant son ambition de pénétrer en Asie centrale. Le déplacement vers l'ouest des Xiongnu vaincus devait amener au 4e siècle le déferlement de violence et de pillage sur l'Europe par leurs descendants, les Huns, sous le commandement d'Attila.

Le déclin de la dynastie Han amena la montée au pouvoir d'une horde mongole, les Xianpi, qui, à la fin du 4e et au début du 5e siècle, établit une série d'Etats connus sous le nom de dynastie Liang du Sud, du Nord, de l'Ouest et Postérieure. Au 7e siècle, ce fut la progression des Tibétains vers le nord qui força les tribus voisines telles que les Tuyuhun, ancêtres du peuple des Tu de la région du lac Kokonor (Qinghai), à chercher refuge dans le défilé de Hexi. Les Ouïghours de Kanchow s'y établirent au 10e siècle et, de leurs capitales Dunhuang (Shachow) et Zhangye (Kanchow), ils prirent fermement contrôle des routes commerciales. Ces divers royaumes payaient fréquemment tribut à la dynastie chinoise régnante.

Le Wen Miao, le temple confucéen de Wuwei, abrite aujourd'hui un musée.

Par la suite, le Passage de Hexi fit partie du royaume de Xixia, aux mains des Tangut du 11e jusqu'au début du 13e siècle. Les Tangut furent eux-mêmes renversés par les Mongols. Les 72 tombes des empereurs Xixia se trouvent à l'extérieur de Yinchuan, la capitale de la région autonome du Ningxia.

Les villes du Passage de Hexi étaient bien équipées en caravansérails qui recevaient les marchands et les pèlerins voyageant vers l'est ou l'ouest et qui étaient au centre de l'échange d'idées et d'influences qui devaient filtrer jusqu'au cœur de la Chine.

Le voyage en train de Lanzhou à Urumqi, long de 1892 km, suit le tracé de la Route de la Soie à travers le Passage de Hexi. Le Passage lui-même est long de plus de 1200 km et sa largeur la plus grande est de 200 km, tandis que le point le plus étroit n'est que de 15 km. De Lanzhou, la ligne de chemin de fer suit la rivière Zhuanglang qui se jette dans le fleuve Jaune près de la capitale provinciale. Cette rivière prend sa source dans les montagnes du district autonome tibétain du **Tianzhu** établi en 1952. Plus de 44 000 Tibétains vivent dans cette région ; ils élèvent du bétail, des moutons et des troupeaux spéciaux de yacks blancs dans les riches pâturages. Le chef-lieu du district est **Anyuanyi**, sur la ligne de chemin de fer. Les femmes tibétaines de Tianzhu se distinguent par les longs rubans colorés — brodés et ornés de corail, de coquillages ou d'argent ouvragé — qu'elles mêlent à leurs nattes. Elles portent aussi des boucles d'oreilles et des colliers pesants. Pendant l'hiver, les bergers et leurs familles vont en pèlerinage au monastère de Kumbum au Qinghai et, à la fin de l'été, ils organisent des courses de chevaux.

## WUWEI

Ayant chassé les Xiongnu, peuple de bergers, en 121 av. J.-C., la dynastie Han (206 av. J.-C.-220 ap. J.-C.) établit une de ses quatre commanderies avancées à Liangzhou (aujourd'hui Wuwei) et en fit le centre politique et commercial du Passage de Hexi. Pendant l'époque chaotique qui suivit la chute de la dynastie Han, de nombreux lettrés fuirent les intrigues politiques qui se tramaient à la capitale et trouvèrent refuge à Wuwei. La dynastie Liang Postérieure (Hou Liang) y établit sa capitale entre 386 et 403, et la ville devint un centre d'études bouddhiques.

Wuwei atteignit son apogée pendant la dynastie Tang (618-907) lorsqu'un flot incessant de caravanes étrangères la traversa. Au 8e siècle, sa population comptait plus de 100 000 Chinois, Tibétains, Indiens et ressortissants d'Asie centrale et les langues qu'on y parlait étaient nombreuses.

Les riches pâturages du voisinage facilitaient l'élevage des chevaux qui fournissaient les peaux servant à fabriquer bateaux et armures. Le raisin, introduit grâce à la Route de la Soie, poussait abondamment à Wuwei et ses vins étaient, selon le moine Xuan Zang, « fins et rares ». Dans les temples, des magiciens itinérants, des mangeurs de feu et des acrobates amusaient les habitants. Un style de musique se développa à Wuwei qui combinait des mélodies chinoises traditionnelles à celles du royaume de l'oasis de Kucha dans le Xinjiang occidental. Cette musique dite « de Xiliang » demeura populaire pendant cinq siècles.

Wuwei devint une partie du royaume de Xixia (du 11e au 13e siècle), avant que les Mongols ne l'envahissent et ne la détruisent si complètement que ce n'est qu'au milieu des années 1980 que les chercheurs retrouvèrent son langage perdu. Marco Polo, qui y passa quelques décennies après sa chute, y trouva néanmoins « des commerçants et des artisans et... une grande abondance de maïs ». Polo ajoutait que « à Wuwei, se trouve le meilleur musc du monde, les yacks sont aussi grands que des éléphants et les faisans aussi grands que des paons ». Au 19e siècle, Wuwei se trouvait sur une route de l'opium qui traversait le Ningxia jusqu'à Taiyuan, la capitale de la province du Shaanxi.

Wuwei devint célèbre avec la découverte en 1969 du « Cheval ailé du Gansu », une statue de bronze de 24,5 cm de haut qui représente un « cheval céleste » en plein galop, une jambe posée sur le dos d'une hirondelle qui tourne la tête d'étonnement (voir p. 76). D'autres riches trouvailles en poterie, bronze, jade, objets en laque, vestiges de tissus de soie et des tablettes de pierre furent faites dans les grandes tombes et monuments anciens du district de Wuwei.

## VISITE

Wuwei est entourée de champs fertiles de céréales et de légumes qui forment à la fin de l'été un tapis rose et jaune. Les marchés débordent de fruits, melons et légumes (poivrons, tomates, aubergines et choux), aussi bien que de tabac, de céréales, de licous pour chevaux, de cordes, de paniers à grain, d'énormes tapis tissés posés à l'intérieur des chariots. Dans les ateliers, on prépare et on découpe des peaux de mouton et d'autres bêtes. Les rues des quartiers résidentiels de la ville sont bordées de murs élevés, faits de terre crue mêlée de paille, qui sont percés d'entrées, elles-mêmes ornées de bois sculptés, menant à de petites cours. Une courte section des remparts de la vieille ville étend ses ruines au sud-est de la ville. Une copie de bronze démesurée du cheval ailé orne un parc sur Shengli jie.

### ■ LA PAGODE DE KUMARAJIVA (*LUOSHI SI TA*)

Cette pagode, qui se trouve sur Bei Guanbei jie, fut construite au 7e siècle en mémoire du moine bouddhiste Kumarajiva, un des quatre premiers grands traducteurs en chinois de textes bouddhiques indiens. Fils d'un père indien et d'une princesse de Kucha, il devint moine à l'âge de 7 ans et, plus tard, un maître renommé dans les Régions occidentales (voir p. 217). Il vécut à Wuwei de 386 à 403, où il prêcha et traduisit du sanscrit en chinois quelque trois cents volumes d'écritures mahâyâna.

### ■ LE TEMPLE DE HAIZANG

Ce temple est situé à trois-quarts d'heure de marche au nord-ouest de la ville dans un parc orné d'un lac. Plusieurs ponts en dos d'âne mènent à la belle arche qui lui sert d'entrée. On ignore la date exacte de sa construction mais les archives datent sa restauration de 1482. C'est un ensemble de pavillons, de terrasses et de salles.

### ■ LA TOMBE HAN DE LEITAI (*LEITAI HAN MU*)

A l'extrémité nord de Baiguan Zhong jie se trouvent le temple taoïste et la tombe souterraine datant de la dynastie Han, dans laquelle furent découverts en 1969 le Cheval ailé et d'autres trésors. La terrasse sur laquelle le temple est établi date de la dynastie Jin (265-420), mais les bâtiments, aujourd'hui transformés en musée archéologique, datent de la dynastie Ming (1368-1644).

L'entrée de la tombe d'un général inconnu de la dynastie Han de l'Est (25-220) se trouve sous la terrasse. Avant que l'on ne découvre en 1969 qu'elle contenait une tombe, la grotte était utilisée par des paysans comme dépôt. Un puits creusé par les moines pendant la dynastie Ming avait été transformé en conduit de ventilation. La tombe comprend sept chambres et une entrée à arches ornée d'un dessin d'arbre. Les parois et les plafonds sont faits de petites briques allongées et son lambris d'appui est fait de briques noires et grises disposées en losange. On peut voir les traces d'une peinture représentant des fleurs au centre du plafond et des lampes à huile en forme de lotus furent trouvées dans les niches. La plupart des 220 objets, résultat de la fouille, sont de très grande valeur artistique. Il est interdit de prendre des photographies à l'intérieur de la tombe vide.

### ■ LE MUSÉE DE WUWEI (*WEN MIAO*)

Le Wen Miao, ou temple de Confucius, dont la première construction date de 1437, est un ensemble gracieux de salles, de temples, de pavillons, de corridors, de ponts et d'étangs agencés autour de deux grandes cours. Le musée abrite une collection d'inscriptions sur pierre, de poteries, d'objets de bois et de pierre, de calligraphies et de peintures. La **tablette de Xixia**, qui fut découverte dans le temple de Sayun en 1806, et déclarée trésor national en 1961, est particulièrement intéressante. L'inscription qu'elle porte sur une face dans la langue morte de Xixia et sa traduction en chinois sur l'autre fut la clef qui permit de déchiffrer cette langue ancienne et sa littérature oubliées pendant plus de 700 ans. Un dictionnaire xixia fut publié en 1129 mais disparut après l'invasion mongole du 13$^{e}$ siècle. Des explorateurs russes en découvrirent une copie lors de fouilles au Xinjiang en 1907 et 1908; plus tard, une autre copie apparut au Japon. La tablette de Xixia est devenue la source principale des études linguistiques comparatives entreprises ultérieurement en Chine et au Japon. En 1986, un linguiste chinois de renom publia le décodage de plus de 5000 caractères xixia dont la forme ressemble à celle des caractères chinois. L'inscription du musée honore les ancêtres de l'Etat xixia et donne des détails sur son histoire et son économie.

### ■ LE TEMPLE DE DAYUN ET LA TOUR DE LA CLOCHE

Construit sur le site d'un palais des Liang Antérieurs, le temple de Dayun était célèbre dans tout le Passage de Hexi pendant toute la dynastie Tang (618-907). Il n'en reste aujourd'hui que deux salles mais elles contiennent de très belles statues de bronze. C'est ici que fut découverte la tablette de Xixia au début du 19$^{e}$ siècle. La tour de la Cloche, à deux étages, contient une belle cloche décorée d'*apsara* volants (anges), de rois célestes et de dragons. Elle fut coulée pendant la dynastie Tang et sa sonnerie, que l'on entend à cinq kilomètres à la ronde, ressemblerait au tonnerre. Du second étage, l'on a une bonne vue sur la ville.

## INFORMATIONS PRATIQUES

Aujourd'hui, Wuwei est essentiellement une ville chinoise Han; elle a une population de 800 000 habitants qu'occupent l'agriculture, les filatures, les raffineries de sucre et la fabrication de tapis. Malgré cette forte population, Wuwei n'est pas une très grande ville et n'a pas de bus public.

### Transport

Bus quotidiens de Lanzhou, Zhangye et Jiayuguan (la gare routière se trouve sur Nanguan dajie); plusieurs trains par jour sur la ligne Lanzhou-Urumqi (la gare est à 2 km de la ville; service de minibus depuis la gare routière et le centre).

### Hébergement

Le Liangzhou binguan (68 Dong dajie) propose des chambres de base mais propres. Le Tianma binguan (2 Jianguo jie, tél. 2356) est un hôtel standard fréquenté par les Chinois d'outre-mer.

### Restaurants

Le marché de nuit se trouve sur Xi dajie devant le parc : on y vend des nouilles sautées, des raviolis à la sauce soja, des kebabs de mouton, divers pains, des soupes aux œufs de caille et d'excellentes sucreries.

## YONGCHANG

Le chemin de fer tourne vers le nord-ouest à la sortie de Wuwei, traversant les ruines de la Grande Muraille, près de la ville de Yongchang. Une théorie fascinante lie l'antique Empire romain à la région de Yongchang : en 54 av. J.-C., à la tête d'une armée de 42 000 légionnaires, le général romain Crassus envahit l'Empire parthe qui s'étendait de la Perse en Asie centrale. A la bataille de Carrhes, les Romains furent défaits ; 20 000 furent tués et 10 000 capturés. L'historien romain Pline note que ses compatriotes furent dirigés vers les frontières orientales de Parthie, dans la région du fleuve Oxus, où ils servirent probablement dans les armées parthes et se marièrent à la population locale.

A peu près à la même époque, une branche des Xiongnu assassina plusieurs émissaires chinois envoyés pour négocier avec leurs *shanyu* (chefs) qui résidaient alors près de la frontière du royaume de Sogdiane et de la rivière Talas, au Kazakhstan. En 36 av. J.-C une expédition punitive chinoise fut envoyée sous le commandement du Protecteur général d'Asie centrale, Kan Yanshou. Une description détaillée du siège victorieux de la ville des Xiongnu figure dans le *Qian Han shu*, l'histoire officielle de la dynastie Han. On y lit que « plus de cent fantassins se trouvaient en rangs de chaque côté de la porte dans une formation en écailles de poisson » — ce qui suggère le *testudo*, une formation de bataille utilisée par les légions romaines dans laquelle les boucliers étaient placés de telle façon qu'ils protégeaient les têtes et les jambes des soldats.

La théorie selon laquelle ces soldats seraient des Romains capturés par les Parthes à la bataille de Carrhes fut exposée par Homer H. Dubs dans son ouvrage *Une cité romaine en Chine antique* (1957). Dubs soutient que les 145 soldats étrangers — romains — capturés par les Chinois, avaient épousé des femmes autochtones et s'étaient établis près de l'actuel Yongchang où se trouvait en l'an 5 une ville nommée Liqian — un nom utilisé autrefois par les Chinois pour indiquer la Syrie et l'Empire romain d'Orient. Ce nom fut changé plus tard en celui de Jielu qui signifie « prisonniers capturés dans l'attaque d'une ville ».

## SHANDAN

Les prairies au sud de Shandan étaient des pâturages réservés à l'empereur. Pendant la dynastie Sui (589-618), plus de 100 000 chevaux, choisis pour le service d'Etat, la poste ou l'armée y paissaient. Pendant la dynastie Tang, les chevaux étaient regroupés par bandes de 120 ; près de 40 bandes étaient gardées par un simple « inspecteur ». On marquait les chevaux à plusieurs places pour indiquer leur âge, leur propriétaire, leur vigueur et leur origine, et tous portaient le caractère *guan* (officiel) sur leur épaule droite. La punition prescrite pour un gardien officiel auquel manquerait un seul cheval était de trente coups de bambou.

En 1948, un important site néolithique fut découvert dans le district de Shandan. La culture siwa de Shandan, caractérisée par sa poterie peinte grossière, à double anse, et par ses symboles phalliques de pierre, semble avoir remplacé la culture Yangshao au Gansu au 11$^{e}$ siècle av. J.-C. et avoir survécu jusqu'en 770 av. J.-C.

Shandan est aussi le lieu de fondation de l'école Bailie, créée en 1937 par le Néo-Zélandais Rewi Alley (1897-1987). Cette école fait partie du mouvement des coopératives industrielles chinoises et forme des orphelins issus des campagnes. Elle leur apprend à organiser et à gérer de petites usines fabriquant des produits tels que le papier, le verre, les tapis et les briques.

## ZHANGYE

C'est dans la préfecture de Zhangye que, de toute la province du Gansu, sont faits les plus grands efforts pour gagner de la terre arable sur le désert. Le reboisement et l'irrigation, au cours de ces 20 à 30 dernières années, ont profondément transformé l'aspect de cette région. Quelques 60 millions d'arbres ont été plantés comme brise-vent autour des champs cultivés, freinant ainsi l'avance du sable du désert de Badanjilin.

Après l'expulsion des Xiongnu par la dynastie Han (206 av. J.-C.-220 ap. J.-C.), c'est à Zhangye, appelée alors Kanchow, que fut établi l'un des commandements militaires du Passage de Hexi. En 609, l'empereur de la dynastie Sui honora de sa présence une grande foire qui réunissait marchands et émissaires de vingt-sept Etats étrangers ; centre du commerce entre Orient et Occident, la ville prospéra jusqu'à ce que les Tibétains en arrachent le contrôle, au siècle suivant, à l'Empire chinois affaibli.

Chassés de leurs terres de la vallée du Yenisei par les Kirghiz, au cours du 9e siècle, les tribus ouïghoures dispersées fondèrent plusieurs Etats. Kanchow devint l'un des principaux Etats contrôlant la route commerciale et jouissant de relations amicales avec les Chinois. Le royaume (plus puissant que l'Etat voisin établi à Dunhuang) prospéra jusqu'en 1028, année de l'arrivée des Tanguts qui fondèrent le puissant royaume de Xixia (11e au 13e siècle).

Ce n'est qu'après que Zhangye fut englobé dans l'Empire mongol que les Vénitiens Marco Polo, son père et son oncle, y séjournèrent pendant une année, en attente des ordres de Kublai Khan. Marco Polo nota que la ville possédait de nombreuses statues, temples et monastères bouddhiques et remarqua la présence de « trois grandes et belles églises [nestoriennes] ». Le missionnaire franciscain Odorico da Pordenone, un émissaire du Pape, qui voyagea à travers la Chine au début du 14e siècle, nota que « les villes et les villages étaient si nombreux le long de la grande route des caravanes que, quittant l'un, le voyageur pouvait déjà voir les remparts du suivant ».

Pendant la dynastie Ming (1268-1644), Zhangye et Jiuquan étaient des villes de garnison importantes : un million d'hommes avaient la charge de la garde de la Grande Muraille. L'importance de Zhangye semble avoir diminué vers la fin de la période Qing car un voyageur au 19e siècle note que « toutes les villes chinoises étant pratiquement une copie l'une de l'autre, il est donc préférable de ne pas ennuyer le lecteur avec une description de celle-ci ». Cependant, obtenir une nomination dans cette région était considéré comme une véritable mine d'or puisque, suffisamment éloigné de Pékin, on était libre de toute interférence officielle.

Les célèbres temples de Zhangye survécurent aux rébellions musulmanes qui dévastèrent d'autres villes de la région à la fin du 19e siècle. Les infatigables missionnaires Mildred Cable et Francesca French écrivaient dans les années 20 : « En contemplant la ville, du haut des remparts, ce qui d'abord frappe est la beauté des lacs recouverts de roseaux et le grand nombre d'arbres magnifiques. Au milieu de ceux-ci apparaissent les toits couverts de tuiles vernies aux couleurs gaies de nombreux temples et le regard est attiré par une grande pagode construite dans le style ancien [...]. » Le botaniste et explorateur américain Joseph Rock, lui, fatigué, trouva la ville « tristement décevante — des rues sales, pleines de poussière ; [...] le tremblement de terre a lézardé chaque maison et chaque mur. Une bonne partie de la ville est couverte d'étangs aux hautes herbes. Pas vraiment des étangs, mais plutôt des marécages. On dit que les moustiques sont féroces pendant l'été [...] Les soldats, tous musulmans, oppriment violemment les

Chinois. A chaque porte se trouvent des soldats musulmans qui dévalisent les paysans lorsqu'ils rentrent dans la ville. A l'un ils prennent un mouton, à l'autre un cheval, et s'ils [les paysans] protestent, ils sont battus ; on les attache et on les pend par les pieds à un piquet ou un plafond. »

## VISITE

### ■ LE TEMPLE DU BOUDDHA GÉANT

Aujourd'hui, le plus ancien édifice de Zhangye est une pagode de bois datant de 582, mais le monument principal est le fameux temple du Bouddha géant qui possède le plus grand Bouddha couché de Chine, un géant de 35,5 m de long qui impressionna énormément Marco Polo. Selon une légende, un moine appelé Cui Mie, qui suivait le son d'une merveilleuse musique, trouva à la place de musiciens un petit Bouddha de jade couché. Cet heureux présage l'encouragea à réunir des dons afin de construire le temple (en 1098) et sa statue géante. Le temple serait le lieu de naissance de Kublai Khan et l'endroit où le corps de sa mère fut amené pour y être exposé. A côté du Bouddha, doré à la feuille, se trouvent dix disciples et, de chaque côté de la salle, dix-huit *lohan* (saints).

### ■ MATI SI

A 60 km au sud de la ville dans les monts Qilian se trouvent de nombreux groupes de grottes bouddhiques creusées dans la pierre sablonneuse, le plus important étant **Mati si** (le monastère du Sabot de Cheval), construit pendant la dynastie Ming sur les rives de la Mati. Le monastère était un centre religieux important et a été restauré de nombreuses fois. Les grottes sont situées au nord de Mati si et contiennent plusieurs statues ainsi que des fresques dont la plupart sont en mauvais état. On y voit notamment une statue en bronze de Guanyin. Au pied de la falaise se trouvent les salles des Soutras et des Trois Bouddhas, restaurées en 1858.

## INFORMATIONS PRATIQUES

### Transport

Bus quotidiens depuis Shandan, Wuwei, Lanzhou, Jiuquan et Jiayuguan ; trains quotidiens sur la ligne Lanzhou-Urumqi.

### Hébergement

S'adresser au Ganzhou binguan au centre ville (Nan jie, tél. 2402) ou au Zhangye binguan (65 Xianfu lu, tél. 2601), plus au sud.

# JIUQUAN

Les outils de pierre — haches, couteaux et meules — trouvés dans la région de Jiuquan attestent de la présence d'une culture néolithique vieille de 4000 à 5000 ans. La puissante tribu des Yuechi repoussa les Wusun et occupa la région de Jiuquan et Dunhuang entre le 4e et le 2e siècle av. J.-C. Avant la première dynastie Han (206 av. J.-C.-8 ap. J.-C.), les Yuechi furent chassés à leur tour par les Xiongnu et c'est à cette époque que l'existence de Jiuquan (appelée alors Suzhou) apparaît dans les textes historiques. Une armée Han commandée par le général Huo Qubing (voir p. 59) vainquit les Xiongnu et le protectorat de Jiuquan fut établi en 107 av. J.-C.

Jiuquan, dont le nom signifie « Source de Vin », est la première ville « à l'intérieur de la muraille » que rencontrent les voyageurs venus de l'ouest et elle se situe effectivement à 20 kilomètres seulement de la passe de Jiayuguan et de la Grande Muraille. La ville fut reconstruite au milieu du 4e siècle après un tremblement de terre dont les traces sont visibles sur sa porte sud. Pendant la plus grande partie des 4e et 5e siècles, la Chine du Nord fut déchirée par des luttes qui provoquèrent un grand exode de réfugiés vers le Passage de Hexi et les régions au sud du Yangzi. Cette migration coïncida avec l'avancée du bouddhisme de l'ouest et permit la création d'une ville florissante, habitée par de nombreux marchands étrangers. Entre le 7e et le 8e siècle, Tuyuhun, Tibétains, Turkmènes et Tangut du royaume de Xixia occupèrent tour à tour la région.

Les soldats xixia résistèrent plusieurs jours aux troupes de Genghis Khan lorsque celui-ci attaqua Jiuquan en 1226. La dynastie Yuan (mongole) poursuivit la politique de la dynastie Han en établissant des colonies militaires autarciques en Asie centrale et notamment à Jiuquan. La prospérité revint et des relais de poste furent établis à travers toute la région — il y en avait 99 d'ici à Pékin. Marco Polo passa une année à Jiuquan qu'il appela « Succiu » dans son livre. Le jeune Vénitien rapporte la présence de chrétiens nestoriens et du commerce de la rhubarbe qui poussait à l'état sauvage dans les montagnes voisines.

C'est à Jiuquan que prit fin tragiquement en 1606 l'étonnant voyage de Benedict de Goes qui parcourut la Route de la Soie pendant trois ans : le jésuite portugais devait y mourir de faim, sans le sou, après avoir tenté vainement de contacter ses amis catholiques à Pékin. De Goes écrit que le quartier étranger était gardé et fermé à clé chaque nuit, comme l'étaient les ghettos juifs dans les villes européennes. Il était interdit aux commer-

La rivière Hongsha traverse une gorge profonde dans les monts Qilian, près de Jiuquan.

çants étrangers qui avaient résidé à Jiuquan plus de neuf ans de quitter la Chine.

Jiuquan fut occupée pendant trois ans par les rebelles musulmans durant les soulèvements qui déchirèrent le Gansu, le Ningxia et le Xinjiang à la fin du 19e siècle. La plupart des édifices anciens et des temples furent détruits. En 1873, le général chinois Zuo Zongtang prit en personne le commandement de 15 000 hommes et pilonna les murs de la ville avec ses canons allemands Krupp. La prise de la ville, décrite par Zuo Zongtang comme « l'exploit le plus magnifique de ma carrière militaire », fut suivie du massacre de près de 7000 musulmans et marqua la fin de la rébellion au Gansu. Les musulmans du Passage de Hexi furent déplacés vers le sud du Gansu et Zuo Zongtang jura que « leur descendance ne pourrait plus jamais vivre dans ces trois préfectures et qu'il n'y aurait plus de danger de collusion entre les musulmans en deçà et au-delà de la passe de Jiayu. »

Explorant la chaîne des Montagnes du Sud (Nan Shan), Sir Aurel Stein visita la région en 1907, puis de nouveau en 1914. Il fit son entrée dans la ville escorté par des cavaliers portant des chapeaux de paille et d'immenses drapeaux et les notables de la ville offrirent un banquet en son honneur.

Aujourd'hui, les 270 000 habitants de Jiuquan sont principalement des Chinois Han, bien qu'une petite mosquée, cachée près de Dong dajie, confirme une présence musulmane. Un passe-temps favori des habitants est la chasse dans les montagnes voisines. L'extraction d'amiante, de quartz, de gypse, d'alun et de charbon joue un rôle important dans l'économie de la ville et Jiuquan est récemment devenue l'un des principaux centres chinois de lancement de missiles.

Les « coupes qui luisent de nuit », une spécialité de la région, sont produites au troisième étage d'une usine qui se trouve à l'angle de Dong dajie et de Minyi jie, à un pâté de maison à l'est de la tour du Tambour. Faites de jade local de Qilian, noir et vert, ces coupes se présentent sur pied, en forme arrondie ou à trois pieds, dans le style ancien. Une légende vieille de 2000 ans raconte comment le roi Zhoumu reçut une de ces coupes qui luisent lorsque on les remplit de vin et qu'on les présente à la lumière de la lune.

## VISITE

Au carrefour principal de Jiuquan s'élève la **tour du Tambour**. Elle occupe l'emplacement d'une tour de guet du 4e siècle qui fut convertie en tour du Tambour lorsque la ville connut une grande expansion à la fin du 14e siècle. La modeste structure actuelle est une reconstruction datant de 1905. Des inscriptions apposées sur chacun de ces quatre portes annoncent : « A l'est se trouve la montagne Hua» (près de Xi'an), «à l'ouest Yiwu» (Hami), «au sud les Monts Qilian» et «au nord le grand désert» (le Gobi).

## ■ MUSÉE DE JIUQUAN

Le musée se trouve sur Gongyuan lu (la continuation de Dong dajie), il possède une petite collection d'objets issus de fouilles locales: de la poterie Han de l'Est (25-220), de petits bronzes Han, des miroirs, des lampes et des briques peintes des périodes Wei et Jin (220-316). On peut aussi y voir une copie de la tombe n° 5 de Ding Jia Zha (mise au jour en 1977) ainsi qu'une exposition de peintures murales pleines de vie qui décrivent la vie quotidienne à l'époque des Jin de l'Est (317-419). La tombe se trouve sur la route de Jiuquan à Jiayuguan.

## ■ JIUQUAN YUAN (LE JARDIN DE LA SOURCE DE VIN)

C'est ce site, un peu à l'est du musée, qui a donné à la ville son nom actuel. La tradition raconte comment l'empereur Han Wudi, désirant féliciter le général Huo Qubing de sa victoire contre les Xiongnu, envoya un émissaire à Jiuquan avec en cadeau un flacon de vin fin. Mais comme le vin ne suffisait pas pour tous ses officiers et tous ses soldats, le général Huo le versa dans la source afin qu'ils puissent le partager en toute égalité. Cette source coule encore dans le parc où l'on voit une belle arche, plusieurs pavillons et un petit lac.

## ■ LES GROTTES DE WENSHUSHAN

A 15 km au sud-ouest de Jiuquan se trouve une série de grottes dont les plus anciennes datent du 5e siècle. Pendant les époques Wei, Sui et Tang, Wenshushan était le centre religieux le plus important de la région. Contrairement aux autres temples rupestres, ceux-ci ne sont pas creusés dans une falaise mais sur une colline et sont de taille modeste. Les temples sont très variés et des pavillons et des salles sculptées marquent les entrées des grottes. Pendant la dynastie Tang, le monastère de Wenshushan était connu sous le nom des «trois cent cellules bouddhiques» mais après 1865 ces cellules furent détruites par les rebelles hui; les bâtiments actuels sont des restaurations. Les temples bouddhiques et les salles lamaïstes des soutras sont situés vers l'avant de la montagne alors que derrière se trouvent des temples taoïstes. La plupart des statues et des fresques reflètent un style tibétain, mais la plus ancienne grotte est le Qianfodong (grotte des Mille Bouddhas), décoré dans un style similaire aux grottes de Mogao (Dunhuang) de la dynastie des Wei du Nord.

Dans les années 1920, Mildred Cable et Francesca French visitèrent Wenshushan et remarquèrent que «des centaines de temples se dressaient sur le versant de la montagne et de nombreuses maisons avaient été construites pour accueillir les milliers de pèlerins [surtout tibétains] qui arrivaient chaque année» pendant le 4$^{e}$ mois lunaire. Le reste de l'année, personne ne surveillait les grottes. «Les grottes sont reliées entre elles par un labyrinthe de passages et de sentiers, étroits et escarpés, révélant un nouveau temple à chaque tournant.» Cette région fait partie du district autonome de la minorité ouïghoure depuis 1953.

## INFORMATIONS PRATIQUES

### Transport

Bus toutes les heures depuis Jiayuguan, et quotidiens depuis Dunhuang et Zhangye. Plusieurs trains par jour sur la ligne Lanzhou-Urumqi.

### Hébergement

S'adresser au Jiuquan binguan (2 Cangmen jie) ou au Jiuquan binguan (Nanguan jie), plus luxueux.

## JIAYUGUAN

Jiayuguan (100000 habitants) est un centre industriel qui produit de l'engrais chimique, du ciment, du coke et du fer à partir de minerais extraits des montagnes voisines. Les cheminées des fabriques crachent une fumée noire et polluante. Mais près de là se trouvent de nombreux forts abandonnés et d'anciennes tours de guet érodées par le vent. Jiayuguan était autrefois un poste avancé de l'Empire Han et, en 1732, pendant la dynastie Ming, une forteresse y fut construite pour protéger ce dernier poste frontière. La ville a toujours été de taille modeste et servait surtout la garnison militaire stationnée dans le fort.

Plus de treize tombes des dynasties Wei (220-265) et des Jin de l'Ouest (265-316) furent découvertes en 1972 et 1973 dans le village de **Xincheng**, à 20 kilomètres au nord-est de Jiayuguan. Les tombeaux à deux et trois pièces funéraires contenaient plus de 600 peintures sur brique, bien préservées, dépeignant tous les aspects de la vie quotidienne: la vie aux champs, la cueillette des mûres, l'élevage, la chasse, les camps militaires, les banquets, les cortèges, les amusements, etc. Une très bonne exposition de ces peintures sur brique remarquables — exécutées à traits simples et vigoureux, utilisant principalement des pigments noirs, ocres et d'un rouge éclatant — se trouve au Musée provincial du Gansu, à Lanzhou (voir p. 75). Il est nécessaire de louer une voiture pour se rendre aux tombeaux.

## La passe de Jiayuguan

C'est l'endroit le plus impressionnant du Passage de Hexi, situé entre les monts Qilian recouverts de neige, au sud, et les contreforts noirâtres des monts Mazong (Crinière de Cheval), au nord. A l'est s'étend la Chine et à l'ouest la vaste étendue de désert qui marquait la limite de l'antique Région occidentale barbare. Dès la dynastie Han (206 av. J.-C.-220 ap. J.-C.), les textes historiques notent l'existence d'une passe (c'est-à-dire d'un fort) dans cette région et pendant la période Song, « il y avait un fort, mais non une ville, qui servait de poste de contrôle » pour décourager la contrebande. Au 14e siècle, une armée de la dynastie Ming, sous le commandement du général Feng Sheng, chassa vers le nord-ouest ce qui restait des armées des Yuan (Mongols) hors du Passage de Hexi. Réalisant la nécessité de maintenir les Mongols au-delà de la Grande Muraille, et conscient de l'importance stratégique de cette position, le général Feng décida de renforcer la muraille en 1372 en y ajoutant ce fort qui devint « le plus grand fort sous les cieux » et marqua la limite occidentale de la Grande Muraille pendant la dynastie Ming.

Le fort a une diamètre de 733,3 m et ses murs ont une hauteur de 10,7 m. L'ensemble est formé de remparts extérieurs et intérieurs, flanqués de tourelles d'archers et de tours de guet en forme de pavillons. A l'intérieur des remparts extérieurs se trouvaient autrefois les baraques, les dépôts, un temple au dieu de la guerre, un théâtre pour amuser la troupe et une source d'eau douce. Le tout était entouré par un fossé de défense. On raconte que la construction de la fortification fut si soigneusement planifiée qu'à la fin des travaux une seule brique demeura en surplus.

Aujourd'hui, il reste peu de vestiges entre les remparts extérieurs et intérieurs, si ce n'est le théâtre et, en face, le musée qui a pris la place du temple. La porte de Guanghua à trois étages s'élève sur le rempart intérieur oriental ; surplombant une cour extérieure, elle garde un tunnel de 20 m de long qui traverse les remparts. La porte fut construite en 1506 et on peut l'atteindre par une rampe escarpée de l'intérieur des remparts. La porte correspondante à l'ouest, la porte Rouyuan (de la Conciliation), conduisait au désert. Les soldats de garnison auraient évité de passer par cette porte car elle n'était utilisée que par les voyageurs qui allaient affronter les dangers du désert et surtout les redoutables démons du Gobi.

Le premier voyageur qui s'aventura dans ce désert terrifiant fut le semi-légendaire philosophe Laozi (Lao Tzu), au 5e siècle av. J.-C. Laozi est l'auteur supposé du grand classique chinois de la pensée taoïste, le *Daode Jing*.

Pages suivantes :
La Grande Muraille près de Jiayuguan.

A un âge très avancé (entre 160 et 200 ans selon la légende) et désenchanté par le peu de cas que l'on faisait de son enseignement, il partit sur le dos de son buffle noir vers la Porte de Jade (c'est sous ce nom que Jiayuguan était alors connu) et vers l'inconnu.

Quatre cents ans plus tard, l'émissaire de l'empereur Han Wudi, Zhang Qian, passa par ici à deux reprises, ouvrant la route aux marchands, aux pèlerins et, plus tard, aux émissaires venus des Etats de l'ouest. Les caravanes étrangères, chargées de cadeaux et de marchandises, attendaient ici, parfois pendant des mois, la permission de continuer vers l'est et de pénétrer en Chine.

Au début du 20e siècle, Cable et French, les deux voyageuses intrépides, écrivaient: «Il n'y a pas de mots pour décrire la scène, et si la souffrance humaine a jamais pu s'imprimer sur l'atmosphère d'un endroit, c'est sûrement à Jiayuguan. A travers ces portes, pendant des siècles, s'écoula un flux incessant d'hommes désespérés, de fonctionnaires en disgrâce, de criminels condamnés, de gaspilleurs vagabonds, d'hors-la-loi terrifiés. Tout ce monde a dirigé ses pas vers cette porte sombre par laquelle ils quittaient pour toujours le pays de leur naissance. Les murs voûtés sont couverts de poèmes écrits le cœur brisé». En voici un exemple:

*Regardant vers l'ouest, nous voyons la longue, longue route qui mène*
*aux terres nouvelles,*
*Seul le brave traverse la Frontière Martiale.*
*Qui ne craint pas le vaste désert?*
*La chaleur torride du paradis devrait-elle l'effrayer?*

La coutume voulait que chaque voyageur partant vers l'ouest jetât une pierre sur le rempart occidental. Si la pierre rebondissait, cela signifiait qu'il pourrait revenir, sinon, il savait qu'il mourrait parmi des étrangers. Si le jet de la pierre provoquait un écho, le voyage serait prospère.

De Jiayuguan, la Grande Muraille descend en pente raide vers le sud puis traverse la vallée vers les monts Qilian; brisée en maints endroits, elle est ensevelie par le sable en d'autres. Cette section de la muraille date de la dynastie Ming (1368-1644) et est ponctuée tous les trois kilomètres environ par des tours de guet en ruines. Des bus publics (horaire très irrégulier) et des taxis (attention au prix!) se rendent au fort mais il est également possible de louer des vélos au Jiayuguan binguan (trajet de 5 km).

## INFORMATIONS PRATIQUES

### Transport

Vols plusieurs fois par semaine depuis Dunhuang et Lanzhou (l'aéroport se trouve à 10 km de la ville ; réservations au *Gansu Jiayuguan International Travel Service*). Bus toutes les heures depuis Jiuquan et quotidiens depuis Dunhuang, Zhangye, Wuwei et Lanzhou. Plusieurs trains par jour sur la ligne Lanzhou-Urumqi (la gare est à 5 km de la ville, prendre le bus n° 1 depuis le centre).

### Hébergement

Le Jiayuguan binguan (tél. 26321), sur la place principale en face de la poste, est un hôtel standard avec restaurant et bar. L'hôtel Xiongguan, plus au sud sur Xinhua lu, est un peu moins cher. Le Changcheng binguan (tél. 25277), situé entre la gare et le centre-ville, est un hôtel plus luxueux où descendent les groupes étrangers.

### Restaurants

Les petits petits restaurants sont nombreux dans les rues qui partent de la place principale et servent une cuisine musulmane avec des accents sichuanais et mongols. Pour le petit-déjeuner, les étals de rue proposent un *porridge* épicé au tofu et au porc.

### Agence de voyage

La seule agence de voyage est le *Gansu Jiayuguan International Travel Service*, situé derrière le Jiayuguan binguan, et qui dispose de plusieurs minibus pour les visites des sites.

## DE JIAYUGUAN À DUNHUANG

De Jiayuguan et de la Grande Muraille, les caravanes de la Route de la Soie continuaient leur chemin vers l'ouest, en direction de Dunhuang. De nos jours, la route suit la ligne de chemin de fer jusqu'à Yumenzhen, sans entrer dans la ville même de **Yumen** (la Porte de Jade), site du plus ancien champ pétrolifère de Chine. Des mentions d'une « source de feu » dans la région remontent à des textes du 3$^{e}$ siècle et 200 ans plus tard, des soldats Han assiégés dans la ville de Jiuquan versèrent de la houille en feu sur les échelles des attaquants turcs. En 1935, des forages furent effectués dans les monts Qilian dans le Qinghai et le Gansu et du pétrole fut découvert l'année suivante près de Yumen. Ce n'est qu'en 1938, cependant, lorsque

## La Grande Muraille

Si les pierres et la terre utilisées pour la construction de la Grande Muraille pendant la dynastie Ming devaient être assemblées en un mur d'un mètre d'épaisseur et de cinq mètres de haut, elles feraient le tour du monde. Si tous les matériaux utilisés pour la Grande Muraille pendant les dynasties Qin, Han et Ming étaient rassemblés, le mur pourrait faire le tour de la planète plus d'une douzaine de fois.

La plupart des livres d'histoire indiquent que la muraille a une longueur de 6000 kilomètres mais des relevés récents qui ont pu la repérer dans des régions montagneuses et lointaines ont établi sa longueur à environ 10 000 kilomètres. La Grande Muraille, telle que nous la connaissons aujourd'hui, date de la dynastie Ming, qui entreprit de la reconstruire dans son ensemble dès le 14$^{e}$ siècle. Plus des deux tiers cependant sont en ruine et, dans certaines régions, son tracé est difficilement discernable.

Depuis l'époque préhistorique, les peuplades de bergers nomades du nord ont constitué une menace continuelle pour les Chinois Han, agriculteurs sédentaires. Dès la fin de la dynastie Zhou (1122-770 av. J.-C.), de nombreux Etats frontaliers du nord avaient construit des remparts contre les attaques des cavaliers barbares.

Qin Shihuangdi, qui unifia la Chine et fonda la dynastie Qin en 221 av. J.-C., entreprit un programme de reconstruction à grande échelle qui comprenait la réfection de routes, d'aqueducs, de palais ainsi que de la Grande Muraille. Sous le général Meng Tian, un grand nombre d'ouvriers engagés de force travaillèrent à renforcer la muraille Qin et à la relier à des sections plus anciennes afin d'établir une puissante ligne de défense allant de Shanhaiguan sur la côte de la mer Jaune jusqu'à Jiayuguan dans l'ouest de la province du Gansu — environ 2700 km au total. La muraille était faite d'une masse centrale de terre battue et tassée, recouverte de murs extérieurs crénelés, faits de briques de terre séchée au soleil ou de dalles de granit selon les disponibilités locales. Une route de briques courrait sur toute la longueur du mur ; lorsque le terrain n'était pas montagneux cinq cavaliers pouvaient l'emprunter de front. Comme les visiteurs des sections de Badaling et de Mutianyu, près de Pékin, peuvent s'en apercevoir, les sections les plus escarpées étaient construites en escalier. Des lignes de tours de guet avancées donnaient l'alarme en cas d'attaque.

Les légendes sur la Grande Muraille sont nombreuses. Certaines racontent que Qin Shihuangdi a bâti la Muraille de ses propres mains, aidé seulement par son cheval magique dont les sabots faisaient apparaître une tour de guet dès qu'ils touchaient terre. Remarquant que la Muraille fait des méandres comme le corps d'un dragon, certaines versions affirment que le cheval de l'empereur était certainement un dragon.

D'autres légendes décrivent la cruauté et la misère dont eurent à souffrir les conscrits qui la bâtirent. La plus célèbre raconte comment l'héroïne Meng Jiangnu partit à la recherche de son jeune époux, un ouvrier conscrit. Dans un rêve, elle entendit son esprit désespéré l'appeler à l'aide. La brave Meng effectua le long et dangereux voyage jusqu'à la Muraille pour apprendre qu'il était mort au travail. Ne pouvant retrouver son corps pour lui donner une sépulture décente, elle appela le ciel à l'aide et les dieux, émus par sa dévotion, provoquèrent l'écroulement d'une partie de la muraille, ce qui mit à jour les squelettes de milliers d'ouvriers dont les corps avaient été simplement enfermés dans la muraille en guise de sépulture. A nouveau elle pria les dieux de l'aider à reconnaître le corps de son époux. Ils lui ordonnèrent de se couper un doigt afin que son sang puisse couler sur la myriade d'ossements. Le sang fut rapidement absorbé par l'un des squelettes et elle sut ainsi qu'il appartenait à son époux. Rentrant chez elle avec les restes, elle croisa l'empereur Qin Shihuangdi qui, ensorcelé par sa beauté, lui ordonna de devenir sa concubine. Meng implora l'empereur de lui accorder le temps d'enterrer son époux. Il accepta et décrèta des funérailles nationales. Pendant la cérémonie qui eut lieu sur les rivages de la Mer de l'Est, Meng, par défi, se jeta dans la mer pour reposer à jamais avec son époux.

Sous la dynastie Han, la Muraille fut prolongée vers l'ouest jusqu'à Dunhuang et l'on construisit des lignes de tours de guet très en avant dans le désert afin de protéger les caravanes commerçantes contre les bandes de maraudeurs xiongnu. Mais à la chute de la dynastie, cette partie de la Muraille fut abandonnée et même oubliée. On croyait communément que Jiayuguan marquait la fin de la Muraille et ce n'est qu'au début du 19e siècle que cette vision erronée fut corrigée grâce aux efforts de l'explorateur anglo-hongrois Sir Aurel Stein. Pendant la dynastie Han, la Muraille n'avait pas seulement le rôle d'une ligne de défense définissant la frontière d'une façon permanente, elle servit aussi de base pour l'expansion à l'ouest vers l'Asie centrale. Tous ceux qui passaient la Muraille étaient soumis à un contrôle strict — une autorisation officielle était nécessaire — et les caravanes devaient s'acquitter d'une taxe douanière. Pendant la dynastie Sui (589-618), les ouvriers soumis à la corvée avaient l'obligation de travailler 20 jours par an sur la muraille. En 607, plus d'un million furent mobilisés. Mais la Muraille n'était pas en elle-même une défense à toute épreuve : elle permettait simplement aux Chinois de gagner du temps pour réunir des renforts.

Pendant la dynastie Tang, une période qui vit s'intensifier les échanges commerciaux entre l'Orient et l'Occident, la Muraille fut négligée et vers la fin de la dynastie Tang, une grande partie du territoire à l'intérieur de la Muraille fut occupé par les Tibétains, les Ouïghours et les Mongols.

L'invasion mongole de la Chine confirma le caractère aberrant de la Grande Muraille. Néanmoins, la dynastie suivante des Ming entreprit sa reconstruction à une grande échelle, y ajoutant six forts dans les régions entre Jiayuguan et Jiuquan. Leurs garnisons étaient responsables de la défense de sections spécifiques de la Muraille. Des lignes de tours de guet furent ajoutées et un système de signalisation efficace permit une communication rapide avec la capitale, Pékin. Selon un voyageur turc du 16$^{e}$ siècle : « En un jour et une nuit, une information pouvait parcourir la distance d'une marche de trois mois ». De jour, des signaux de fumée furent utilisés et, de nuit, le feu. Tout ceci ne parvint pas à empêcher la capture de l'empereur Yingzong par la tribu mongole des Oirat à Datong en 1449. Les Chinois réagirent aux demandes de rançon en installant son frère sur le Trône du Dragon et le jeune empereur humilié fut rendu une année plus tard.

Les armées mandchouriennes firent irruption à travers la Grande Muraille à Shanhaiguan en 1644 et prirent le pouvoir en Chine, fondant la dynastie Qing qui dura près de trois siècles. Des restaurations furent entreprises de façon intermittente mais, dès le début du 20$^{e}$ siècle, la Muraille était dans un état de délabrement avancé.

En 1984, une campagne de récolte de fonds fut lancée à Pékin pour la restauration de sections de la Grande Muraille et d'énormes sommes furent données par des individus ou des organisations en Chine comme à l'étranger.

l'approvisionnement en pétrole prit une importance cruciale pendant la guerre contre le Japon, que l'on entreprit sérieusement des forages. Aujourd'hui, cinq puits sont en exploitation avec une production de plus de 3 millions de tonnes par an. La raffinerie de la ville a une capacité de 400 000 tonnes par an et est reliée à Lanzhou par pipeline.

A environ 61 km au sud-est de Yumen se trouvent les **grottes bouddhiques de Changma**, en trois groupes, qui datent des Cinq Dynasties (907-960) et des Song (960-1127). Elles sont situées dans une large vallée entourée par les monts Daban. A l'intérieur sont de nombreuses fresques très intéressantes qui représentent des Bouddhas, des bodhisattvas, des pavillons et des terrasses, probablement influencées par les grottes de Mogao (Dunhuang) et financées par les mêmes familles qui avaient permis la construction de ces dernières.

Le long de la route, quelques champs se font une place entre les dunes de sable et l'on peut voir ici et là un troupeau de chameaux, de moutons ou de chèvres. Une poignée de maisons entourées d'arbres verdoyants forme un hameau. Au sud, on aperçoit les premiers contreforts des monts Qilian mais bientôt la chaîne sombre des monts Mazong, au nord, occupe l'horizon. Le désert change constamment; parfois il se couvre de dunes, parfois de petits tas de sable, entresemés de buissons épineux de couleur gris-vert. Les chariots des fermiers sont attelés à des ânes ou — scène incongrue — ils rassemblent âne et chameau. Plus loin, des étendues vertes, jaunes ou brunes de broussailles sont entrecoupées de terres fertiles tout au long de la route bordée d'arbres. Dans l'oasis de Yumenzhen, on voit des vergers et des champs de tournesol et de maïs. La route file brièvement au nord de la ligne de chemin de fer, passant devant les ruines de la ville de Qiaowan, bâtie par l'empereur Qing Kangxi (qui régna de 1662 à 1723).

## ANXI

Anxi se trouve à la jonction de deux des voies de la Route de la Soie et fut autrefois de grande importance. Certains géographes l'appellaient le cœur même de l'Asie. Les caravanes transportant le jade précieux extrait de la rivière Karakash, près de Khotan sur la Route du Sud, s'arrêtaient régulièrement à Anxi pendant le 1^er^ et le 2^e^ siècle av. J.-C. Pendant la dynastie Tang (618-907), les quartiers généraux du protectorat des Régions occidentales s'y trouvaient, faisant d'Anxi la base principale des expéditions militaires chinoises vers l'Asie centrale.

La vieille ville fut complètement détruite pendant les rébellions musulmanes du 19^e^ siècle et des milliers d'habitants furent massacrés. Les voyageurs du début du 20e siècle trouvaient à la ville reconstruite une apparence très lugubre. En 1907, Sir Aurel Stein ne trouva rien à Anxi qui pût refléter son importance passée ; il explora une ancienne ligne de tours de guet le long de la rivière Shule après avoir confié les trésors qu'il avait trouvés à Dunhuang au *yamen* (magistrat) local. Dans les années 20, les missionnaires Mildred Cable et Francesca French y firent plusieurs visites et reçurent la permission exceptionnelle d'explorer les remparts de la ville, malgré une coutume locale qui en interdisait l'accès aux femmes sauf lors de fêtes spéciales. Elles purent ainsi voir les principales pistes à chariot qui menaient à Urumqi au nord-ouest, à Lanzhou au sud-est, et au Lop Nor au sud-ouest. A cette époque, les caravanes de chameaux venant de Mongolie échangeaient des ustensiles domestiques, de la paraffine, de la soie et du sucre contre la laine, le coton, les tapis et le jade d'Asie centrale. Des vents pénétrants soufflaient chaque jour — un problème partiellement résolu ces dernières années par les efforts de reboisement. « En hiver, tous les magasins étaient fermés et toutes les activités cessaient », écrivaient les missionnaires. « Chaque ménage vivait, mangeait et dormait dans son *kang* chauffé à la bouse... [et] nombreux étaient ceux qui oubliaient leurs soucis dans la fumée de la pipe d'opium. »

Anxi reste une petite ville connue surtout pour les **grottes bouddhiques de Yulin** (Forêt d'ormes), ou de **Wanfo Xia**, qui se trouvent dans les montagnes à quelque 70 kilomètres au sud. Elles ont été creusées sur une longue période — environ 1400 ans — dans les falaises de gorges de montagnes. On décompte aujourd'hui 41 grottes datant des dynasties Tang, Song, Xixia, Yuan et Qing, et dont les premières furent probablement contemporaines à celles de Dunhuang. La plupart d'entre elles ont des plafonds à caissons. Une grande partie des fresques est en mauvais état de conservation mais on y voit néanmoins quelques très beaux exemples d'art Tang. Le paysage environnant est également d'une extraordinaire beauté.

## DUNHUANG

Touristes et chercheurs sont attirés par cette ville du désert de 14 000 habitants, désireux de voir de leurs propres yeux un des plus riches trésors de Chine, les **grottes de Mogao** avec leurs peintures murales et leurs sculptures bouddhiques.

Au temps de la Route de la Soie, Dunhuang (qui signifie « la tour de guet flamboyante ») était une ville commerciale importante et, au 1er siècle

Bodhisattva en terre cuite, Mogao, près de Dunhuang.

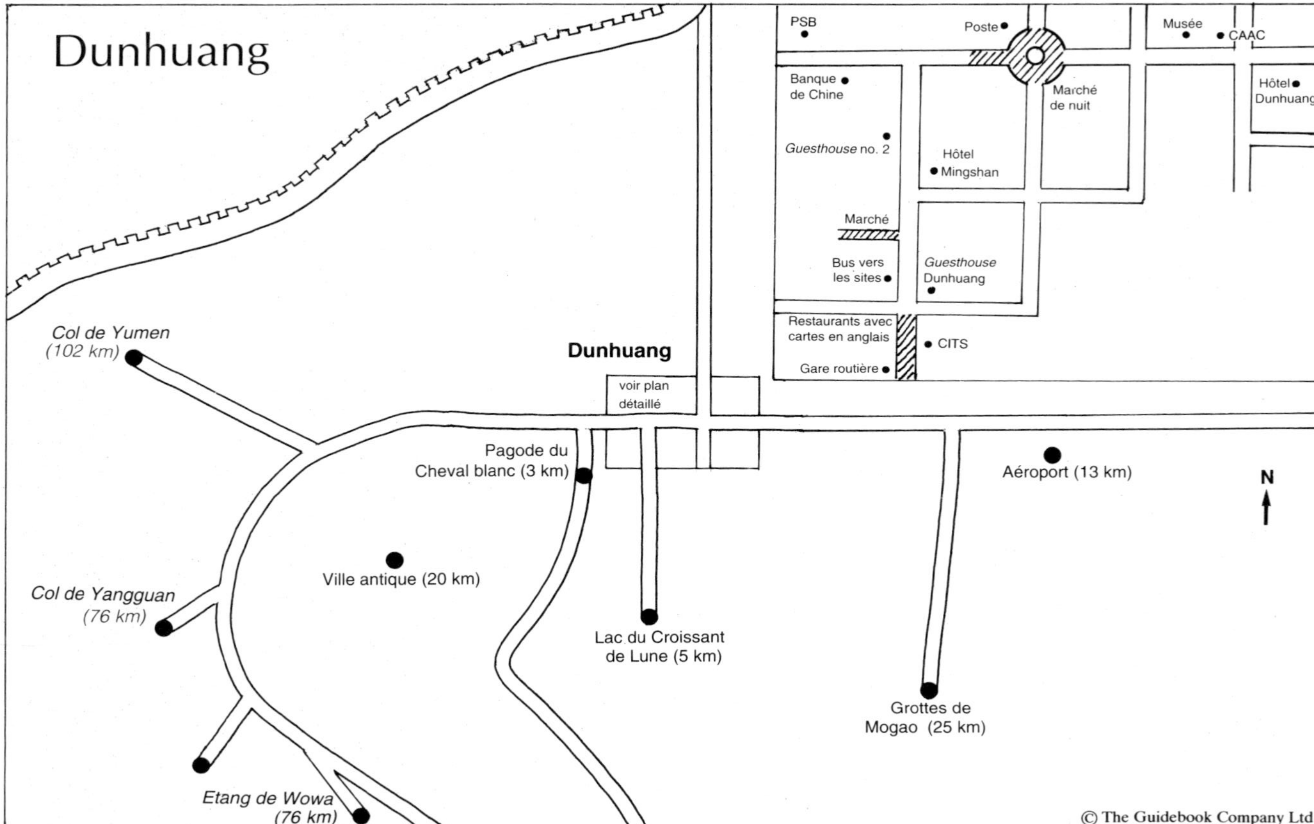

Dunhuang
PSB
Poste
Musée
CAAC
Banque de Chine
Marché de nuit
Hôtel Dunhuang
Guesthouse no. 2
Hôtel Mingshan
Marché
Bus vers les sites
Guesthouse Dunhuang
Restaurants avec cartes en anglais
CITS
Gare routière
Col de Yumen (102 km)
Dunhuang
voir plan détaillé
Pagode du Cheval blanc (3 km)
Aéroport (13 km)
N
Ville antique (20 km)
Col de Yangguan (76 km)
Lac du Croissant de Lune (5 km)
Grottes de Mogao (25 km)
Etang de Wowa (76 km)
© The Guidebook Company Ltd

av. J.-C., l'avant-poste le plus occidental de la Chine. A la suite des campagnes militaires du général Huo Qubing contre les Xiongnu, en 121 av. J.-C., Dunhuang fut fortifié et occupé par les Chinois. La Grande Muraille fut prolongée jusque là et une ligne de tours de guet fortifiées s'enfonça dans le désert vers l'ouest. Au 2e siècle, Dunhuang comptait 76 000 habitants et était une base clef d'approvisionnement pour les caravanes qui entreprenaient le voyage de 30 jours sur la Route de la Soie du Sud à travers les dangereuses régions désertiques au-delà du Lop Nor. Pour ceux qui arrivaient de l'ouest, la vision, semblable à un mirage, des remparts de Dunhuang signifiait sécurité et confort. Les premières grottes bouddhiques de la région de Dunhuang furent creusées en 353. Marchands, pèlerins et autres voyageurs faisaient construire des grottes pour assurer leur propre protection dans le désert et pour exprimer leur gratitude pour les dangers surmontés.

Les Tibétains s'emparèrent de Dunhuang dans la seconde moitié du 7e siècle. Puis, affaiblis par des dissensions internes, ils furent chassés en 851 du Passage de Hexi par l'armée privée du seigneur de la guerre chinois, Zhang Yichao. Zhang reçut récompenses et honneurs de la cour Tang, il devint le dirigeant *de facto* de Dunhuang. Plusieurs membres de sa famille lui succédèrent jusqu'en 911 lorsque le royaume ouïghour de Shachow (Dunhuang) fut fondé. Pendant toute la période de domination ouïghoure, les chefs de Dunhuang continuèrent à être chinois et des mariages politiques furent scellés entre la maison régnante de Cao à Dunhuang et les filles du roi de Khotan. La famille Cao entreprit la construction de nombreuses grottes à Mogao.

En 1036, les Xixia s'emparèrent de Dunhuang et en 1227, la ville tomba aux mains des Mongols. Au début du 16e siècle, elle passa sous le pouvoir du khanat musulman de Chagatai, qui régnait sur la plus grande partie de l'Ouïghouristan. A cette époque, elle semble avoir été partiellement abandonnée mais en 1760, pendant la dynastie Qing, elle fut réoccupée.

Suite à la découverte en 1900 des manuscrits de Dunhuang par l'abbé Wang, la nouvelle de l'existence des grottes se répandit et les archéologues étrangers commencèrent à arriver à Dunhuang pour y acheter de précieux textes et des rouleaux peints et pour emporter des statues. La richesse des découvertes ouvrit un nouveau domaine d'études appelé « Dunhuangologie ».

Dans *The Gobi Desert*, les missionnaires Cable et French décrivent ainsi la ville dans les années 30 : « Les habitants de Dunhuang se considèrent comme l'élite de la terre de Gobi et sont anormalement fiers de leur oasis. Ils sont prospères et ouvrent leur marché aux marchandises qui arrivent librement d'ailleurs mais ils s'enorgueillissent d'être une communauté qui se suffit à elle-même en ce qui concerne non seulement la nourriture mais aussi les filles et les hommes à marier ; ils désapprouvent les mariages entre leurs propres enfants et ceux d'autres villes. La place du marché est toujours grouillante de marchands qui vont et viennent et, chaque jour, un conteur professionnel amuse les badauds ; des femmes aux habits éclatants de gaieté arrivent des fermes, en chariot, pour passer la journée à faire des achats et à visiter leurs amies. Les greniers débordent de blé et la ville se considère comme l'endroit le plus sûr et le plus prospère que l'on puisse imaginer, fière de son surnom de petit Pékin. »

## VISITE

Un marché animé se tient quotidiennement dans un quartier du sud-ouest de la ville. Les magasins vendent les marchandises les plus simples — cordes, rouleaux de plastique, quincaillerie, ustensiles pour la maison et des rangées infinies de conserves, dont des conserves de viande d'âne.

### ■ LES GROTTES DE MOGAO (MOGAO KU)

Les grottes de Mogao s'accrochent comme les alvéoles d'une ruche sur une falaise des collines de Mingsha à 25 kilomètres au sud-est de Dunhuang ; elles contiennent l'ensemble le plus riche du monde de peintures, de manuscrits et de statues bouddhiques. Creusées sur une période de plus d'un millénaire, qui couvre neuf dynasties du 4e au 14e siècle, elles sont le témoin de la plus glorieuse époque de l'art bouddhique. Situées dans un minuscule oasis blotti contre le versant ouest d'une vallée escarpée, les grottes sont cachées à la vue jusqu'à ce qu'on se trouve directement devant elles. Le contraste entre cette vallée verte et les dunes de sable et le désert qui l'entourent de toutes parts est frappant. Mais cette position géographique a contribué à la dégradation des grottes et les vents et les sables du sud-ouest soufflent droit sur elles, érodant les murs et les peintures.

La tradition rapporte qu'en 366, un moine nommé Lie Zun aperçut la falaise et eut une vision de mille rayons de lumière qui brillaient dans sa direction comme autant de Bouddhas. Le moine demanda à un pèlerin de peindre l'une des petites grottes et d'y consacrer un autel. D'autres pèlerins arrivèrent par la suite sur les lieux et pendant un millier d'années temples et autels furent creusés dans la roche, peints et décorés par les pieux ou craintifs voyageurs pour garantir leur sécurité pendant leur périple. Lie Zun fut donc le fondateur de ce que Mildred Cable appela, quinze siècles plus tard, « une merveilleuse galerie d'art dans le désert ».

Les premiers étrangers à visiter Mogao furent un explorateur russe, le colonel Nikolai Prejewalsky, et une expédition géologique hongroise, tous deux en 1879. Mais ce fut la découverte en 1900 d'un ensemble de documents et de peintures dans la grotte 17 par un prêtre taoïste qui se prétendait abbé, nommé Wang Yuanlu, qui amena les orientalistes à Dunhuang. Les 50 000 manuscrits de la bibliothèque comprenaient des textes religieux, des documents sur l'histoire, les coutumes, la littérature, l'art, les mathématiques, la médecine et l'économie — tous cachés par des moines bouddhistes au 11e siècle, vraisemblablement pour les sauver des ravages de la guerre contre les Xixia. Le vice-roi de Gansu était désireux de protéger la trouvaille mais ne put cependant trouver des fonds pour assurer leur transport à Lanzhou et ordonna simplement que les grottes soient refermées et scellées. Quand à l'abbé Wang, il décida de son propre chef de vendre quelques manuscrits à des étrangers pour financer ses projets de restauration.

En 1905, l'archéologue allemand Albert von Le Coq eut vent de la découverte de la bibliothèque en visitant Hami. Comme les temples de Dunhuang étaient encore en service, il aurait été impossible pour des archéologues étrangers d'en enlever les peintures murales mais ce problème ne se posait pas dans le cas d'une bibliothèque. Très pressé par le temps, mais néanmoins tenté, il tira une pièce : « Pile perd, face gagne ! » écrivit-il. « Ce fut pile et je fis seller mon cheval et commençai mon voyage vers Kashgar », manquant ainsi ce trésor fabuleux. Sir Aurel Stein arriva à Dunhuang en 1907 et persuada le prêtre taoïste de rouvrir la grotte contenant les manuscrits. Pendant des nuits entières Stein et son traducteur examinèrent secrètement des liasses de documents. Ils trouvèrent des manuscrits en chinois, ouïghour, sogdien, tibétain et sanscrit, ainsi que dans des langues qui leur étaient inconnues, dont une version du *Soutra du Diamant* imprimée en 868. Ce document, l'un des livres imprimés les plus anciens du monde, est un important texte mahâyâna qui explique que tous les phénomènes sont une illusion ; il doit son nom au fait qu'il est « tranchant comme un diamant qui enlève toute la conceptualisation superflue et nous amène sur les rives lointaines de l'illumination ». Stein quitta Dunhuang avec presque 10 000 documents et peintures qui se trouvent aujourd'hui au British Museum à Londres et au Musée national à New Delhi.

Le célèbre sinologue français, Paul Pelliot, eut également accès à la grotte, en 1908, sans savoir que Stein l'avait précédé et se déclara « stupéfait ». A la lumière d'une bougie, il étudia un millier de documents par jour, sélectionnant les plus précieux (dont une version nestorienne de l'Evangile

Pages suivantes : Les fresques de Mogao.
A gauche : un personnage de la dynastie des Wei du Nord.
En haut à droite : scène d'un *jataka*.
En bas : princesses de Hetian.

selon St. Jean) et finalement paya, après négociations, 90 livres pour les emporter. La collection de Pelliot se trouve aujourd'hui au musée Guimet à Paris. En 1911, Zuicho Tachibana, de la mission du Comte Otani, passa huit semaines à récolter du matériel, suivi, en 1914, par le Russe Sergei Oldenburg.

En 1923, l'Américain Langdon Warner, du musée d'Art Fogg à Harvard, vint à Dunhuang pour voir ce qui restait des fresques et pour tenter de déterminer quels avaient été les pigments employés. Enragé par les dommages causés par la négligeance des soldats russes blancs et par les pèlerins, il écrivit à sa femme: « Ma tâche est de faire l'impossible pour sauver et préserver tout ce qui est possible de ces ruines qui se dégradent rapidement. Elles purent jouir d'une suffisante stabilité pendant des siècles mais maintenant leur fin est en vue. » Warner préleva les peintures murales des grottes 324, 335 et 328, cette dernière contenant le meilleur ensemble de sculptures de Mogao.

Près de 500 grottes encore en bon état contiennent plus de 45 000 fresques et 2000 statues de stuc colorées (la roche des grottes étant trop sablonneuse pour être sculptée directement). Grâce au climat sec du désert de Taklamakan, les fresques et les statues ont été bien préservées pendant plus de quinze siècles. La plupart d'entre elles datent des dynasties Wei, Zhou du Nord, Sui et Tang, mais les Cinq Dynasties, ainsi que les dynasties Song, Xia et Yuan sont également représentées.

Les peintures se divisent en plusieurs catégories religieuses dont les *jataka* qui relatent les aventures du Bouddha Çâkyamuni dans ses incarnations précédentes et des illustrations des soutras bouddhiques qui dépeignent la souffrance universelle, la transmigration et la causalité karmique. Sir Aurel Stein écrivit: « Dans toutes ces scènes légendaires, avec leurs paysages librement interprétés, leur architecture chinoise, le mouvement vigoureux et le réalisme de leurs personnages, c'est un style bien chinois qui prévaut. Il en est de même de la liberté pleine de grâce et souvent fantasque avec laquelle sont représentés nuages, dessins de fleurs et autres motifs décoratifs. Mais tous les principaux personnages divins portent l'empreinte indubitable des modèles indiens transmis à travers le bouddhisme de l'Asie Centrale. Pour ces bouddhas, bodhisattvas et autres saints, la tradition hiératique a préservé le type de visages, de poses et de vêtements développé à l'origine dans l'art gréco-bouddhiste, quelles que soient les modifications que le goût chinois ait pu apporter par sa façon de traiter et de colorer les sujets. »

La plupart des grottes sont rectangulaires et reliées entre elles par des balcons, des passerelles et des couloirs. Les fresques couvrent une surface de 45 000 $m^2$ et les couleurs qui prédominent — vert, bleu, blanc, noir et rose — sont encore éclatantes bien que, par endroits, les pigments aient changé ; l'oxydation est particulièrement apparente dans les rouges vermillon qui sont devenus un brun chocolat. Pendant plusieurs mois, en 1920, quelque 400 soldats russes blancs de Sibérie trouvèrent refuge dans ces grottes et la suie de leurs feux de camp ajoute aux dégâts provoqués par l'encens que l'on brûle pendant la grande célébration annuelle de la naissance du Bouddha et qui a noirci, avec le temps, les fresques. Cette suie fut enlevée par les restaurateurs dans les années 60 et 70.

Les grottes de la dynastie Wei (386-581) se trouvent presque toutes au troisième niveau. L'influence gréco-indienne dans les habits, les coiffures et les traits des visages est nettement visible dans les grottes antérieures à la dynastie Tang. La force expressive très émouvante des bouddhas, des bodhisattvas et des disciples s'oppose à l'expression animée et agressive des rois et gardiens célestes des statues postérieures au 7e siècle. Les sculptures des grottes Wei ont de larges visages, de grands nez, des lèvres minces, de hautes pommettes et des cheveux bouclés.

La dynastie Wei fut fondée par les Toba, un peuple de langue maternelle turque. Les années précédentes, bien que chaotiques politiquement, avaient vu un renouveau du bouddhisme et l'art de cette période reflète l'importance donnée aux idéaux de l'illumination et de la transcendance du monde matériel. Les Chinois comparent le sourire serein du bouddha de la grotte 259 à celui de la Mona Lisa. D'autres grottes Wei, dont les grottes 248, 260, 263, 272, 431, 435, 439 (Wei du Nord), 285, 249 et 432 (Wei de l'Ouest), présentent un style élégant et des visages plus étroits. Les couleurs noires, vertes et blanches de la grotte 432 sont particulièrement frappantes. Les *jataka* des grottes 275, 254, 428 et 257 relatent, entre autres, les aventures de Mohesaduo, de Shipi et du prince Xudana. La grotte 254 montre la défaite de Mara qui tente le Bouddha avec le désir et l'attaque avec des tempêtes et des rochers en flamme. Le Bouddha ne succombe pas et atteindra finalement à l'illumination. La grotte 249 est décorée de scènes de la mythologie chinoise. Les peintures Wei représentent souvent de taille réduite et sous forme de domestiques ou de suppliants les donateurs qui payèrent pour la construction des grottes.

Toutes les peintures murales de Dunhuang, à l'exception de celles des grottes Yuan, sont des tempera, c'est-à-dire des peintures à l'eau additionnée d'agglutinant, plutôt que des fresques dans le sens strict du terme. La technique est assez complexe : une couche de substance ressemblant à du ciment était posée sur une première couche d'argile, puis polie. Ensuite, la couleur du fond était appliquée, avant d'effectuer la peinture proprement dite. Les pigments étaient faits de poudres minérales ou d'oxides métalliques. Si les peintures ont survécu si longtemps, c'est surtout grâce au type de pigment utilisé et beaucoup des couleurs sont encore remarquablement brillantes.

Au nord des grottes Wei se trouvent les grottes de la brève dynastie Sui (581-618) ; plusieurs d'entre elles ont été transformées à partir de grottes Wei. Certaines, de forme carrée, comportent des niches dans le mur du fond et des plafonds à caissons ; elles sont décorées de scènes mythologiques chinoises (294, 423 et 305). Plusieurs grottes avaient autrefois une antichambre, aujourd'hui écroulée. Les sculptures sont en bon état et d'un style plus formel que précédemment ; les représentations du Bouddha, qui ne montrent plus l'influence de Gandhara, sont bien définies et portent des vêtements chinois. Les visages de statues sont plus arrondis, avec de longs lobes d'oreille, les vêtements sont lâches et le haut du corps est d'une grandeur disproportionnée — ce qui indiquait à l'époque le pouvoir et la divinité.

La grotte 419 est typique de l'art Sui, et représente le cousin et disciple du Bouddha, Ananda, ainsi que le moine Kasyapa. D'autres grottes Sui sont les 204, 244, 302 et 427. La doctrine de la Terre Pure et les enseignements d'Amitabha qui furent développés à cette époque figurent sur plusieurs fresques. La Terre Pure, ou Paradis de l'Ouest, est représenté comme un paradis de palais luxueux, de pavillons et de cours ; ces fresques montrent des structures splendides et d'une grande complexité, et sont des documents inestimables pour la compréhension de l'architecture de l'époque. Les histoires de *jataka* sont également présentes et sont plus variées que sous les Wei. Les plafonds sont souvent décorés de fleurs de lotus et de riches motifs symétriques. Ces grottes Sui marquent surtout la fin de l'influence étrangère et la transition vers les styles autochtones des Tang.

Pendant la dynastie Tang (618-907), la taille des donateurs augmenta et on les représenta richement habillés. Des musiciens célestes apparaissent dans les premières fresques mais furent remplacées dans les grottes plus tardives par des *apsara* volants (anges) pour lesquels Dunhuang est si célèbre. Les très nombreuses grottes Tang représentent le niveau artistiquement le plus élevé à Dunhuang. La plupart des grottes sont carrées, avec trois niveaux intérieurs pour des statues plus grandes ; d'autres, avec des bouddhas couchés, sont plus basses et plus larges. A cette époque, la sculpture fut quelque peu négligée en faveur de la peinture ; beaucoup des fresques sont d'ailleurs signées de la main de l'artiste. Néanmoins, les sculptures Tang sont de très grande qualité, réalistes et douces ; on y remarque moins de différence entre les hommes et les êtres divins. Des exemples particulièrement beaux se trouvent dans les grottes 57, 77, 332 et 444 (début des Tang), 194, 320, 322 et 458 (moyen Tang), 159, 264 et 384 (fin des Tang). On notera de nombreuses représentations de bodhisattvas, ces êtres qui ont retardé le moment d'entrée au nirvana pour pouvoir venir en aide à leur prochain; ils portent des bijoux et des ornements, comme les nobles Tang.

Les peintures Tang illustrent une grande variété d'histoires tirées du canon bouddhique (en particulier dans les grottes 152, 320, 171 et 172 de Guanyin et d'Amitabha) qui remplacent les *jataka* des époques précédentes. Les personnages sont habillés de costumes riches et aristocratiques avec des turbans.

Sous les Cinq dynasties (907-960) et les dynasties Song (960-1279) et Xixia (1115-1234), il ne restait plus de place sur la falaise pour de nouvelles grottes. Certaines grottes anciennes furent donc restaurées, d'autres refaites ou agrandies. A plusieurs endroits, on a découvert de vieilles peintures recouvertes par des plus récentes. Les grottes des Cinq Dynasties se trouvent sur la partie inférieure de la falaise; le peu de sculptures que l'on peut encore y voir et les peintures ressemblent à celles des Tang. Les fresques sont plus grandes mais ne démontrent pas la même maîtrise qu'auparavant. Les peintures Song et Xixia sont pratiquement identiques et sont surtout des œuvres de restauration. La sculpture de cette époque reste sans vie et est une mauvaise copie du style Tang.

Sous le règne mongol des Yuan (1279-1368), de nombreuses grottes furent restaurées. Les peintures de cette époque sont de vraies fresques, réalisées selon une méthode européenne introduite dans la région via le Népal. Ces peintures représentent surtout des mandalas (symboles tibétains du cosmos) et des bodhisattvas. Un ensemble de grottes, décorées dans le style tibétain et datant de la dynastie Yuan, est rarement ouvert aux visiteurs. Après la dynastie Yuan, il y eut peu de développements artistiques ou architecturaux à Dunhuang. Après des siècles de renom, les grottes de Mogao demeurèrent inconnues jusqu'à leur redécouverte au début du 20e siècle. Sur le site se trouvent un petit musée et l'Académie de Recherches de Dunhuang où des travaux sont poursuivis par près de deux cents savants chinois et étrangers.

Les grottes de Mogao sont situées à 25 km au sud-est de Dunhuang. Des bus s'y rendent deux fois par jour (billets en vente sur Dingzi lu, en face du *Dunhuang Guesthouse*): départs à 8 h et 13 h, retours à 11 h et 16 h). Vous pouvez également louer un taxi. Théoriquement, le billet d'entrée au site donne accès à une trentaine de grottes, mais en pratique il est difficile d'en voir plus de dix. La porte de chaque grotte est fermée immédiatement après qu'un groupe l'a visité et il est rare de pouvoir choisir les grottes qu'on désire voir. Toute demande pour voir des grottes particulières devrait être soumise bien à l'avance. Pour éviter d'être déçu, louez les services d'un guide parlant anglais à la CITS.

## SIR AUREL STEIN (1862-1943)

Sir Aurel Stein est considéré par les Chinois comme le plus honni des « diables étrangers » et par les chercheurs occidentaux comme « l'érudit, l'explorateur, l'archéologue et le géographe le plus prodigieux de sa génération ». Il partit pour sa première expédition dans le Turkestan chinois en 1900 et fut récompensé pendant sa carrière par les prix les plus prestigieux de l'époque. Né à Budapest, il étudia le sanscrit et le persan en Allemagne, puis s'engagea dans l'administration britannique en Inde en 1887. En 1900, aiguillonné par les découvertes extraordinaires de Sven Hedin et par la véritable mine d'or que représentait le Turkestan chinois pour les archéologues et les historiens, il organisa son premier voyage vers Hetian. Son but était de retrouver des traces d'influences indiennes dans l'art bouddhique et d'entreprendre « une exploration systématique des sites de la Route de la Soie ». Stein était convaincu que si les chasseurs de trésors de la région parvenaient à dénicher manuscrits et antiquités sans moyens de recherche professionnels, lui-même n'aurait aucune difficulté à faire des découvertes importantes avec ses méthodes investigatrices.

A Danden-uilik, au nord-est de l'actuel Hetian, où Hedin s'était rendu, Stein trouva dans ce qui avait autrefois été la bibliothèque d'un monastère, des textes du canon bouddhique en sancrit, datant pour certains des 5^e^ et 6^e^ siècles. Parmi les ruines, des panneaux de bois peint représentaient des chameaux bactriens à deux bosses dans un style montrant un mélange d'influences chinoise, indienne et perse. Stein inventa le terme « sérindien » pour décrire ce style nouveau. Il continua ensuite vers Niya où il découvrit des tablettes en bois inscrites en kharoshti, une écriture du nord-ouest de l'Inde qui date de l'époque du Christ. Près de là, il trouva d'autres tablettes portant des sceaux en argile avec la représentation d'Athéna ainsi que des statuettes grecques, dont Eros et Heraclès.

La deuxième mission de Stein, en 1907, le mena à Charkhlik, puis de l'autre côté du désert hanté de Lop jusqu'à Loulan. Pour seul guide, il avait la carte de la région nouvellement établie par Hedin. A Loulan, Stein trouva des documents officiels et des fiches militaires dans un vieux dépotoir du 3^e^ siècle. Ces documents en kharoshti démontrent que Loulan avait autrefois été un avant-poste d'un ancien empire indien.

Stein partit ensuite pour Dunhuang où, dans les grottes de Mogao, il devait faire ses découvertes les plus remarquables. Ces grottes sont uniques non seulement par la quantité de trésors qu'elles renferment mais aussi par la qualité artistique de leurs peintures et de leurs sculptures. Elles sont conçues comme des temples et des autels aux dieux bouddhistes où pèlerins et voyageurs venaient prier et demander une protection divine pendant leur voyage. Une inscription datant du 2 août 947 invoque la protection du bodhisattva

Guanyin « pour que le district prospère, que les routes vers l'est et l'ouest soient ouvertes, et que les Tartares au nord et les Tibétains au sud cessent leurs ravages et leurs révoltes ».

Stein s'était fait dire par un marchand d'Urumqi qu'un certain prêtre taoïste appelé Wang Yuanlu, ou l'abbé Wang, avait trouvé par hasard une bibliothèque secrète pendant les restaurations de ce qui est aujourd'hui la grotte n° 17. Petit à petit, en jouant sur le profond respect que portait l'abbé Wang au moine pèlerin Xuan Zang, Stein parvint à persuader Wang de lui montrer quelques manuscrits et lui fit la promesse de dons pour un projet qui lui tenait à cœur, la restauration complète des temples. Stein ne mentionna jamais l'importance historique de ces manuscrits et fit très attention de ne souffler mot de sa découverte, se pliant avec plaisir à la requête de Wang de rester muet à ce sujet. Après avoir lu quelques-uns des documents, Stein comprit que Xuan Zang avait lui-même ramené une partie de cette bibliothèque depuis l'Inde et avait traduit beaucoup des soutras bouddhiques du sanscrit. Wang le conduisit à la bibliothèque même, une salle contenant des milliers de manuscrits empilés pêle-mêle. Wang les retira un par un pendant que Stein et son traducteur tentaient de décider lesquels avaient le plus de valeur. Aujourd'hui, les 7000 manuscrits de Dunhuang ramenés en Angleterre ont été catalogués et sont conservés à la British Library à Londres.

La grotte-bibliothèque de Dunhuang contenait également de très rares bannières de temple et des draperies votives datant de la dynastie Tang qui survécurent aux purges islamiques des 9e et 10e siècles en partie grâce au fait que Dunhuang était, depuis l'an 781, sous contrôle tibétain. En tout, Stein quitta Dunhuang avec 24 caisses de manuscrits et cinq de peintures, acquis pour le prix modique de 130 livres sterling. Sa réputation n'était déjà plus à faire lorsqu'il rentra en Grande-Bretagne et les archéologues du monde entier se pressaient pour partir au Turkestan chinois à la recherche de l'art et de la littérature de cette civilisation bouddhique jusqu'alors inconnue.

La troisième et dernière expédition réussie de Stein en Chine eut lieu en 1914, lorsque tous ses rivaux étaient déjà repartis. Il put constater par lui-même des dégâts occasionnés dans les grottes et les sites par des archéologues trop hâtifs et maladroits. Il retourna à Dunhuang et acheta encore cinq caisses de manuscrits à l'abbé Wang puis continua vers Karakhoto, Bezeklik et Astana. Quelques années plus tard, les autorités chinoises imposèrent des règlements stricts concernant les fouilles sur leur territoire et la dernière expédition de Stein, entreprise en 1930 pour le compte du Harvard Fogg Art Museum dura sept mois et se solda par un échec. Stein mourut à Kaboul en 1943, à l'âge de 82 ans ; il tentait alors d'obtenir la permission d'explorer l'Afghanistan, le chaînon manquant à ses expéditions sur la Route de la Soie.

## ■ LES DUNES DE MINGSHA ET LE LAC DU CROISSANT

Les plus belles images de désert — et les plus facilement accessibles — que le voyageur peut voir le long de la Route de la Soie sont les hautes dunes de sable jaune de Mingsha, qui se trouvent à 3 km seulement au sud de Dunhuang. Du haut des dunes, l'on a une vue imprenable sur le désert environnant et sur l'oasis de Dunhuang. Pour vous y rendre, louez un vélo ou un taxi, ou encore prenez le bus, puis une fois arrivé, escaladez la dune de Mingsha, haute de 250 mètres, qui surplombe le petit et mystérieux lac du Croissant de Lune. L'escalade n'est pas facile et la meilleure façon de s'y prendre, c'est d'y aller pieds nus. Pas de problème pour la descente — laissez-vous glisser.

Marco Polo appelait ces dunes les « sables qui grondent » en raison du son qu'elles produisent lorsque le vent les balaye, semblable au tonnerre ou à un roulement de tambour. Une légende raconte comment, à une époque ancienne, un général chinois et son armée, en route pour les Régions occidentales, établirent leur camp dans les dunes à côté des eaux bleues du lac du Croissant. Le bruit fait dans le camp attira l'ennemi qui attaqua au plus profond de la nuit. Dans l'armée Han, on battit l'appel aux armes sur les tambours de guerre. Soudain, en pleine bataille, un vent violent se mit à souffler, emplissant le ciel de sable et enterrant les deux armées. C'est pourquoi, jusqu'à ce jour, le vent qui court à la surface du sable produit le roulement des tambours de guerre.

« C'est l'habileté de l'homme qui créa les grottes des Mille Bouddhas, mais c'est la main de Dieu qui façonna le lac du Croissant de Lune » dit un proverbe de Dunhuang. Un jujubier solitaire (*Eloeagnus latifolia)* se dresse à côté du lac miniature, à demi encerclé par les roseaux. De l'encens brûle dans les vestiges du temple bouddhique qui se dressait autrefois sur le rivage.

## ■ LE MUSÉE DU DISTRICT DE DUNHUANG (*DUNHUANG BOWUGUAN*)

Ce petit musée se trouve à Dong dajie, à l'est de l'intersection principale. Il expose des ustensiles et des vêtements de l'époque des Han de l'Ouest, des pierres gravées et des fragments de soie ainsi que des parchemins provenant des grottes de Mogao et qui datent des dynasties Wei du Nord et de l'Ouest. Ces documents montrent les connaissances astrologiques, médicales et économiques de cette période.

Pages précédentes:
Les dunes de Mingsha.

## ■ LA PAGODE DU CHEVAL BLANC (*BAI MA TA*)

Au sud-ouest de la ville (environ 40 minutes à pied), parmi les champs de maïs et les remparts en ruines de la ville, se dresse la pagode à neuf étages dédiée au vaillant étalon blanc que monta dans son voyage vers l'est sur la Route de la Soie le moine de Kucha, Kumarajiva. A son arrivée à Dunhuang en 384, le cheval tomba malade. Une nuit, Kumarajiva rêva que le cheval lui parlait: « Maître, je suis en vérité le dragon blanc de la Mer de l'Ouest et parce que vous vous êtes donné la tâche de propager l'enseignement bouddhique, j'ai fait ce voyage avec vous. Maintenant que vous vous êtes déjà engagé dans le col et que la route devant vous ne présente aucun danger, je ne vous accompagnerai pas plus loin. Quittons-nous donc ici. » Kumarajiva, accroché à la queue du cheval, pleura de désespoir. Le cheval lui dit que près de là se trouvaient des chevaux célestes parmi lesquels il pourrait choisir une monture sûre mais Kumarajiva était inconsolable. Soudain il y eut un fort hennissement et le moine s'éveilla de son rêve. A ce moment précis arriva un serviteur qui lui annonça la mort du grand cheval blanc. Le cœur déchiré, Kumarajiva enterra le cheval et construisit l'élégante pagode du Cheval Blanc sur sa tombe.

## ■ LES PORTES DE YUMENGUAN ET DE YANGGUAN

Les vestiges de ces deux importantes portes datant de la dynastie Han se trouvent à environ 68 kilomètres l'un de l'autre, à chaque extrémité de la section de la Grande Muraille à Dunhuang. Jusqu'à la dynastie Tang, lorsque les portes tombèrent en désuétude, toutes les caravanes qui traversaient Dunhuang devaient obligatoirement passer par l'une ou l'autre de ces portes, les passes les plus occidentales de Chine. Yumenguan se situe à environ 80 kilomètres au nord-ouest de Dunhuang. A l'origine, elle était appelée « la Ville carrée », mais parce que les grandes caravanes transportant le jade de Khotan passaient par là, elle prit le nom de Passage de la Porte de Jade. Aux 3$^{e}$ et 4$^{e}$ siècles, les troubles qui agitaient l'Asie centrale interrompirent le commerce par voie de terre et la route maritime, qui passait par l'Inde, prit progressivement de l'importance. Au 6$^{e}$ siècle, le passage fut abandonné, les caravanes préférant la Route du Nord, qui passait par Hami. En 1907, Sir Aurel Stein découvrit des manuscrits sur bambou qui donnaient à l'endroit le nom de Yumenguan et en 1944 des archéologues chinois découvrirent des vestiges qui confirment le fait. Avec ses murs de terre hauts de 10 mètres, percés de quatre portes, ce site carré couvrait une surface de plus de 600 mètres carrés, au milieu d'une étendue désertique. Yangguan se trouve à 75 kilomètres au sud-ouest de Dunhuang mais il n'en reste qu'une haute tour de guet en ruines. Pour visiter l'un ou l'autre de ces sites, prenez un taxi ou louez une voiture à la CITS.

## INFORMATIONS PRATIQUES

Un marché très animé de fruits et légumes se tient tous les jours dans la patrie sud-ouest de Dunhuang. Les magasins d'artisanat et de copies des peintures et des statues de Mogao se trouvent sur Dong dajie.

### Transport

Vols quotidiens de Jiayuguan et Lanzhou et trois fois par semaine d'Urumqi (l'aéroport se trouve à 13 km à l'est de la ville ; bus au départ des bureaux de la CAAC sur Dong dajie). Bus plusieurs fois par jour pour Liuyuan, la gare la plus proche sur la ligne de chemin de fer Lanzhou-Urumqi. Bus pour Hami tous les deux jours ; service irrégulier pour Golmud.

### Hébergement

*Hôtel Dunhuang (Dunhuang binguan)*

1 Dong dajie, tél. 22415, 22538
Hôtel de luxe pour les groupes. Restaurants chinois et occidentaux ; bar.

*Dunhuang guesthouse (Dunhuang fandian)*

Ding Zi jie. Hôtel standard propre et confortable, en face de l'arrêt des bus pour les sites touristiques.

*Hôtel Mingshan (Mingshan binguan)*

Ding Zi jie, tél. 22132. Semblable au *Dunhuang guesthouse.*

*Guesthouse n° 2 (Di er zhaodaisuo)*

Ding Zi jie, tél. 22433. Hôtel budget ; toilettes et douches à l'étage ; restaurant chinois.

### Restaurants

Comme dans la plupart des villes Han, il existe un grand nombre de petits restaurants à Dunhuang, dont plusieurs spécialisés dans la cuisine sichuanaise. Ceux qui ont un menu en anglais sont concentrés autour de la gare routière sur Ding Zi jie et servent souvent également des plats musulmans. Pour échapper à la chaleur de l'après-midi, essayez les cafés qui vendent des boissons froides, des yoghourts et des jus de fruits. Le marché de nuit sur Xi dajie (autour de la place centrale) est l'endroit le plus animé pour manger le soir : on y trouve kebabs de mouton, soupes épicées, soupes de nouilles, pains et viandes froides.

## Agences de voyage

La plupart des hôtels offrent des services comparables à ceux de la CITS et souvent moins chers.

*CITS*

Bureau principal sur Dingzi lu, presque en face de l'hôtel Xiyu, branche à l'hôtel Dunhuang. Billets d'avion, de train et de bus ; guides pour les sites ; voyages en planeur au-dessus du désert ; excursions à dos de chameau, etc.

Pages suivantes :
Le lac du Croissant de Lune, dans les dunes de Mingsha, près de Dunhuang.

# LA RÉGION AUTONOME OUÏGHOURE DU XINJIANG

La province du nord-ouest, le Xinjiang (« Nouvelle Possession »), couvre 1646 793 $km^2$, c'est-à-dire un sixième du territoire de la Chine, ce qui est comparable à la taille de l'Alaska ou à trois fois l'étendue de la France. Elle a des frontières communes avec le Tibet, le Qinghai, le Gansu, la Mongolie, le Kazakhstan, la Kirghizie, l'Uzbékistan, le Tadjikistan, l'Afghanistan, le Pakistan et l'Inde.

Merveilleuse terre de contrastes, le Xinjiang comprend le point le plus bas de Chine — la dépression de Turfan — de même que certaines des cimes les plus élevées, dans les monts Tianshan. Les paysages magnifiques de cette province sont très variés ; aux pâturages de montagne et aux forêts de pins se succèdent des déserts de dunes dessinées par le vent, des cimes déchiquetées recouvertes de glaces, des lacs à l'eau douce et pure et des lacs d'eau salée. La province est divisée en deux régions géographiquement distinctes, séparées par les Monts Célestes (Tian Shan). Au nord s'étend le bassin de Junggar, au climat semi-aride, dont les prairies et les marécages sont drainés par les rivières Manas et Ulungur qui se jettent dans les lacs du même nom. Ici, le mode de vie dominant est celui des bergers nomades. Au sud s'étend le bassin du Tarim dont les oasis agricoles prospères entourent le terrible désert du Taklamakan, qui signifie en ouïghour « entre et ne reviens jamais ». Le Taklamakan avale toutes les rivières à l'exception du Hetian-Karakash, long de 1262 km, et du Tarim.

Divisé à une époque ancienne en quelque trente-six royaumes distincts, le Xinjiang devint une région d'une grande importance stratégique après l'ouverture de la Route de la Soie. Dès lors, la Chine tenta d'y assurer sa souveraineté autant que possible, d'abord sous les Han au 1er siècle ap. J.-C. puis brièvement sous les Tang. Le retour de la domination chinoise sur le Xinjiang pendant la dynastie Qing et la répression qui l'accompagna conduisirent aux rébellions musulmanes de 1862-1873, conduites par Yakub Beg. Ces révoltes, qui s'étendirent à travers tout le nord-ouest, furent brutalement réprimées par les Chinois et le Xinjiang devint une province Qing en 1884. Après la chute de la dynastie en 1911, la région fut laissée à elle-même et une série de seigneurs de la guerre y établirent leur contrôle jusqu'en 1949.

En 1945, une tentative pour établir un Etat indépendant conduisit à la fondation de l'éphémère République du Turkestan oriental. Après la « libération », beaucoup de musulmans accueillirent avec joie le changement de gouvernement et la région fut déclarée Région autonome ouïghoure du Xinjiang en 1955.

D'une population de 13 millions d'habitants, le Xinjiang rassemble treize nationalités — Ouïghours, Kazakh, Han, Hui, Xibo, Mongols, Kirghiz, Ouzbeks, Mandchous, Russes, Tartares, Dahour et Tajiks. Il est divisé en cinq préfectures autonomes, six districts autonomes, soixante-quatorze comtés, sept préfectures et huit municipalités.

Une grande partie des ressources minières de la Chine se trouve dans cette région qui possède du pétrole, du fer, du charbon, de l'or, de l'argent, de l'antimoine, du cuivre et du jade. Des forages pétroliers en coopération avec des sociétés américaines, françaises et japonaises sont en cours en plein désert du Taklamakan et dans le bassin de Junggar. La bordure sud du Taklamakan est une zone d'essai d'armes nucléaires et plusieurs centrales nucléaires y ont été établies avec l'aide de la France et des Etats-Unis. Les produits agricoles comprennent fruits, légumes, blé, riz, sorgho, maïs, coton, tabac, plantes oléagineuses et betteraves à sucre. Sur les versants des Monts Altaï poussent l'épicea, le cyprès et le pin.

Le développement du réseau routier du Xinjiang continue. Le chemin de fer de Nanjiang est aujourd'hui relié à Korla, à 476 km vers le sud; au nord, se trouve la ligne Urumqi-Moscou qui passe près de la mer d'Aral. Les 22 000 kilomètres de routes de la région nécessitent des réparations constantes à cause des crues soudaines, de la chaleur intense et des tempêtes de poussière.

Le Xinjiang a été soumis à diverses influences culturelles venant de l'Inde, de la Perse, de la Grèce et de la Chine et son climat aride a permis la conservation de ses trésors archéologiques, enfouis sous le sable. Le Bureau des vestiges culturels et l'Institut archéologique de la région ont entrepris des fouilles depuis plusieurs décennies dans le désert du Taklamakan, le bassin de Turfan, la vallée du Yili et le district d'Altaï; des outils microlithiques, des gravures rupestres de nomades, des tombes et des objets funéraires ainsi que des villes entières ont été mis à jour.

## D'ANXI À HAMI

Autrefois, le voyage à dos de chameau ou en char le long de la première section de la Route Nord de la Soie, d'Anxi à Hami — la première cité importante du Xinjiang — prenait en général de dix à douze jours. La monotonie du désert n'est brisée que par de rares variations du sol; à chaque arrêt, l'eau était tour à tour boueuse, saumâtre ou sulfureuse. Même l'infatigable Xuan Zang, qui, traversant cette partie du désert, s'y perdit

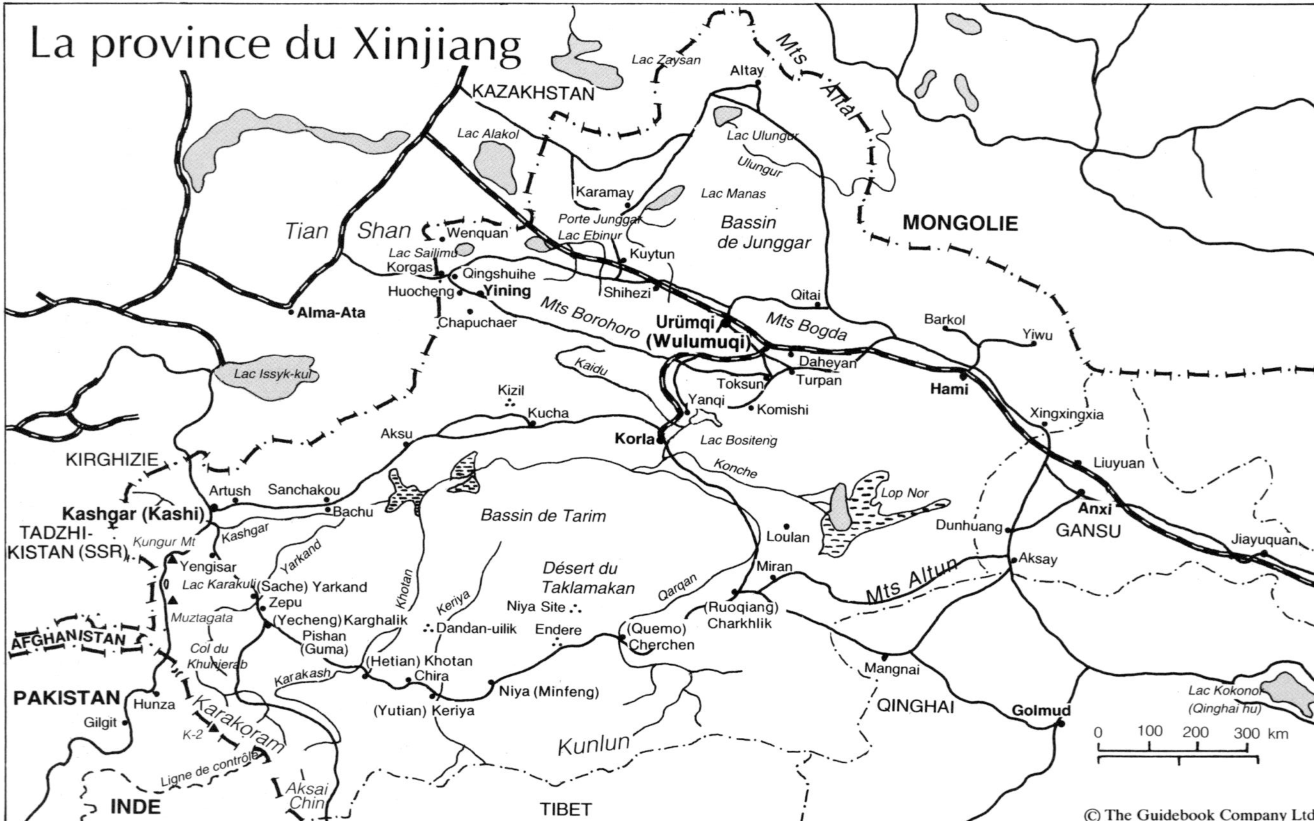
La province du Xinjiang
KAZAKHSTAN
Lac Zaysan
Altay
Mts Altai
Lac Alakol
Lac Ulungur
Ulungur
Karamay
Lac Manas
MONGOLIE
Bassin de Junggar
Porte Junggar
Lac Ebinur
Tian Shan
Wenquan
Lac Sailimu
Kuytun
Korgas
Qingshuihe
Huocheng
Yining
Shihezi
Qitai
Alma-Ata
Chapuchaer
Mts Borohoro
Urümqi (Wulumuqi)
Mts Bogda
Barkol
Yiwu
Daheyan
Turpan
Toksun
Hami
Lac Issyk-kul
Kaidu
Kizil
Yanqi
Komishi
Kucha
Xingxingxia
Aksu
Korla
Lac Bositeng
Konche
Liuyuan
KIRGHIZIE
Artush
Sanchakou
Lop Nor
Bachu
Bassin de Tarim
Anxi
GANSU
Kashgar (Kashi)
Kashgar
Dunhuang
TADZHI-KISTAN (SSR)
Kungur Mt
Yengisar
Yarkand
Loulan
Jiayuquan
Miran
Aksay
Désert du Taklamakan
Lac Karakuli
(Sache) Yarkand
Zepu
Khotan
Keriya
Qarqan
Mts Altun
Niya Site
(Ruoqiang) Charkhlik
Muztagata
(Yecheng) Karghalik
Dandan-uilik
Endere
AFGHANISTAN
Pishan (Guma)
(Quemo) Cherchen
Col du Khunjerab
Karakash
(Hetian) Khotan
Chira
Mangnai
PAKISTAN
Hunza
Niya (Minfeng)
Karakoram
(Yutian) Keriya
QINGHAI
Golmud
Lac Kokonor (Qinghai hu)
Gilgit
K-2
Kunlun
0 100 200 300 km
Ligne de contrôle
Aksai Chin
INDE
TIBET
© The Guidebook Company Ltd

sans eau, retourna brièvement sur ses pas avant de rassembler ses forces pour poursuivre, à moitié mort, sa route vers Hami.

Pendant les premières décennies de ce siècle, le Xinjiang fut très difficile d'accès ; on avait besoin de passeports, d'autorisations et souvent de l'approbation personnelle du gouverneur qui se trouvait à Urumqi, à des centaines de kilomètres de là. Les caravanes et les voyageurs devaient s'arrêter près d'un ravin caillouteux particulièrement inhospitalier, appelé Xingxingxia, où les soldats qui gardaient la frontière procédaient à un contrôle sévère de tous les arrivants. Les attentes étaient longues et fatigantes et la région était infestée de brigands assassins.

## HAMI

La ville de Hami est la capitale de la préfecture du même nom qui comprend le district autonome kazakh de Barkol (Balikun) et le district de Yiwu. La population de la ville (plus de 300 000 habitants) comprend de nombreuses minorités dont les Ouïghours, les Kazakh, les Hui et les Mongols, mais la majorité sont des Chinois Han.

En 1986, des archéologues mirent à jour plus de quatre-vingts tombes contenant cinquante corps bien préservés : les morts portaient encore leurs chapeaux de fourrure, leurs bottes de cuir et des vêtements de laine de couleurs. On estime qu'ils datent de plus de 3000 ans.

La première référence à Hami (appelé Yiwu, Yizhou ou Kumul selon les sources) se trouve probablement dans un livre fait de bandes de bambou reliées par de la soie blanche qui fut trouvé dans une tombe datant du 2<sup>e</sup> siècle av. J.-C. dans la province du Henan. Ce mémoire, découvert au 3<sup>e</sup> siècle, raconte les voyages quasi mythiques de l'empereur Mu, le 5<sup>e</sup> empereur de la dynastie Zhou (1027-256 av. J.-C.) qui, retournant de sa visite à la Reine Mère de l'Ouest, s'arrêta pendant trois jours à Hami où il reçut de ses habitants un cadeau de 300 chevaux et de 2000 moutons et têtes de bétail.

Hami était considéré par les Chinois comme la clef du nord-ouest mais ils ne réussirent pas toujours à protéger la ville des incursions nomades. En 73 av. J.-C., le général Han, Ban Chao, arracha la région à une armée de Xiongnu et y établit une colonie militaire et agricole. Au 6<sup>e</sup> et au début du 7<sup>e</sup> siècle, Hami fit partie tour à tour des empires des Turcs de l'Est et des Turcs de l'Ouest, qui à leur apogée s'étendaient de la Mandchourie à l'est jusqu'à la mer d'Aral. Mais, grâce à l'appui militaire et à la fermeté de l'empereur Tang Taizong, Hami et beaucoup d'autres oasis d'Asie centrale se mirent sous la protection d'un protectorat général militaire vers 640. Le

## LA CUISINE OUÏGHOURE

La cuisine ouïghoure est moins variée et moins complexe que celles du Sichuan, du Yunnan ou d'autres régions de la Chine, mais elle fait néanmoins bon usage des viandes et des légumes — parfois limités — qui sont à sa disposition. Le *laghman* — de la viande de mouton poêlée aux aubergines, aux haricots verts, aux tomates et aux poivrons et servie sur des nouilles épaisses — est un plat que l'on retrouve partout. Le riz est rarement mangé en dehors des fêtes ou le dimanche au bazar lorsque les petits restaurants préparent le *polou*, un pilaf de riz frit au mouton et aux oignons. Malgré la chaleur à ce moment de la journée, le plat préféré à midi est le *chushira*, une solide soupe de *wonton* aux poivrons rouges et aux herbes. Aux marchés de nuit et au bazar vous trouverez toujours des vendeurs de kebabs de mouton, de foie ou de lard, ainsi que des fours en terre cuite pour les *nan*, ces pains plats qui peuvent être salés ou sucrés, et sont parfois fourrés à la viande. Autre produit de ces fours, les *samsa*, ces petits carrés de pâte fourrés de lard de mouton et d'oignons, que l'on mange de préférence le matin avec une tasse de thé. Vous ne pourrez pas manquer de voir les chaudrons à *apke*, une soupe d'intestins de chèvre fourrés de viande, d'œufs et de farine, sur laquelle flotte une tête de chèvre.

La boisson préférée des Ouïghours est le *chai*, un thé noir et fort, vendu en briques. En été, il existe plusieurs boissons rafraîchissantes, dont le *bingshui*, ou « eau glacée », faite de jus hydraté de pêches ou d'abricots (le meilleur est à Turfan), et le *durap*, un mélange de glace pilée, de yoghourt frais et de miel. La glace à la vanille, ou *maroji*, est beaucoup vendue à Kashgar et le long de la Route de la Soie du Sud.

Les Ouïghours parlent une langue turque altaïque influencée par divers dialectes d'Asie centrale ; très peu d'entre eux comprennent le mandarin. Voici quelques termes ouïghours :

*es salaam aleikum* la paix soit avec vous
*wa aleikum es salaam* et avec vous
*yakshee musiss ?* comment allez-vous ?
*yakshee* bien
*yakshee emess* pas bien
*harashor* très bien
*haah* oui
*emess* non
*rachmet* merci
*kosh* au revoir
*kanj pul ?* combien est-ce que cela coûte ?
*kanj kilomitir ?* combien de kilomètres ?
*kechurung* excusez-moi
*sen neden kelding ?* d'où venez-vous ?

*mohorka* cigarettes du Xinjiang
*ash* nourriture

*bir* un
*shkia* deux
*yuetch* trois
*tut* quatre
*beich* cinq
*oute* six
*yete* sept
*sekiz* huit
*tukus* neuf
*oun* dix

Repas familial ouïghour

moine bouddhiste Xuan Zang passa plusieurs semaines à Hami pour se reposer de sa traversée du désert qui avait failli lui être fatale.

Au 13e siècle, Marco Polo, en route pour la cour de Kublai Khan, traversa la « province du Kamul » ; il se réjouit d'une coutume locale particulièrement hospitalière : « Je vous donne ma parole » écrit-il « que si un étranger s'adresse à une maison d'ici, cherchant l'hospitalité, il recevra un accueil très chaleureux. L'hôte demande à son épouse de faire tout ce que l'invité désire. Il quitte alors sa maison pendant deux ou trois jours, vaquant à ses affaires. Pendant ce temps là, l'invité reste avec sa femme dans la maison et fait ce qu'il lui plaît d'elle, couchant avec elle dans un seul lit comme si elle était sa propre femme et ils mènent ainsi tous les deux une vie joyeuse. Les femmes sont belles et vives et toujours prêtes à rendre service. » Ce comportement adultère fut désapprouvé par l'un des Khans mongols qui en interdit la pratique. Pendant trois années, le peuple de Hami obéit ; puis les mains chargées de cadeaux, il supplia le Khan de lui permettre de revenir à son ancienne tradition « car leurs ancêtres avaient déclaré que par le plaisir qu'ils donnent à leurs invités, grâce à leurs femmes et à leurs biens, ils obtiennent les faveurs de leurs idoles et augmentent le rendement de leurs récoltes et de leurs cultures. » Le Khan, perplexe, répondit sévèrement : « Puisque vous désirez votre propre honte, soit. »

Pendant la dynastie Ming (1368-1644) Hami payait tribut à l'empereur de Chine et fut envahie de temps à autre par son puissant voisin, l'oasis de Turfan. En 1681, Hami fut annexée par les Mongols Oirat qui avaient chassé les dirigeants Chagatai de leur empire de Kashgar en pleine expansion.

De 1697 à 1930, une succession de rois ouïghours eurent un pouvoir nominal sur Hami ; ils payaient d'abord tribut à la dynastie Qing, puis se mêlèrent aux diverses révoltes musulmanes qui déchiraient le Xinjiang. En 1880, le brillant général chinois Zuo Zongtang y installa ses quartiers généraux après avoir vaincu le chef rebelle de Kashgar, Yakub Beg : il s'attendait à une confrontation militaire avec les Russes qui avaient occupé la région de la vallée de Yili à l'ouest. Il contribua à la reconstruction de Hami détruite lors d'une révolte musulmane.

En 1887, l'explorateur britannique, Sir Francis Younghusband, soldat et mystique à la fois, nota que les environs de Hami étaient parsemés de ruines et que la ville ne comptait que 6000 habitants. Younghusband et le colonel M. Bell voyageant par voie de terre de Pékin par des routes séparées, avaient l'intention de se rejoindre à Hami pour continuer leur voyage ensemble vers l'Inde. Younghusband prit du retard et il décrivrit sa rencontre avec Bell des mois plus tard à la fin de son voyage : « Le colonel

Bell déclara qu'il m'avait attendu une journée entière à Hami — située au milieu de l'Asie centrale à près de 2000 milles de notre point de départ — et étonné de ne pas me trouver à la date convenue, continua son voyage vers l'Inde. »

Sven Hedin aussi bien qu'Albert von Le Coq rencontrèrent le dernier roi de Hami avant sa mort en 1930. Un banquet fut offert à von Le Coq où l'on but de grandes quantités de liqueurs russes et de champagnes français que le roi, bien que musulman, n'avait aucun scrupule à boire. Les chambres du palais étaient ornées de jades, de porcelaines, de beaux tapis et de broderies de soie, et bizarrement d'une pendule à coucou. Hedin décrivit le roi comme « un petit homme de 70 ans, ventru et rougeaud, qui avait un regard amical, un nez aquilin et la barbe blanche comme neige ». Au nord-est de la ville, le roi possédait un palais d'été — un amalgame d'architectures chinoise et persane — avec un magnifique jardin qui englobait les ruines d'un ancien temple bouddhique.

A la mort du roi, le statut d'« Etat princier » fut remplacé par une administration chinoise caractérisée par des fonctionnaires Han arrogants et par des « réformes fiscales » autoritaires ; cela déclencha une rébellion qui s'étendit dans tout le Xinjiang sous le commandement du jeune musulman Ma Zhongying. Hami était composée à cette époque de trois villes fortifiées — la vieille et la nouvelle ville et la ville originelle ouïghoure — mais un voyageur qui y passa peu de temps après la rébellion écrivit : « Tout est en ruine et la plus grande partie de la ville originelle a été réduite en tas de gravats. »

Aujourd'hui, Hami — porte de l'est vers le Xinjiang — est une riche oasis agricole, irriguée par plus de cent canalisations d'eau souterraines ou *karez* qui amènent l'eau froide de la fonte des neiges des Monts Célestes. Pendant l'été, Hami produit ses fameux melons ainsi que du houblon et une grande variété de fruits, de céréales et de légumes.

Plus de trente sortes de melons de Hami (*Hami gua* en chinois) poussent ici, sans compter les pastèques. (Les meilleurs viendraient du district voisin de Shanshan.) Ces melons délicieux, croquants et parfumés, étaient envoyés par les rois de Hami en tribut à la cour de l'empereur Qing, Qianlong, qui appréciait beaucoup leur goût et leur consistance. Les champs qui entourent la ville sont destinés à la culture de ces melons dont on produit 40 000 tonnes par an. Ils viennent à maturité dès la fin juin, date à laquelle ils apparaissent sur le marché, mais ils sont bien meilleurs en septembre.

Les ressources naturelles du district sont le charbon, le fer, l'or, le sel gemme, le titane et le tungstène. Son industrie produit des tapis, du ciment, des vêtements, du plastique, de la bière et des fruits en conserve.

Comme Turfan, Hami se trouve dans une dépression, environ 200 m en dessous du niveau de la mer, et les températures y sont extrêmes, pouvant aller de 43°C en été jusqu'à –32°C en hiver.

## VISITE

### ■ LES TOMBEAUX DES ROIS DE HAMI

A 2 km au sud de la ville, dans les banlieues aux murs de terre, se trouve le plus important monument ancien de Hami. Seuls deux ou trois des neuf rois semblent y avoir été enterrés avec leur famille. Les tombeaux auraient été construits par le 7e roi (avec une contribution de 20 000 taels d'argent venant du gouvernement Qing) et furent terminés vers 1840, leur construction ayant duré plus de 20 ans. Néanmoins, ces tombes royales dateraient peut-être du début du 18e siècle : une plaque de pierre de 1706 dressée dans le palais (qui n'existe plus) mentionne que des charpentiers avaient été invités de Pékin pour construire quelques grands édifices afin d'embellir la ville.

L'ensemble de tombes, mal entretenu, consiste en deux mausolées en briques de terre dont les dômes islamiques surplombent les multiples avant-toits de bois dans le style chinois. L'intérieur de l'un d'eux est décoré d'un motif floral bleu et blanc. Le troisième mausolée, de forme carrée avec un toit conique, est d'un style entièrement islamique. Ses hauts murs et sa façade sont décorés par des carreaux blancs, bleus et turquoises. Une grande mosquée aux murs recouverts d'inscriptions religieuses et de dessins multicolores complète l'ensemble.

Près de là se dresse une section d'une centaine de mètres des vieux remparts de la ville qui protégeaient autrefois le palais. Plus à l'ouest, on trouve un vieux peuplier appelé l'Arbre des Neuf Dragons et une minuscule mosquée utilisée par les villageois.

### ■ LE TOMBEAU DE GAI SI

Ce mausolée se trouve sur la même route, plus près de la ville. Il s'agit d'un simple édifice en briques de terre flanqué d'une véranda de bois et surmonté d'un dôme aux tuiles vertes. Ce *mazar*, ou tombe sainte, est dédié à la mémoire de Gai Si, un de trois missionnaires musulmans qui seraient venus du Moyen-Orient au 7e siècle. Gai Si mourut à Xingxingxia et les rois de Hami y érigèrent plus tard un simple mémorial. En 1945, des musulmans de Hami réunirent des fonds pour construire ce *mazar* et ses restes qui avaient été dispersés pendant l'occupation militaire de Xingxingxia en 1939 furent réunis ici. Une très grande foule participa à la cérémonie de remise en terre ; la barbe du saint homme serait encore miraculeusement intacte.

### ■ LE MUSÉE DU BUREAU CULTUREL DE HAMI

Situé sur Jianguo Lu, ce petit musée abrite les corps et les autres objets trouvés dans des tombes vieilles de 3000 ans découvertes à Wupu, à 20 km au sud-ouest de Hami. Des fouilles eurent lieu d'abord en 1978, puis à nouveau en 1986. Cinquante corps furent exhumés et on trouva de grandes quantitiés de tissus de laine à rayures de couleurs éclatantes, un long manteau en excellent état, de la poterie et des ustensiles en bois. L'examen des corps a été confié aux musées d'Urumqi, de Shanghai et de Pékin.

On remarquera une pierre tombale représentant « un homme de pierre » datant du 5$^{e}$ ou 6$^{e}$ siècle. Quelques-unes de ces pierres (certaines mesurent plusieurs mètres de haut) se trouvent çà et là dans les prairies du nord du Xinjiang. Elles marquent l'emplacement de tombes de la période des Turcs de l'Est et de l'Ouest et sont sculptées d'une façon primitive mais puissante. Il y a aussi quelques exemples de gravures rupestres néolithiques qui viennent du nord de la région et qui représentent des chameaux, des chèvres sauvages et des scènes de chasse et de guerre. Elles sont similaires aux dessins gravés sur des falaises dans le nord des Monts Altaï et dans le Hunza, au Pakistan.

### ■ LAFUQUEKE

Lafuqueke, à 60 km au sud-ouest de Hami, est l'une des nombreuses cités en ruines du district et aurait été un chef-lieu de district pendant la dynastie Tang (618-907). Ces ruines, qui s'étendent sur 600 mètres environ en longueur et de moitié en largeur, comprennent les vestiges d'un temple bouddhique (avec des traces de fresques), une pagode, des baraquements et des tours de guet. Le site n'a pas été fouillé et se trouve partiellement recouvert par des champs cultivés et un cimetière.

## INFORMATIONS PRATIQUES

La ville de Hami est étendue et ne présente que peu d'intérêt. La plupart des visiteurs n'y passent qu'une nuit, en route pour Dunhuang ou Turfan.

### Transport

Bus quotidiens pour Turfan et Urumqi, tous les deux jours pour Dunhuang. Plusieurs trains par jour sur la ligne Lanzhou-Urumqi.

### Hébergement

Adressez-vous au **Dongying zhaodaisuo** (tél. 33296) en face de la gare routière (toilettes et douches à l'étage) ou au **Hami District Guesthouse** (tél. 33140) sur Jianguo nan lu, à quinze minutes à pied de là. Ce grand complexe dans un parc ombragé comprend des restaurants chinois et musulmans, une agence de voyage et un service de location de vélos.

### Restaurants

Le marché de nuit de Nong Mao se trouve derrière la gare routière, près de Binghe lu : des étals de nourriture chinoise et musulmane proposent kebabs, *nan* (pains), nouilles froides ou frites avec viande de mouton et légumes, bière de Hami et fruits frais.

## LA PRÉFECTURE AUTONOME KAZAKH DE YILI

La préfecture autonome kazakh de Yili longe la frontière du Kazakhstan. Sa capitale, Yining, est plus proche de la ville d'Alma-Ata que d'Urumqi et se trouve à 60 km seulement de la frontière kazakh. La préfecture tient son nom de la rivière Yili qui prend sa source dans les Monts Célestes (Tian Shan) et coule vers le Kazakhstan. Au 2$^{e}$ siècle av. J.-C., des clans de la tribu Yuechi chassés vers l'ouest par les Xiongnu tentèrent de s'y installer mais ils furent repoussés vers le sud-ouest par les tribus nomades Wusun, qui parlaient un dialecte turc et qui, selon les historiens chinois, auraient eu les yeux bleus et la barbe rousse. Ceux-ci s'installèrent dans la vallée du Yili et fondèrent un Etat wusun. Lors de sa seconde mission dans les Régions occidentales en 119 av. J.-C., Zhang Qian établit des relations diplomatiques entre les Wusun et la cour des Han qui conduisirent finalement à l'introduction du cheval « céleste » en Chine. Les descendants actuels des Wusun, les Kazakh, sont à peu près 365 000 ; ils sont beaucoup moins nombreux que les Chinois Han et les Ouïghours dont la population totale est de plus de 1,6 million.

Les riches pâturages du Yili furent traversés par presque toutes les grandes puissances d'Asie centrale, des Xiongnu aux Chinois. En 744, une armée de la dynastie Tang vainquit le khan des Turcs de l'Ouest, raffermissant ainsi le contrôle chinois sur la nouvelle Route nord de la Soie qui contournait la mer Caspienne. En 1218, Genghis Khan annexa Yili ; à sa mort en 1227, ses quatre fils héritèrent de l'immense Empire mongol. Chagatai, le second fils, hérita du Turkestan, du Xinjiang, et d'une grande partie du Khorassan ; il aurait fixé sa capitale à Almalik, près de Yining. Les Mongols purent établir d'extraordinaires voies de communication terrestres entre l'Orient et l'Occident et bientôt un certain nombre d'émissaires du Pape, venant de Rome, traversèrent la région, convertissant les habitants en chemin. En 1340, Richard de Bourgogne et cinq autres moines

## L'ISLAM

L'islam fut introduit en Chine par des commerçants et des missionnaires arabes venus par la Route de la Soie pendant la dynastie Tang. Par la suite, d'autres marchands arabes arrivèrent par voie de mer dans les ports du sud de la Chine, à Canton et à Xiamen (Amoy), où ils construisirent des mosquées et firent de nombreux convertis. Au Xinjiang, l'islam a influencé presque tous les aspects de la société. L'appel du *muezzin* à la prière du matin lancé depuis les minarets des mosquées, les calottes portées par les hommes, les copies du Coran et d'autre matériel religieux en vente devant les mosquées, les voiles portés par les femmes au bazar, sont autant de rappels de la dévotion des fidèles à leur croyance.

A la source de toutes les prescriptions religieuses et juridiques qui régissent la société islamique se trouvent le livre saint de l'islam, le Coran, divisé en une centaine de versets ou sourates, ainsi que les diverses traditions, ou *hadith*, sortes de lois orales qui remonteraient soit au Prophète lui-même soit à ses Compagnons. Le Coran est considéré comme la parole de Dieu telle qu'elle fut révélée à Mahommed (570-632 après J.-C.), le dernier d'une longue lignée de prophètes chargés de transmettre la volonté de Dieu aux hommes. A partir de ces bases, un système complexe de jurisprudence et de droit canon a été élaboré au cours des siècles, système qui varie quelque peu selon les interprétations des diverses écoles islamiques.

La grande scission au sein de l'islam remonte au lendemain de la mort de Mohammed lorsque la direction de la communauté revint à des califes dont les quatre premiers furent élus à cette fonction. Mais l'assassinat du troisième calife, Osman, et l'élection de son successeur 'Ali, pourtant gendre et cousin du Prophète, provoquèrent une crise politique qui aboutit à une rébellion et au remplacement de 'Ali par Mo'awiya. Ainsi s'établit la division entre sunnites et shi'ites, les premiers respectant la lignée des califes établie avec Mo'awiya, et les seconds la considérant comme usurpatrice et cherchant à restaurer la lignée de 'Ali. Aujourd'hui, la majorité des musulmans, dont les Ouïghours d'Asie centrale, se considèrent sunnites. Le shi'isme regroupe un peu plus de 10 % de la communauté musulmane, principalement en Iran, en Iraq, au Liban, en Afghanistan et au Pakistan.

Certaines obligations religieuses sont communes aux sunnites et aux shi'ites : la prière, le jeûne du Ramadan, l'aumône aux pauvres, le pèlerinage à La Mecque et le djihad, ou guerre sainte. A ceci s'ajoutent quelques croyances fondamentales, notamment dans le *tawhid* ou l'unicité de Dieu (« il n'y a de dieu que Dieu »), dans la *nodowwah* ou croyance en la mission des prophètes successifs, et dans le *ma'ad*, le jour du Jugement dernier.

furent assassinés par des musulmans à Almalik, où une église catholique avait été érigée et où une communauté nestorienne s'était également établie. Pendant la seconde moitié du 13e siècle, Kublai Khan, l'empereur mongol de Chine, y plaça des troupes en garnison sous le commandement de son fils. Plus tard, son petit-fils, le puissant Tamerlan (1336-1405) prit le contrôle de la région.

Pendant le 16e siècle, des hordes de Kirghiz et de Kazakh faisaient de fréquentes incursions dans la vallée du Yili jusqu'à ce que les Mongols Oirat les eussent chassés. L'empereur Qing Qianlong vainquit les Oirat lors d'une campagne dans le bassin de Junggar en 1758, massacrant des dizaines de milliers de Mongols. Le quartier général du commandant de Yili fut établi à Huiyuan et une colonie militaire fondée à Yining. Un grand nombre de condamnés et des exilés chinois, ouïghours et mandchous y furent installés pour défricher de nouvelles terres, une politique que les gouvernements chinois suivants devaient imiter. La communauté nomade augmenta aussi avec l'arrivée de 70 000 Torgut, Mongols bouddhistes fuyant la Russie tzariste.

Lorsque la rébellion de Yakub Beg atteignit Yili en 1871, les Russes occupèrent la région pendant une décennie jusqu'à ce que le traité de St. Petersbourg fût signé qui donnait aux Russes des droits commerciaux, de douane et consulaires au Xinjiang (ainsi qu'une indemnité de 9 millions de roubles) en échange de la plus grande partie du territoire qu'ils avaient pris.

En 1944, un mouvement d'indépendance kazakh et ouïghour réussit à établir la république du Turkestan oriental qui bientôt passa sous contrôle soviétique et, en 1949, Yili devint virtuellement un territoire russe. Le gouvernement chinois communiste rétablit son contrôle sur la région en y envoyant un grand nombre de soldats chinois démobilisés en tant qu'ouvriers pour la production et la construction et, en 1958, y établit des communes populaires pastorales. Au début des années 1960, et pendant la dispute sino-soviétique, beaucoup de mécontentement se fit jour parmi les Kazakh et les Ouïghours, ce qui déclencha l'exode massif de plus de 60 000 personnes vers l'Union Soviétique avant la fermeture des frontières. Les échanges commerciaux entre les deux pays ne reprirent qu'en 1984 à Korgas.

## YINING (KULJA)

Yining, appelée Kulja par les Ouïghours, a une ambiance de ville frontière et ses habitants témoignent d'un mélange de populations russe, chinoise, kazakh, mongole, kirghiz, tajik, ouzbek, tartare et autres. La ville est relativement étendue mais le centre est dominé par le parc de la Jeunesse (Qingnian

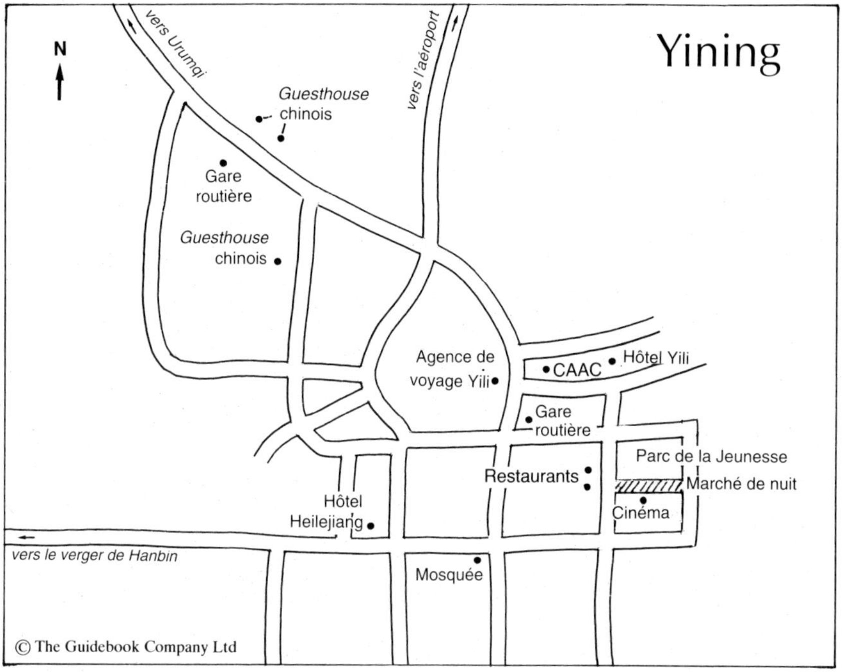


gongyuan). C'est ici que viennent les familles kazakh et ouïghoures en pique-nique, pour jouer aux échecs, ou pour fumer le *mohorkha* et le *nishee*.

Beaucoup des édifices sont de style russe, bâtiments officiels aux colonnes et moulures monumentales, habituellement peints en bleu et en blanc et couronnés d'étoiles rouges comme le vieil hôtel Yili, sur la place de la Poste. Les résidences familiales à un seul étage ont des cadres de fenêtres en bois sculpté, qu'on appelle *nalichniki* en russe. Beaucoup de maisons ont leurs propres plates-bandes et même des vergers dans les cours.

Les magasins veillent à satisfaire les besoins élémentaires d'un peuple agricole et pastoral. A la poste, les écrivains publics aident à remplir les formulaires de douane et à adresser les enveloppes en diverses langues à de nombreuses destinations en Asie centrale et au Moyen-Orient. Russes, Kazakh, Ouïghours et autres minorités turques envoient lettres et paquets emballés dans de la toile — des fleurs et des foulards de soie chinoise, des sucreries et des chaussures — à leurs parents en Asie centrale, en Turquie ou en Australie. Depuis 1984, un nombre croissant de citoyens des républiques voisines visitent Yining soit comme touristes, soit pour y voir leur famille.

Parmi les nombreuses minorités vivant dans la ville se trouvent quelques centaines de Russes ou Eluosi, descendants de Russes qui sont venus s'y installer au 18e siècle. Ils ont leur propre église orthodoxe, leur cimetière et une école primaire ouverte en 1985. Une partie de la rivière Yili est exclusivement réservée aux pêcheurs eluosi.

Il y a plus de cent mosquées à Yining, fréquentées pour la plupart par les Hui et les Ouïghours. La plus grande est la **mosquée ouïghoure**, sur Jiefang nan lu, qui fut bâtie pendant le règne de l'empereur Qianlong (1736-1796). Une porte à trois avant-toits mène à la cour et à la salle de prières, de forme très simple et peinte en bleu; elle est entourée par une véranda de bois aux poutres rouges et aux avant-toits relevés dans le style chinois. La **mosquée du Shaanxi** sur Shengli jie, allée n°1, est un édifice bien plus beau. Sa porte décorée dans le style chinois est semblable à celle de la grande mosquée de Xi'an. Ses salles de prières datent du 18e siècle.

Le nom de Yining vient du mot ouïghour *kulja* qui signifie « temple au toit doré », en référence à un temple situé à 3,6 km au nord-est de la ville, une célèbre lamaserie construite à la fin de la dynastie Ming. Le temple fut détruit par Amursana, de la tribu des Junggar, et un petit fort bâti à sa place en 1762 par l'empereur Qianlong. Il n'en reste rien aujourd'hui sinon une terrasse en terre et, au nord, des statues tibétaines et des tuiles aux dessins animaliers.

La préfecture de Yili est le principal producteur de fruits du nord du Xinjiang et dans ses champs fertiles poussent pommes, poires, pêches, abricots, cerises et noix. Plusieurs communes dans la banlieue de Yining permettent aux visiteurs de cueillir leurs propres fruits. Le **verger de Hanbin**, à 2 km à l'ouest de la ville sur Xinhua lu, est une commune très paisible; entre les rangées d'arbres fruitiers sont les lots privés où poussent maïs, courges et chanvre sauvage.

Dans la vallée du Yili, les Kazakh fabriquent un fromage de chèvre appelé *kurut*, en forme de petits pavés durs et au goût prononcé, semblable au féta grec. Les Kazakh boivent du *kumiss*, un vin fort fait à partir de lait de génisse fermenté. Les vieilles femmes russes de Yining font une excellente bière de miel et de blé appelé *piwa* en chinois, facilement reconnaissable à son bouchon en caoutchouc.

Pages précédentes :
Chameaux emmenés par un Kazakh,
près du lac Sayram, dans la région de Yining.

## INFORMATIONS PRATIQUES

Yining a été ouvert aux touristes étrangers depuis quelques années seulement mais c'est une ville accueillante qui vaut la peine d'être visitée.

### Transport

Vols trois fois par semaine pour Urumqi (bureau de la CAAC sur Jiefang lu). Bus quotidiens pour Urumqi et Kucha (correspondances vers Aksu, Kashgar et Hetian) de la gare routière sur Jiefang lu. La route vers Kucha est spectaculaire et passe par la vallée et les contreforts boisés des Tianshan.

### Hébergement

Il existe plusieurs *guesthouses* en face de la gare routière principale avec des chambres simples (sans douche, toilettes à l'étage).

*Hôtel des Chinois d'outremer (Huaqiao binguan)*

Stalin jie, allée n° 7, tél. 24631. L'hôtel le plus récent de Yining, près de la gare routière ; restaurant chinois, voitures de location.

*Hôtel Yili (Yili binguan)*

Jiefang lu, tél. 22794. Le meilleur endroit de la ville, chambres propres et confortables, grands jardins et fontaines.

*Hôtel Heilejiang (Heilejiang binguan)*

Xinhua lu, tél. 24904. A côté de l'hôpital, au sud du giratoire principal. Restaurant musulman.

### Restaurants

Le *Miexintian chidian* sur Hongqi lu (en face du parc de la Jeunesse) sert de grands bols de thé avec des pâtisseries, des glaces et des tartes dans une maison de thé russe. A côté se trouve un restaurant ouïghour qui propose les kebabs, pains, *laghman*, *manta* et *samsa* habituels. En face du cinéma (côté sud du parc) des étals vendent des fruits secs, des noix et de petits pavés de *kurut*. Sur la même rue, d'autres étals sont spécialisés dans les nouilles froides (*apke*) et les kebabs. N'oubliez pas d'essayer le *piwa*, la bière locale.

### Agences de voyage

*Yili Travel Service (Yili lüxingshe)*

Jiefang lu, tél. 22595, 24939. En face de la CAAC ; billets d'avion et de bus ; voitures de location ; visites des vergers voisins.

## Paul Pelliot (1879-1945)

Les explorateurs et archéologues Français firent une entrée relativement tardive au Turkestan chinois et lorsque Paul Pelliot entreprit sa première expédition en 1906, ce fut à la suite des Britanniques, des Suédois, des Allemands et des Japonais. Mais, bien déterminée à ne pas laisser passer l'occasion de prendre part aux grandes découvertes effectuées sur la Route de la Soie, la France décida d'envoyer une expédition conduite par un jeune sinologue de génie, Paul Pelliot, qui travaillait alors à l'Ecole Française d'Extrême-Orient à Hanoi. Contrairement aux autres explorateurs occidentaux, Pelliot parlait couramment le chinois (et une douzaine d'autres langues) et s'était déjà distingué durant le siège des légations étrangères à Pékin, en été 1900, action pour laquelle il fut décoré de la Légion d'Honneur.

Pelliot et ses compagnons quittèrent Paris en juin 1906 pour Kashgar, puis continuèrent vers Tumchuq, près d'Aksu, et Kucha. Malgré les fouilles déjà effectuées à Kucha par plusieurs expéditions étrangères, Pelliot y trouva notamment un grand nombre de textes bouddiques, dont certains rédigés dans des langues alors inconnues. Parmi celles-ci figure l'ancien kuchéen qui fut identifié et déchiffré par l'orientaliste français Sylvain Levi.

Après avoir passé huit mois à Kucha, Pelliot partit pour Urumqi où une vieille connaissance chinoise lui montra un ancien manuscrit qui provenait de Dunhuang. Déjà au courant des rumeurs qui faisaient état de la présence là d'une bibliothèque secrète, Pelliot s'empressa de se rendre sur place. Il y retrouva l'abbé Wang — celui-là même qui avait fourni à Aurel Stein des centaines de manuscrits — et le persuada de lui montrer son trésor. Pelliot passa trois semaines, accroupi inconfortablement à la lumière d'une bougie, à trier des milliers de textes. Il avait été stupéfait par l'énorme quantité de manuscrits, qu'il estimait entre quinze et vingt mille, que renfermait la grotte et savait qu'il ne pouvait espérer tout emporter. Il chercha donc à identifier et à mettre à part les textes les plus importants. Cela fait, restait à négocier un prix avec l'abbé Wang puis à emballer les précieux documents et à les rapatrier en France. L'expédition française rentra à Paris en octobre 1909, trois ans après son départ.

Pendant leur séjour à Dunhuang, les deux compagnons de Pelliot n'étaient pas restés inactifs et avaient photographié une grande partie des peintures et des sculptures contenues dans les autres grottes, un travail qui fut publié en six volumes. Pelliot n'écrivit jamais le texte qui devait accompagner ces centaines de photographies noir-blanc mais l'ouvrage demeure d'une valeur inestimable car de nombreuses grottes furent saccagées quelques années plus tard par les soldats russes de l'armée blanche qui y furent enfermés.

## LE DISTRICT AUTONOME XIBO DE QAPQAL (CHAPUCHAER)

Ce district se trouve à vingt kilomètres au sud-ouest de Yining. Parmi les hommes que l'empereur Qianlong envoya dans la région du Yili après sa victoire sur les Mongols Oirat se trouvait un groupe de soldats de nationalité xibo, dont la terre d'origine est située dans l'actuelle province du Liaoning, dans le nord-est de la Chine. En 1764, les soldats et leurs familles — un groupe de 3000 personnes au total — se mirent en route vers l'ouest pour un périple qui devait durer un an. Ils voyagèrent dans de petits chariots aux roues en bois cerclées de fer blanc, de style mongol, dont on peut voir des copies dans le temple de Guandi. Ils ne devaient rester que trois ans au Xinjiang mais l'empereur prolongea leur séjour une première fois de trois ans, puis une nouvelle fois de soixante ans lorsqu'ils demandèrent à retourner à leur terre natale. Ainsi les Xibo perdirent tout espoir de repartir. Ils fondèrent huit villes fortifiées, défrichèrent la terre et préservèrent jalousement leur héritage culturel. Leurs descendants (les 8$^{e}$ et 9$^{e}$ générations) sont maintenant 18 000. Ils ont gardé leur langue et leur écriture (semblable au mandchou), contrairement à leurs quelque 50 000 frères restés dans le nord-est de la Chine.

Le 18$^{e}$ jour du 4$^{e}$ mois lunaire, les Xibo célèbrent le jour du départ de leurs ancêtres vers l'ouest: ils se rassemblent pour des pique-niques, des concours de tir à l'arc et de luttes. Physiquement, ils sont de constitution forte, avec la mâchoire carrée et le visage aplati. Certaines vieilles femmes continuent à porter l'habit traditionnel, une longue robe de couleur bleu sombre sur des pantalons noirs assortie d'un tissu blanc couvrant la tête. Les Xibo sont des tireurs à l'arc habiles et plusieurs jeunes athlètes de ce district font partie de l'équipe olympique de Chine.

## LE DISTRICT DE HUOCHENG

Le district de Huocheng, qui possède plusieurs monuments historiques, est situé à environ 50 kilomètres au nord-ouest de Yining. Dans la région autour du chef-lieu du district, on cultive la lavande, le blé, le maïs, le houblon, des légumes, le tournesol et d'autres plantes oléagineuses. Une tortue qui s'enfouit dans le sable est une espèce spécifique à cette région.

Dans la petite municipalité agricole de **Huiyuan** (à 30 km de Yining sur la route de Korgas) se dresse une tour du Tambour à trois étages datant de 1883. Elle faisait partie d'une petite ville de garnison nouvelle, destinée aux troupes mandchoues. Il ne reste que quelques vestiges des remparts de la ville, la tour du Tambour, quelques pièces du vieux quartier général de Yili et un jardin avec quatre chênes plantés par Lin Zexu dont la politique vigoureuse contre l'opium à Canton déclencha la première guerre de l'Opium en 1840. Le commissaire Lin fut exilé à Yili en 1842 ; le souvenir qu'il y laissa est excellent puisqu'il construisit des canaux d'irrigation et défricha des terres pour l'agriculture. La « vieille » ville de Huiyuan se trouve sur la rive escarpée de la rivière Yili, à sept kilomètres à l'ouest. Elle fut construite en 1763 comme ville de garnison pour une armée de 20 000 Mandchous. Elle fut partiellement inondée lorsque la rivière changea de cours et fut abandonnée pour la ville « nouvelle ». L'endroit est maintenant cultivé par des Ouïghours mais de longues sections des remparts de la ville y sont encore visibles.

Au nord de la ville de Qingshuihe (d'où la route part à l'ouest vers la frontière du Kazakhstan et au nord vers le lac Sayram) se trouve une bifurcation qui mène au village de **Masar** où se dresse la **tombe de Telug Timur** qui fut khan du Mogholistan (qui faisait partie du royaume de Chagatai) de 1347 à 1364. La tombe est un charmant édifice de style persan, décoré de carreaux turquoise, pourpres et blancs. Telug Timur était un homme énergique, et sa circoncision et sa conversion à l'islam en compagnie de 160 000 de ses partisans marqua un moment crucial dans l'histoire religieuse des bergers de cette région, principalement bouddhistes et chamanistes. Ses exploits militaires l'emmenèrent au sud jusqu'à l'Hindu Kush. Telug Timur nomma comme conseiller de son fils le jeune Tamerlan qui devait ainsi commencer son ascension vertigineuse vers le pouvoir.

L'entrée de la tombe, à haute voûte, porte des inscriptions en arabe ; les carreaux et décorations du bas de la façade ont été perdus, dénudant les briques. A l'intérieur se trouvent deux petites antichambres et une série de niches qui soutiennent un haut plafond en forme de dôme. Deux cercueils commémoratifs sont au centre où les pèlerins viennent s'agenouiller et prier à haute voix. Un escalier intérieur mène à l'étroit corridor circulaire de l'étage supérieur, puis au toit d'où l'on voit la chaîne de basses montagnes qui marque la frontière sino-kazakh. A côté se trouve la tombe de la sœur de Telug, plus petite et plus simple.

## LE LAC SAYRAM (SAILIMU HU)

Un voyage de trois heures (180 km) sur la route bordée de peupliers blancs qui mène de Yining à Urumqi, par le district de Huocheng, vous conduira

Le lac Sayram.

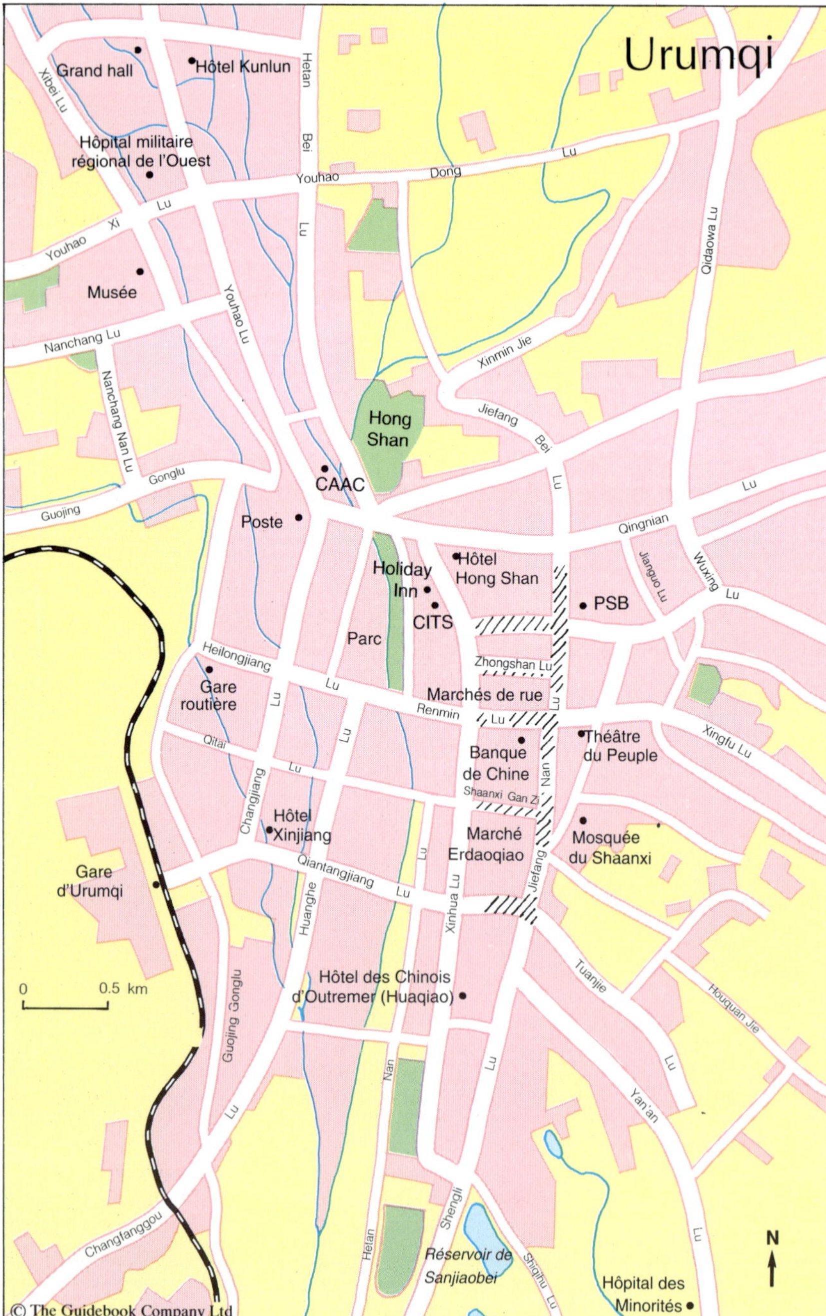
Urumqi
Grand hall
Hôtel Kunlun
Xibei Lu
Hetan Bei Lu
Hôpital militaire
régional de l'Ouest
Youhao Dong Lu
Youhao Xi Lu
Qidaowa Lu
Musée
Youhao Lu
Nanchang Lu
Nanchang Nan Lu
Xinmin Jie
Hong
Shan
Jiefang Bei Lu
Gonglu
Guojing
CAAC
Poste
Qingnian Lu
Holiday
Inn
Hôtel
Hong Shan
Jiangguo Lu
Wuxing Lu
PSB
CITS
Parc
Heilongjiang Lu
Zhongshan Lu
Gare
routière
Marchés de rue
Renmin Lu
Théâtre
du Peuple
Xingfu Lu
Qitai Lu
Banque
de Chine
Shaanxi Gan Zi
Changjiang Lu
Hôtel
Xinjiang
Marché
Erdaoqiao
Mosquée
du Shaanxi
Jiefang Nan Lu
Gare
d'Urumqi
Qiantangjiang Lu
Huanghe Lu
Xinhua Lu
Tuanjie Lu
Houquan Jie
0 0.5 km
Hôtel des Chinois
d'Outremer (Huaqiao)
Guojing Gonglu
Hetan Nan Lu
Yan'an Lu
Changfanggou Lu
Shengli Lu
Réservoir de
Sanjiaobei
Shiqihu Lu
N
Hôpital des
Minorités

aux contreforts des Monts Célestes et au lac Sailimu, à 2032 mètres au-dessus du niveau de la mer. Ce joli lac paisible se trouve sur la frontière entre les préfectures kazakh de Yili et mongole de Bortala. Bien que l'eau soit salée, le lac, qui a une profondeur de 90 mètres, gèle en hiver. En été, les versants des montagnes et les grandes étendues herbeuses sont les pâturages des troupeaux de chevaux, de bétail, de moutons ou de chameaux des bergers kazakh et mongols qui y vivent en yourtes. Chaque année, en juillet, plus de 3000 Kazakh tiennent leur *nadam* d'été pendant six jours, organisant des courses de chevaux, des concours d'équitation et de lutte, des banquets et des « chasses aux filles ».

Les Kazakh sont les descendants des anciennes tribus de Wusun qui avaient été chassées de leur terre natale dans le Passage du Hexi et qui s'étaient établies dans la région de Yili au premier siècle av. J.-C. Les Kazakh étaient traditionnellement divisés en quatre clans principaux auxquels des groupes plus petits prêtaient allégeance, et étaient dirigés par des *beg* choisis pour leurs qualités de chef. Jusqu'à trois générations peuvent vivre dans une yourte unique ; des rideaux brodés permettent de jouir d'une certaine intimité. Les familles se séparent rarement car on a besoin de beaucoup de personnes pour élever les troupeaux de moutons et de chevaux. A la naissance d'un enfant kazakh, la mère donne à son bébé le nom du premier objet qui lui vient en tête lorsqu'elle quitte sa tente le deuxième jour, ce qui donne des noms kazakh séduisants de simplicité. Trois types d'écoles s'occupent des enfants kazakh nomades : les écoles « itinérantes » qui suivent les maisonnées nomades ; les écoles « à cheval » qui supposent un instituteur qui rejoint ses élèves à cheval ou l'inverse ; et les pensionnats pour les étudiants plus âgés. La plupart finissent leur éducation à l'âge de 15 ans.

Au bord du lac se trouve un petit *guesthouse* campagnard.

## URUMQI (WULUMUQI)

La ville d'Urumqi (qui signifie « beaux pâturages » en mongol) est la capitale de la région autonome ouïghoure du Xinjiang et le centre politique, économique, scientifique et technologique de la province. Ses usines, ses instituts d'enseignement et ses activités commerciales forment le pivot de l'économie du Xinjiang. Bien qu'elle soit maintenant le centre régional des communications par route, rail et air et qu'elle ait une population de 1,2 million habitants, Urumqi n'a été fondée qu'à une époque relativement récente et ne joua pas de rôle dans le commerce de l'antique Route de la Soie.

Pendant la dynastie des Han de l'Ouest (206 à 23 av. J.-C.), des troupes chinoises furent placées en garnison dans le voisinage de l'actuelle Urumqi afin de défricher les terres et les rendre aptes à la culture. La dynastie Tang (618-907) fonda de petites villes dans la région avec des casernes militaires pour encourager le développement d'une nouvelle Route du Nord. En 1767, une ville fut fondée sur la rive est de la rivière d'Urumqi, peuplée par des exilés et des soldats chinois ; on lui donna le nom de Dihua. Elle grandit en importance avec l'ouverture de mines d'argent et de plomb et avec les campagnes militaires de l'empereur Qianlong vers le Junggar. Une rébellion musulmane ravagea la ville en 1864. Son chef, Tuoming, se déclara lui-même le « roi pur et véritablement musulman » mais il fut promptement écrasé à Kucha par les troupes de Kashgar commandées par Yakub Beg.

Dihua fut déclarée capitale de la province du Xinjiang en 1882. Elle devint un nid d'espions et d'intrigues dont les gouverneurs se conduisaient en seigneurs de guerre. En 1916, le gouverneur Yang Zengxin invita à un banquet tous ceux qu'il soupçonnait de déloyauté et continua tranquillement son repas aux sons d'une fanfare militaire tandis que l'on décapitait les invités. Lors d'un autre banquet, en 1928, il fut lui-même abattu d'une rafale de balles. Le gouverneur et le consul russe ne traversaient la ville qu'entourés de gardes du corps cosaques. L'influence de la Russie soviétique se faisait sentir partout.

La ville (appelée aussi Hongmiaosi ou temple Rouge) était divisée en trois parties : une ville fortifiée chinoise, une ville fortifiée autochtone et la colonie russe. Cette dernière était habitée par des réfugiés russes blancs pauvres — leurs maisons entouraient le consulat général russe et une église orthodoxe — et était le centre des nombreuses intrigues entre les factions de Russes rouges et de Russes blancs. La pluie transformait les rues pleines de détritus en bourbiers si profonds que, selon Sven Hedin qui écrivait dans les années 20 : « Pendant notre séjour deux chevaux se noyèrent et on dit même que des enfants y périrent ».

Tout comme les douanes chinoises, le service postal était géré par des étrangers. Le courrier arrivait à Pékin en 45 jours, et à Londres en 28 seulement. Il était transporté d'abord par des courriers puis par des trains russes. Urumqi était relié à Pékin par le télégraphe mais la rébellion musulmane qui ravagea le Xinjiang dans les années 30 détruisit la ligne. La rébellion empêcha aussi la ligne aérienne *Eurasia* (une entreprise sino-germanique) d'établir des vols réguliers de Chine vers l'Europe en passant par Urumqi.

En 1935, des troupes soviétiques furent invitées par le gouverneur Sheng Shicai pour l'aider à étouffer la rébellion musulmane de Ma Zhongying ; l'aide soviétique comprenait un prêt de 5 millions de roubles, des armes et des conseillers. En échange, les Russes obtinrent des droits exclusifs sur le commerce et l'extraction de minerais et de pétrole. La forte influence russe se fit sentir jusqu'après 1949 et continua jusqu'à la rupture sino-soviétique en 1960.

Urumqi est situé à 900 mètres d'altitude, juste en-dessous des contreforts nord des Monts Célestes. Le pic Bogda, recouvert de neige, situé à 70 kilomètres à l'est, domine la ville par temps clair. La population d'Urumqi se compose principalement de Han, mais les minorités hui, ouïghoure, mandchoue, mongole, xibo et russe sont également présentes. La ligne de chemin de fer Urumqi-Moscou a été ouverte aux passagers fin 1991.

## VISITE

Les rues principales de la ville sont larges, pavées et bordées d'arbres. Dans beaucoup d'entre elles, des canaux ouverts maintiennent la fraîcheur de l'air. Des constructions élevées sont en train de transformer rapidement l'horizon. Ces dernières années l'architecture de style ouïghour a été favorisée et de nombreux édifices reflètent avec beaucoup de goût ce choix, surtout le Grand Hall en face de l'Hôtel Kunlun et l'Hôpital des Minorités sur Yan'an lu. Les beaux édifices de style russe, avec leurs toits verts en tôle ondulée, leurs façades en stuc de couleur bleue, jaune et blanche et leurs portiques aux colonnes classiques, ont été construits dans les années 50. Un exemple particulièrement attrayant est l'Hôpital militaire des régions occidentales sur Youhao lu.

La ville compte plus de cent mosquées. Beaucoup d'entre elles furent construites après 1978 lorsque le parti communiste adopta une politique plus souple envers la religion. La plus grande est la **mosquée du Shaanxi**, sur Heping nan lu, située au sud-est du Théâtre du Peuple. Construite en 1906 grâce aux contributions des fidèles musulmans de la province du Shaanxi, cette mosquée de style chinois a un toit recouvert de tuiles vertes et surmonté d'un croissant islamique. La salle de prières, avec ses jolis piliers rouges et ses avant-toits peints, peut contenir jusqu'à cinq cents fidèles lors des services religieux. A l'extérieur de la mosquée, des copies du Coran et des commentaires sacrés imprimés en arabe sont en vente.

### ■ LA MOSQUÉE YANGHANG

Cette mosquée, également connue sous le nom de mosquée Tartare, est située à l'extrémité sud de Jiefang lu. Il s'agit d'un immense complexe de 3000 m$^2$, construit en 1897 avec des dons de la communauté tartare. Le dôme octogonal est de style tartare et est décoré de gravures géométriques en bois et en brique. Cette mosquée est le principal lieu de culte pour les musulmans d'Urumqi, et comprend des salles de classe pour les cours de Coran ainsi que des dortoirs pour les imams.

## ■ LA MOSQUÉE DU SUD

Cette mosquée a été déplacée en 1919 jusqu'à son site actuel sur Jiefang lu, dans le quartier du marché Erdaoqiao. La salle de prières est reconnaissable à ses doubles avant-toits recouverts de tuiles vernissées. Deux des murs du passage conduisant à cette salle sont décorés d'orchidées, de pruniers, de bambous et de lotus gravés, symboles chinois plutôt qu'islamiques.

Plus de vingt séminaires dans la ville préparent les jeunes gens dès l'âge de 16 ans à la formation de *ahun* (enseignant) et de traducteurs des écritures islamiques. Une église orthodoxe russe et quatre églises chrétiennes tiennent des services religieux réguliers.

## ■ LES RUES

**Xinhua lu** est une rue commercante animée avec des grands magasins modernes et des bureaux. Les magasins le long de **Jiefang bei lu** sont pour la plupart des échoppes chinoises à un étage, qui vendent les articles courants alors qu'à l'extrémité sud de la rue, sur **Jiefang nan lu**, on ressent une ambiance ouïghoure plus définie. C'est un quartier très intéressant avec ses mosquées et ses marchés traditionnels où l'on peut observer la vie urbaine des Ouïghours. Les vendeurs de tapis exhibent des carpettes de feutre et des tapis de laine de Khotan aux couleurs éclatantes ; les cordonniers fabriquent les bottes de cuir qui montent jusqu'aux genoux portées par les hommes ouïghours et les femmes kazakh. Une délicieuse odeur du pain fraîchement cuit s'échappe des boulangeries. Chez les chapeliers, on voit les chapeaux plats à bords larges qui sont indispendables à l'habillement de tout homme ouïghour.

Partout dans la ville, on trouve des marchés couverts traditionnels avec leur porte d'entrée recouverte de tuiles. Le plus intéressant est peut-être le **marché d'Erdaoqiao** sur Jiefang nan lu. Sur les étals privés, on verra les fins tissus colorés aux filigranes d'argent et d'or venant du Pakistan, la soie bariolée traditionnelle ouïghoure (*aidelaixi*) et du coton chinois. Les stands de nourriture vendent des morceaux jaunâtres et gras de poumon que l'on accompagne d'une sauce piquante ainsi que des nouilles froides, des têtes de mouton bouillies et des viandes rôties.

Une foule se presse autour des vendeurs de *shashlik,* savoureuses brochettes de mouton, d'entrailles ou de foie. Des familles ouïghoures marchandent des tapis à pendre au mur ou à étendre sur le *kang* (plateforme chauffée pour dormir) et les marchands pakistanais discutent bruyamment leurs affaires. Les ferblantiers fabriquent des bouilloires, des boîtes, des moules et des récipients pour l'eau et vendent les couteaux traditionnels de Yengisar. Le dimanche, le jour le plus animé, des foules de jeunes gens se pressent à l'entrée pour admirer, acheter et vendre des motocyclettes japonaises et chinoises.

Un marché semblable se trouve sur Jiefang bei lu, en face du rond-point ombragé où les vieux hommes « promènent » leurs oiseaux en cage après le travail le samedi après-midi. Un marché plus grand est situé à côté de la poste centrale près du parc Hongshan ; une partie est réservée à la médecine traditionnelle ouïghoure qui utilise, à part les plantes et les minéraux, des lézards séchés, des fœtus d'animaux, des oiseaux de proie et des bois de cerf.

Pendant les mois d'été, les vendeurs de melons dressent des tentes autour de la ville et, au milieu d'énormes tas de melons de Hami et de pastèques, mènent rondement leurs affaires.

## ■ LE PARC DE LA COLLINE ROUGE (*HONGSHAN YUAN*)

De la **Colline Rouge** (Hong shan) sur la rive est de la rivière Urumqi, haute de 910 mètres, on jouit d'une vue panoramique sur la ville. La colline est parsemée de petits belvédères et sa plus célèbre pagode, la pagode Zhenglong, en briques grises, est mentionnée dans de nombreuses histoires locales. En 1785 et 1786, la ville eut à souffrir d'une grave inondation provoquée, dit-on, par un grand dragon rouge qui s'y était installé sous la forme d'une montagne et tentait de rejoindre en rampant la colline Yamalike en face. Si les deux montagnes arrivaient à se rejoindre, la rivière Urumqi serait bloquée et la ville submergée. Ainsi, le gouverneur décida de construire en 1788 deux pagodes pour apaiser le dragon, l'une sur la tête du dragon, Hong Shan, et l'autre sur le sommet de la colline Yamalike. Il y avait autrefois de nombreuses pagodes sur Hong shan, qui devint un centre bouddhique, mais la plupart furent détruites par les seigneurs de la guerre qui gouvernèrent la ville.

Avec ses grands arbres ombreux, son lac du Miroir où l'on peut faire du bateau, ses édifices et pavillons ornementaux, le parc de la Colline Rouge (parfois appelé parc du Peuple) est un endroit agréable et frais pour se reposer. La construction du parc commença en 1883 ; le lac fut aménagé en 1918 par un seigneur de la guerre qui y ajouta le « pavillon du phénix rouge pleurant au soleil du matin », copié sur le palais impérial de Pékin.

## ■ LE MUSÉE RÉGIONAL DU XINJIANG (*XINJIANG BOWUGUAN*)

Ce musée, situé sur Xi bei lu, présente deux expositions permanentes : l'une (aile nord) sur les trésors archéologiques de la Route de la Soie et l'autre (aile sud) sur les cultures des minorités du Xinjiang. L'exposition de la Route de la Soie comprend de très beaux objets ; malheureusement, tous

ne sont pas datés et il faut insister pour que les lumières soient allumées ou alors se résigner à voir l'exposition dans la pénombre.

Des soies, des brocarts, des broderies, des tapis de laine, des ustensiles en bois et de la poterie — pièces de la dynastie Han trouvées sur les sites de Loulan et Niya — y sont exposées. Des dynasties du Nord (420-589) et Sui (581-618) viennent de la soie tissée de Hetian et de Turfan (les motifs d'Asie centrale représentent des arbres et des animaux) ainsi que des tablettes en bois d'écritures bouddhiques en caractères brahmaniques et guici. Une paire de chaussures de brocart, des soies exquises, des documents sur tissu de chanvre venant des tombes d'Astana à Turfan datent de la dynastie Tang (618-907). De la même époque sont les échantillons de céréales, de noix, de fruits séchés et de pain (marqué du même motif qu'aujourd'hui), des figurines de bois peint, des gardiens de tombe en poterie, des têtes de bouddhas de l'école du Gandhara et une paire de lunettes de soleil en métal. De la dynastie Qin viennent des chapeaux de brocart et d'or ayant appartenu aux rois de Hami, des robes brodées, des blocs à imprimer les tissus et des merveilleuses soies de Hetian. L'exposition est complétée par des corps momifiés retrouvés à Cherchen, Loulan et Hami et qui datent de quelque 3000 ans.

L'exposition sur les minorités comprend un modèle grandeur nature d'une maison ouïghoure et différents styles de yourtes (tentes de feutre) utilisées par les Kazakh, les Kirghiz et les Mongols. Les vêtements, les ustensiles ménagers, l'artisanat, les costumes de chasse et les instruments de musique qui y sont montrés en font une exposition très intéressante. La librairie du musée vend des copies d'objets, des tapis des minorités et des livres sur l'art rupestre de la Route de la Soie. Pour se rendre au musée, prendre le bus n° 2 depuis la gare.

## INFORMATIONS PRATIQUES

### Transport

Vols quotidiens depuis Pékin, Aksu et Kashgar, et trois fois par semaine depuis Shanghai, Xi'an, Lanzhou, Yining, Kucha et Dunhuang. Vols hebdomadaires depuis Alma Ata et Istambul (les bureaux de la CAAC se trouvent sur Youhao lu et ceux d'Aéroflot à l'Hôtel des Chinois d'outremer).

Pages précédentes :
Danses ouïghoures à Turfan ; marchand de tapis à Urumqi; bergers à Kucha ; vendeurs d'ail, de pain et de *shashlik* à Kashgar. En haut à droite, enfant à Hetian.

Trains quotidiens de Pékin, Shanghai, Xi'an et Lanzhou (ainsi que des gares intermédiaires) et pour Korla (très lent). Bus quotidiens pour Korla, Kucha, Aksu, Kashgar, Hetian et Yining, et plusieurs fois par jour pour Turfan (le bus de luxe pour le trajet jusqu'à Kashgar en trois jours est plus cher mais a plus de place pour les jambes).

## Hébergement

*Holiday Inn*

53 Xinhua bei lu, tél. 217077, 218788, fax 217422. Le plus neuf et le plus luxueux des hôtels d'Urumqi ; restaurants chinois, musulman et occidental.

*Hôtel Kunlun*

Youhao lu, tél. 412411. Hôtel confortable de première classe ; situé au nord du centre-ville ; bureau de poste, banque, restaurants chinois et musulman.

*Hôtel Hongshan*

108 Xinhua bei lu, tél. 224973. Hôtel standard bien situé près du parc et des marchés ; restaurant chinois. Bus pour les pâturages du sud et le lac Céleste.

*Hôtel des Chinois d'outremer (Huaqiao binguan)*

Xinhua lu, tél. 263239, 260845. Au sud du centre-ville ; hôtel standard propre et confortable ; restaurant musulman, café et disco ; bureaux d'Aéroflot.

*Hôtel Xinjiang*

107 Changjiang lu, tél. 512511, 552511. Près de la gare ; hôtel budget confortable ; restaurant chinois.

## Restaurants

Les petits restaurants musulmans sont concentrés autour des marchés et servent de la cuisine ouïghoure authentique — *laghman*, *chushira*, kebabs, *nan* et *apke*. Le plus grand marché est celui d'Erdaoqiao. Des restaurants chinois et sichuanais se trouvent sur Renmin lu, près de la gare routière et en face du marché couvert Hongqi. Fin juillet, les raisins et les melons de Turfan ainsi que les pêches de Yili arrivent sur le marché.

## Agences de voyage

*CITS (Zhongguo guoji lüxingshe)*

51 Xinhua bei lu (à côté du Holiday Inn), tél. 225794, 221427, fax 210689. Offre les services habituels, billets et visites des sites.

*CYTS (Zhongguo qingnian lüxingshe)*
Hôtel Hongshan, 1er étage, tél. 218447, fax 217078.
Mêmes services que la CITS ; excursions à cheval, expéditions en montagne.

*CTS (Zhongguo lüxingshe)*
Hôtel des Chinois d'outremer, tél. 263239. S'occupe surtout des touristes d'Asie centrale venus visiter leur famille.

## LES PÂTURAGES DU SUD (BAIYANG GOU)

A 75 kilomètres au sud de la ville se trouve le défilé du Peuplier blanc (Baiyang gou) dans les Montagnes du Sud, une avancée des Monts Célestes. Un torrent coule au fond de ce ravin étroit verdoyant de sapins et à son extrémité se jette une cascade d'une hauteur de vingt mètres. Entre mai et octobre, des familles kazakh nomades s'installent dans la région avec leurs troupeaux et leurs yourtes. Il est possible d'y goûter à la vie kazakh : visite de yourtes, dégustation de thé au lait de mouton, courses de chevaux et autres amusements traditionnels kazakh sont organisés sur place. Les bus pour Baiyang gou partent le matin du parc Hongshan et reviennent en fin d'après-midi.

## LE LAC CÉLESTE (TIAN CHI)

Un trajet de trois heures par la route mène à ce petit lac à quelque 110 kilomètres à l'est d'Urumqi ; ici, dans les contreforts des Monts Célestes (Tianshan) les familles de Kazakh plantent leurs tentes de feutre en été et y font paître leurs troupeaux de moutons, de bétail et de chevaux. La route pittoresque monte jusqu'à presque 2000 mètres d'altitude avant d'atteindre le lac qui est entouré de prairies alpestres et de montagnes déchiquetées recouvertes de sapins et de neige. Parmi une profusion de fleurs sauvages poussent des morilles, de la menthe sauvage et de la rhubarbe. Plus haut, on trouve des edelweiss et les rares lotus des neiges (*Saussurea involucrata*) couleur crême qui fleurissent en juillet. Plus grande qu'une fleur de lotus courante, cette plante pousse dans les crevasses rocheuses et on lui prête des pouvoirs magiques souvent cités dans les récits chinois de kung-fu. Ses pistils séchés et marinés dans du vin guériraient l'arthrite, les rhumatismes et certains « maux de femme ». Une légende raconte que l'empereur Mu, de la dynastie Zhou, prit part à un banquet en ces lieux en 985 av. J.-C., invité par la déesse Reine Mère de l'Ouest.

La plupart des touristes y passent la journée, déjeunent au restaurant au bord du lac, font un tour en bateau ou une promenade ou à cheval le long des sentiers montagnards. Ceux qui disposent de plus de temps peuvent grimper à cheval jusqu'à la neige ou jusqu'au glacier et jouir du grand calme qui revient dès le départ des bus touristiques.

Les voyageurs peuvent passer la nuit dans l'une des nombreuses yourtes kazakh (bol de lait chaud au petit-déjeuner). Notez que les yourtes ne disposent pas de toilettes ou de lavabos. L'hôtel Tianchi a des chambres style chalet qui donnent sur le lac mais qui sont assez chères. Bus quotidiens depuis la gare routière et le parc Hongshan à Urumqi.

## LA VILLE ANTIQUE DE WULAPO

Les vestiges de cette ancienne cité de la dynastie Tang se trouvent à 20 km au sud d'Urumqi près du réservoir de Wulapo. Autrefois, cette ville contrôlait la Route de la Soie en direction de Turfan et du sud du Xinjiang. A certains endroits, ses remparts sont hauts de 7 mètres et des traces de tours d'angle sont visibles. Un mur de terre divisait la ville en deux sections et l'on voit des vestiges de cours à usage militaire. Le site est parsemé de débris de poterie. Accès en taxi ou en voiture de location depuis Urumqi.

## D'URUMQI À TURFAN

Il existe un service quotidien de bus entre Urumqi et Turfan ; il est également possible de louer une voiture pour ce trajet de 183 kilomètres qui prend environ trois heures. Les trains s'arrêtent à **Daheyan**, la gare de chemin de fer de Turfan d'où les passagers prendront un bus jusqu'en ville (une heure environ).

La ligne de chemin de fer et la route ne cessent de se croiser à travers ce paysage plat de petits buissons et de galets ; à gauche, on voit le pic Bogda dans les Monts Célestes et une avancée montagneuse plus basse à droite. Après avoir passé un grand lac salé, on arrive à la ville de **Dabancheng** où les bus s'arrêtent parfois au marché paysan très animé. Les femmes de Dabancheng étaient autrefois vantées dans un chant populaire ouïghour pour la beauté de leurs longues tresses. Au-delà de la ville, se trouvent les ruines d'un fort construit en 1870 par Yakub Beg de Kashgar et qui fut détruit peu après par une armée de la dynastie Qing envoyée pour étouffer la rébellion.

Pages suivantes:
Des chevaux paissent devant le pic Bogda, dans les Monts Célestes.

A partir de Dabancheng, la route commence à descendre dans la dépression de Turfan ; elle quitte la ligne de chemin de fer pour serpenter à travers le défilé du Peuplier blanc. Les fameuses canalisations souterraines ou *karez* qui fournissent Turfan en eau traversent le désert *gebi* (ce qui signifie « pierreux », à ne pas confondre avec le désert de Gobi en Mongolie). On peut les repérer grâce aux monticules de terre à leur ouverture ; ces canalisations qui relient les puits entre eux descendent des montagnes jusqu'à l'oasis.

## TURFAN (TULUFAN)

« La brillante Perle de la Route de la Soie », c'est le nom qu'aiment à donner à Turfan les guides locaux. Et la ville et ses environs méritent bien ce nom. Un des premiers noms de la ville, Terre de Feu (Huozhou), rappelle les températures torrides de l'été (plus de 40° C entre juin et août). Un autre nom, « Dépôt de Vent », fait référence au vent violent qui souffle en moyenne un jour sur trois. Les températures hivernales sont aussi extrêmes (–10° à –15° C). Turfan est surtout une oasis agricole, réputée pour ses raisins blancs sans pépins et ses vins (doux). La ville est située dans une dépression, à quelque 80 mètres au-dessous du niveau de la mer et son climat est extrêmement sec. Le lac de la Lune (–154 m), près de là, est le deuxième point continental le plus bas du monde, après la mer Morte.

De même que certaines autres villes du sud du Xinjiang, Turfan revendique des records de longévité, avec une population au-dessus de cent ans relativement élevée. Les habitants attribuent ceci au climat et à leur habitude de boire du lait et de manger des raisins. Les deux tiers de la population du district de Turfan (190 000 habitants) sont ouïghours.

En 108 av. J.-C. Turfan était habité par des fermiers et des commerçants de race indo-européenne qui parlaient un dialecte tokharien, une langue indo-persane aujourd'hui disparue. Quiconque occupait l'oasis contrôlait la route commerciale du nord et les riches caravanes qui y passaient chaque année. Pendant la dynastie Han (206 av. J.-C.-220 ap. J.-C.), la route fut contrôlée tour à tour par les Xiongnu et les Han. Jusqu'au 5$^{e}$ siècle, la capitale de ce royaume était Jiaohe (Yarkhoto).

Dès le début du 6$^{e}$ siècle, la maison de Qu, une dynastie bouddhiste chinoise, régnait sur Turfan. Sous la dynastie des Wei du nord, les Rouran y établirent la capitale de Gaochang (Kharakhoja). Leurs rois payaient tribut à la cour Tang à Chang'an (Xi'an) et maintenaient des relations diplomatiques avec vingt-quatre Etats souverains. Un de ces rois, Qu Wentai, fut tellement désireux de voir le moine bouddhiste Xuan Zang s'établir et enseigner à Gaochang, qu'après avoir été retardé de plus d'un mois, le vénérable moine dut faire une grève de la faim de trois jours pour obtenir l'autorisation de continuer son pèlerinage vers l'Inde. Le khan des Turcs de l'Ouest incita quelque temps plus tard Qu Wentai à empêcher les marchands de prendre la Route de la Soie vers l'est, provoquant ainsi l'empereur Taizong qui envoya une force expéditionnaire à Gaochang. A leur approche, Qu Wentai mourut de peur et c'est son fils qui dut rendre les armes en 640. Pendant cette campagne pour « pacifier l'ouest », les Chinois établirent un protectorat général pour surveiller la région. La toile de coton, l'alun (utilisé pour la fabrication du papier), les sels de Glauber, le raisin frais « pis de jument », tous ces produits de Turfan étaient vendus à Chang'an. C'est durant la dynastie Tang que l'art de faire du vin à partir du raisin fut introduit de Turfan en Chine.

Avec la désintégration de l'Empire ouïghour du nord, les tribus se dispersèrent et quelques-unes fondèrent un royaume à Gaochang vers 840 en absorbant les autochtones indo-européens. Une culture religieuse et artistique d'un très haut niveau se développa : bouddhistes, manichéens et nestoriens vivaient ensemble harmonieusement ; l'art religieux prospérait dans les villes et dans les grottes monastiques ; les œuvres littéraires furent traduites dans les nombreuses langues et écritures en usage à l'époque. Cette société complexe prospéra au-delà du 13$^{e}$ siècle, jusqu'à ce que les Mongols déferlent en Asie centrale. A la mort de Gengis Khan, Turfan devint la partie du khanat de Chagatai connue sous le nom d'ouïghouristan.

Marco Polo observa au 13$^{e}$ siècle que les habitants de Turfan « déclarent que le roi qui régna à l'origine sur eux n'était pas né de race humaine, mais issu d'une sorte de tubercule généré par la sève des arbres que nous appelons *esca* ; et de lui, tous les autres descendent. Les idolâtres [bouddhistes] sont très versés dans leurs propres lois et traditions et sont des étudiants studieux des arts libéraux. La terre produit des céréales et un vin excellent. Mais en hiver, le froid est plus intense que partout ailleurs dans le monde ».

A la fin du 14$^{e}$ siècle, les Ouïghours de Turfan furent convertis de force à l'islam par un héritier du khanat de Chagatai, loyal à Tamerlan. Pendant toute l'époque où Turfan se montra agressive envers l'oasis voisine de Hami, les Chinois refusèrent l'entrée de toute caravane commerçante de l'Ouïghouristan et expulsèrent les marchands ouïghours du Gansu en 1493. Néanmoins, la dynastie Ming (1368-1644) maintint des relations généralement bonnes avec Turfan qui fournissait une teinture spéciale essentielle à la production de la belle porcelaine bleue et blanche de cette époque.

Les habitants musulmans de Turfan se rebellèrent contre la domination des Mongols Oirat bouddhistes et se joignirent, avec Hami, à la campagne du Junggar lancée par l'empereur Qing Qianlong contre les Oirat. Turfan se

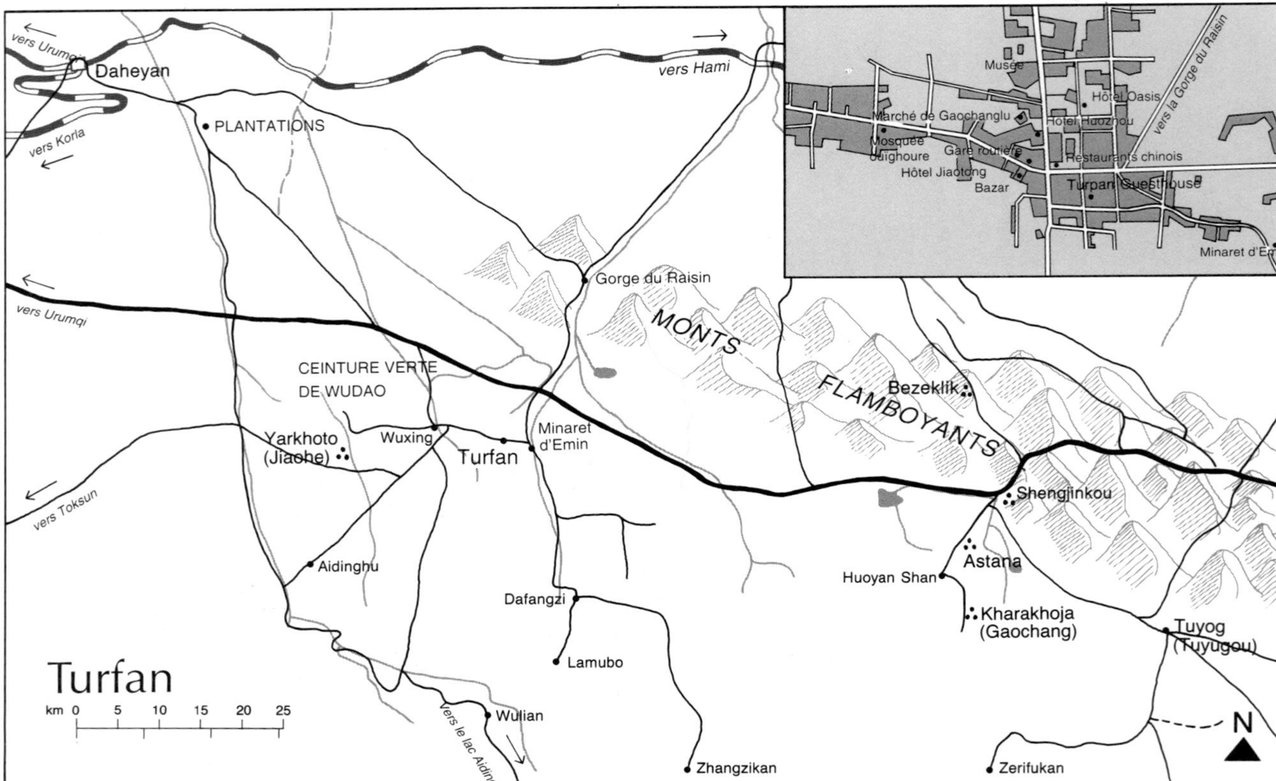

Turfan
km 0 5 10 15 20 25
N
vers Urumqi
Daheyan
vers Korla
vers Hami
PLANTATIONS
vers Urumqi
Gorge du Raisin
MONTS
FLAMBOYANTS
CEINTURE VERTE
DE WUDAO
Yarkhoto
(Jiaohe)
Wuxing
Turfan
Minaret
d'Emin
vers Toksun
Aidinghu
Dafangzi
Lamubo
Wulian
vers le lac Aiding
Zhangzikan
Bezeklik
Shengjinkou
Astana
Huoyan Shan
Kharakhoja
(Gaochang)
Tuyog
(Tuyugou)
Zerifukan
Musée
Hôtel Oasis
vers la Gorge du Raisin
Marché de Gaochanglu
Hôtel Huozhou
Mosquée
ouïghoure
Gare routière
Restaurants chinois
Hôtel Jiaotong
Bazar
Turpan Guesthouse
Minaret d'Emin

rebella à nouveau en 1861, cette fois contre la garnison chinoise qui fut massacrée, et se joignit à la révolte menée par Yakub Beg de Kashgar.

Sir Francis Younghusband, qui traversa Turfan dans les années 1880, nota qu'elle « consiste en deux villes distinctes, toutes les deux fortifiées — la chinoise et la turque, cette dernière située à un mille à l'ouest de la première. La ville turque est [plus] peuplée, avec probablement douze à quinze mille habitants, tandis que la ville chinoise n'en a pas plus de cinq mille ».

Pendant les premières décennies de ce siècle, plusieurs explorateurs et archéologues occidentaux furent attirés par les anciennes villes et grottes de Turfan. L'Allemand von Le Coq fit sa première expédition en 1902 et 1903 et il ramena avec lui en Europe près de 2000 kilos de trésors ; à sa seconde expédition, un an plus tard, il embarqua 103 caisses. Deux autres expéditions allemandes emportèrent 128 et 156 caisses respectivement. Le Britannique Sir Aurel Stein continua le pillage après von Le Coq en 1915, emportant environ 140 caisses chargées sur 45 chameaux qu'il envoya à Kashgar. Des dégâts énormes furent faits à ces monuments par les Ouïghours eux-mêmes qui, étant devenus d'ardents musulmans, mutilèrent la plus grande partie des œuvres d'art magnifiques qui restaient.

Les principales récoltes de Turfan sont le blé, le sorgho, le coton, les raisins, les cacahuètes, les melons et les légumes. L'industrie locale est basée sur ces produits (fruits secs, vins, jus de fruits) mais comprend également de l'industrie lourde (charbon et produits chimiques).

## VISITE

Le CITS organise quotidiennement des tours en bus pour visiter les divers sites de Turfan. Les prix varient selon le nombre de participants. La plupart des voyageurs arrangent des excursions à la journée avec les propriétaires de minibus qui les attendent au *Turfan Guesthouse* et qui sont en général moins chers.

Les cultures verdoyantes de Turfan — peupliers, arbres fruitiers, vignobles, champs cultivés de maïs, de coton, de blé et de légumes — contrastent fortement avec le désert environnant. Fin août a lieu le **festival annuel des raisins** de Turfan ; pendant une semaine les rues de la ville sont couvertes de raisins de tout le district et les habitants de plus de trente villes des provinces du nord-ouest et du Tibet servent des spécialités culinaires et portent leurs habits traditionnels.

Dans les rues poussiéreuses de la ville, les maisons spacieuses aux murs de briques de terre séchée, couleur biscuit, donnent sur des terrasses ombragées par la vigne grimpante, où les habitants, étendus sur des tapis de laine ou de feutre, mangent, se reposent et devisent familièrement. Bien que les familles soient nombreuses, les maisons sont suffisamment spacieuses pour qu'elles y soient bien logées (surtout en comparaison avec les maisons chinoises) ; les maisons possèdent une cave fraîche où l'on peut dormir ou stocker des produits. Flanquant la maison ou non loin d'elle, on trouve souvent une haute pièce aux briques ajourées, utilisée pour sécher le raisin. Au bout de 40 ou 50 jours, le raisin sec est prêt à la vente.

La ville elle-même n'est pas grande et les hôtels touristiques principaux ne sont qu'à quelques minutes de marche du bazar et des magasins. Plusieurs rues de Turfan sont maintenant recouvertes de treillis sur lesquels pousse de la vigne grimpante ; ces rues sont ainsi ombragées, ce qui maintient une fraîcheur délicieuse.

Dans la partie couverte du bazar à deux étages se trouvent les échoppes qui vendent de la toile, des chapeaux, des vêtements, des couteaux Yengisar et des broderies colorées de style traditionnel. Plus loin, les vendeurs de légumes et de fruits côtoient les marchands de tapis et les échoppes vendant de la nourriture. Une boisson populaire, en été, est le jus de pêche ou d'abricot hydraté (*bingshui*). Le jour de marché le plus animé est le dimanche.

Sur le côté sud de la rue principale, juste à l'ouest du bazar, se trouve la **mosquée ouïghoure**, construite en 1983 ; six minarets surplombent sa façade verte et blanche. En face se dressent plusieurs édifices neufs de style islamique dont l'hôpital et le collège qui forme les enseignants.

La route qui va à la Gorge du Raisin passe par un des plus vieux cimetières musulmans de la ville, dont les tombes datent du 15$^{e}$ siècle.

Entre juillet et septembre, chaque année, des centaines de personnes viennent de toutes les parties du Xinjiang pour « prendre les sables » — un traitement ouïghour traditionnel contre les rhumatismes. A la **butte de sable de Shabo**, les patients sont allongés sous des tentes de fortune, se couvrant de sable du désert à 70-80° C plusieurs fois par jour. Le traitement est supervisé par un centre médical voisin. Des visites pour les étrangers peuvent être organisées par la CITS.

## ■ LE MUSÉE RÉGIONAL DE TURFAN (*TULUFAN BOWUGUAN*)

Le nouveau bâtiment de ce musée est situé sur Gaochang lu, juste au nord du marché ; il contient une petite collection d'objets retrouvés dans la région de Turfan — des fragments de papier, de la porcelaine, de la soie et des figurines en bois provenant de Kharakhoja, Jiaohe et Astana. On peut y voir également cinq corps momifiés des tombes d'Astana, ainsi qu'une exposition (copies et photos) sur les peintures murales de la région de Kizil qui montre clairement l'évolution stylistique de Gandhara jusqu'aux Han en passant par Guici.

## ■ LE MINARET D'EMIN

Ce minaret, à deux kilomètres à l'est de la ville, est un des joyaux architecturaux de la Route de la Soie. Commencé en 1777 sur l'ordre du souverain de Turfan, Emin Khoja, il fut terminé en 1778 par son fils Suleman ; c'est pour cette raison qu'on le nomme aussi le minaret Su Gong (du Prince Su). La tour circulaire de 44 mètres de haut fut dessinée par un architecte ouïghour du nom d'Ibrahim. C'est un fuseau de simples briques séchées au soleil qui s'élève vers le ciel, décoré de motifs géométriques et floraux. Du balcon du second étage, l'on a une bonne vue sur les environs mais l'ascension du minaret est maintenant interdite. La mosquée à dôme qui y est jointe a un plafond de poutres soutenu par de simples piliers de bois.

## ■ LES PUITS *KAREZ*

Le système d'irrigation de *karez* consiste en une série de puits reliés entre eux par des canalisations souterraines qui transportent l'eau de fonte des glaciers jusqu'aux oasis, en général à une très grande distance de leur source. La survie des anciennes oasis était complètement dépendante de ce système d'irrigation et si les *karez* venaient à être abandonnés ou n'étaient plus entretenus, le désert reprenait vite ses droits et les villes se trouvaient asséchées. Au fur et à mesure que les glaciers reculèrent, les ruisseaux qui s'en écoulaient diminuèrent de volume et l'approvisionnement en eau des oasis fut compromise. Beaucoup de villes de la Route de la Soie, notamment Yoktan, le site original de Hetian, furent abandonnées lorsque leur système de survie fut ainsi coupé.

Dans le district de Turfan, il existe quelque 470 *karez* qui totalisent plus de 1600 kilomètres de tunnels. Le plus long en mesure plus de quarante. Les puits sont placés au pied des montagnes dont ils captent les eaux souterraines. Les tunnels sont construits en pente mais avec une déclivité moindre que celle du relief naturel ce qui permet à l'eau d'atteindre l'oasis au niveau du sol, d'où des canaux de surface achèvent la distribution. Garder les canalisations libres d'obstructions est un travail incessant, comme l'indiquent les monticules de terre à côté de chaque puits. Deux hommes et un animal de trait travaillent en équipe — un homme est descendu dans le puits pour nettoyer la canalisation et les seaux de boue sont hissés à la surface grâce à une corde tirée par l'animal. Les *karez* de Turfan et de Hami ont une histoire de plus de 2000 ans. Bien que les Chinois prétendent que le *karez* naquit en Chine, ce système apparut d'abord en Perse (*qanat*) et arriva au Xinjiang probablement à partir de l'ouest.

Pages suivantes : Le minaret d'Emin.

### ■ LA GORGE DU RAISIN (*PUTAO GOU*)

Le raisin fut introduit à Turfan il y a plus de 2000 ans et la variété allongée, de couleur verte, appelée « pis de jument » (*ma naizi*), était une partie essentielle du tribut que le royaume payait à la cour de la dynastie Tang à Chang'an. Pour qu'ils arrivent à destination frais et tendres, on les transportait dans des caisses revêtues de plomb, enveloppées avec de la neige des Tianshan.

Au pied de l'extrémité ouest des Monts Flamboyants, à l'est de l'oasis, s'étend un agréable parc public de vignobles et de vergers. La vigne déborde sur ses allées, et des tables ont été installées sur les patios pour que les visiteurs puissent se reposer et manger du raisin ou du melon. Le premier raisin à mûrir, à la mi-juillet, est un raisin aigrelet et de petite taille ; viennent ensuite les « pis de jument » et les raisins noirs, au mois d'août. Les mûriers, les figuiers, les pommiers et les poiriers se couvrent de fruits la saison venue. L'eau fraîche jaillissant de la source est potable.

La gorge est un excellent endroit pour passer une journée ; si vous vous y rendez en vélo, partez tôt le matin pour éviter les grandes chaleurs de l'après-midi.

### ■ LA VILLE ANTIQUE DE JIAOHE (*YARKHOTO*)

Les ruines de la ville de Jiaohe se trouvent à 10 kilomètres à l'ouest de Turfan, dans la vallée de Yarnaz, perchées sur une terrasse étroite surplombant deux rivières. Les noms chinois et ouïghours du site signifient tous deux « confluence des rivières ». Les falaises qui s'élèvent à 20 ou 30 mètres au-dessus des lits des rivières forment une défense naturelle qui tenait lieu de remparts à la ville.

La ville était autrefois la capitale de l'Etat de Cheshi du Sud, un des trente-six royaumes des Régions occidentales pendant la dynastie Han. La ville fut fondée par le général qui administrait la région et elle se révéla être une forteresse efficace qui protégeait les paysans et les soldats fuyant les incursions des cavaliers xiongnu. De la dynastie Wei à la dynastie Tang, elle se trouva sous le contrôle du royaume de Gaochang. Jiaohe atteignit son apogée culturel sous les Ouïghours au 9e siècle, mais fut détruite en grande partie par les rébellions mongoles et peu à peu abandonnée après la dynastie Yuan (1271-1368).

Les vestiges datent de la dynastie Tang (618-907), lorsque la ville comptait plus de 5000 habitants. Ils s'étendent du nord au sud, sur une longueur de 1700 mètres et sur une largeur de 300 mètres. Une tour de guet centrale surplombe la large rue principale. Un monastère bouddhique se trouvait au centre de la ville. A l'intérieur du monastère, l'on voit dans des niches les restes de plusieurs statues de bouddhas décapitées, ainsi qu'une pagode et les cellules des moines. A l'ouest de la route principale s'étend la zone résidentielle et à l'est les édifices gouvernementaux et une prison. A l'extrémité nord se dressent les murs d'une pagode bouddhique et des tombes.

Le tracé de la ville est encore visible. Le long de la rue et des allées secondaires s'alignent les hauts murs des habitations de l'époque. Tout comme les rues, les cours étaient creusées dans le sol, les quartiers d'habitations se répartissant en galeries sur leurs côtés. On employait peu de bois, si ce n'est pour les portes, les fenêtres et les plafonds (les trous des chevrons sont parfaitement visibles). La vue sur les gorges profondes où coulaient autrefois les rivières est spectaculaire et la vallée verte forme un contraste étonnant avec les ruines brunes de la ville. Jiaohe fut partiellement mise au jour dans les années 50 et jouit de la protection de l'Etat depuis 1961.

## ■ LA VILLE ANTIQUE DE GAOCHANG (*KHARAKHOJA*)

Les ruines impressionnantes de l'ancienne cité de Gaochang s'étendent à 47 kilomètres au sud-est de Turfan. Construite au second siècle av. J.-C. comme ville de garnison, elle devint la capitale du royaume de Gaochang sous la maison Han de Qu. Dès le 7e siècle, elle dominait plus de vingt et une autres villes. La pratique du bouddhisme mena à la fondation de nombreux monastères, temples et de vastes communautés religieuses; c'est au milieu des peintures et des statues du style gréco-bouddhiste de Gandhara que le moine Xuan Zang enseigna dans cette ville pendant plusieurs mois. Un collège confucéen enseignait les classiques de l'éthique chinoise. C'est ici qu'au 9e siècle les Ouïghours fondèrent le royaume de Kharakhoja; ils introduisirent le manichéisme qui prospéra, tout comme le bouddhisme et le nestorianisme. Des manuscrits en chinois, ouïghour, tibétain, sogdien, sanscrit, tokharien et syriaque y ont été découverts, dont des écritures manichéennes aux enluminures magnifiques. La cité fut détruite vers le 14e siècle pendant une guerre qui devait durer 40 ans.

Gaochang était divisée en trois parties: les villes extérieure et intérieure et un ensemble constituant le palais. Ce dernier, qui était gardé par 900 soldats, avait douze portes. Il n'en reste rien aujourd'hui, mais à l'intérieur des énormes remparts de la ville se trouvent le quartier des temples et de la tour de la Cloche; on y voit encore quelques traces de peintures bouddhiques dans les niches et sur les murs.

Des archéologues allemands du Musée ethnographique de Berlin, les professeurs Grünwedel et von Le Coq, y entreprirent de vastes fouilles et y trouvèrent des sols en mosaïque superbes, des fresques, des statues et des manuscrits. Une église nestorienne, renfermant une peinture murale de

## SVEN HEDIN (1865-1952)

Ce Suédois intrépide fut le premier étranger à explorer les anciennes cités et ruines du Taklamakan. Géographe de formation, il fut récompensé pour ses travaux par deux médailles d'or de la Royal Geographic Society de Londres, par un ordre de chevalier du gouvernement britannique et par des titres de docteur honoris causa des universités d'Oxford et de Cambridge. De petite taille, c'était un homme très déterminé qui publia près de cinquante ouvrages sur ses voyages et ses aventures. Malheureusement, lorsqu'il mourut en 1952, à l'âge de 87 ans, il avait été oublié par beaucoup et même rejeté par certains. En effet, pendant les deux Guerres mondiales, sa position ouvertement pro-allemande lui fit encourir l'hostilité de nombreux amis et collègues.

Hedin avait étudié la géographie physique à Berlin, notamment sous la direction du baron von Richthofen, un explorateur renommé. En 1890, à l'âge de 25 ans, il participa à sa première mission de reconnaissance en Asie centrale puis y retourna quatre ans plus tard pour sa seconde expédition. En tout, il devait passer près de quarante ans de sa vie dans cette région du monde. Hedin était un explorateur scientifique et non un archéologue comme Stein ou von Le Coq. Il s'intéressait principalement aux relevés topographiqes du Taklamakan et du Tibet. Sa première expédition dans le Taklamakan — qui faillit mal se terminer — prouva néanmoins qu'il était possible de s'aventurer dans cette zone, malgré les difficultés, et encouragea Stein et d'autres archéologues à suivre son example. Les deux expéditions suivantes de Hedin dans le Taklamakan, en 1895 et 1899, le conduisirent aux villes de la Route de la Soie du Sud où il fit des découvertes archéologiques remarquables — notamment en retrouvant une ancienne ville de garnison chinoise. Il put également cartographier le fameux lac «errant» de Lop Nor avant de partir pour Lhassa déguisé en pèlerin bouddhiste. Les découvertes de Hedin et ses cartes furent d'une importance cruciale à Stein qui put ainsi suivre ses traces jusqu'à Hetian et Loulan. Les découvertes de Hedin sont exposées au Musée ethnographique de Stockholm.

En 1926, à la demande du gouvernement chinois et de la compagnie allemande Lufthansa, Hedin se rendit à nouveau au Turkestan pour tracer une ligne aérienne Berlin-Urumqi-Pékin. A cette époque, les Chinois avaient développé une hostilité marquée envers les étrangers et l'expédition de Hedin dut faire face à de nombreux problèmes bureaucratiques, les journaux faisant état de rumeurs selon lesquelles le Suédois serait venu pour enlever en avion les trésors artistiques de la Chine. Les objets découverts lors de ce voyage furent en fait tous remis aux mains des autorités chinoises, en accord avec une nouvelle politique strictement appliquée concernant les fouilles archéologiques conduites par des étrangers au Taklamakan.

style byzantin qui représenterait peut-être la messe de Dimanche des Rameaux, fut mise au jour à l'extérieur des murs de la ville. Les Allemands découvrirent également une pièce souterraine contenant les corps de plus de cent moines bouddhistes assassinés, victimes probablement d'une persécution religieuse.

La découverte par von Le Coq d'une fresque de deux mètres de Mani, le fondateur du manichéisme, est la preuve que Gaochang était une communauté manichéenne florissante dans la deuxième moitié du 8e siècle. Cette ancienne religion fut fondée au 3e siècle ap. J.-C. en Perse sassanide mais dut faire face à une hostilité farouche de la part des zoroastriens et des chrétiens. Mani mourut en prison en 277 et la persécution qui s'ensuivit conduisit un certain nombre de ses fidèles à fuir vers l'est. La religion et l'art manichéens se propagèrent le long de la Route de la Soie, arrivant jusqu'à Gaochang quelques siècles après. Les découvertes de von Le Coq comprennent notamment des manuscrits manichéens sur cuir, sur soie, sur papier et sur parchemin, des fresques ainsi que des peintures sur tissu, qui montrent tous une influence persane.

Une grande partie de la ville de Gaochang a été détruite par les fermiers de la région et le site ne ressemble plus que vaguement à une ville. La terre des vieux murs est très riche et les paysans en ont emporté de grandes quantités tout au long des siècles pour bonifier leurs champs. Ils croyaient aussi que les pigments coloriés des peintures était un excellent engrais. Quand aux poutres et aux parties en bois des maisons elles ont servi de combustible. Les sentiments anti-bouddhistes ont également été la cause de maints dégâts ; ce sont surtout les peintures représentant l'être humain qui ont souffert aux mains des musulmans craintifs. Comme l'expliquait von Le Coq : « Il existe encore une croyance selon laquelle les hommes et les animaux peints reviennent à la vie une fois la nuit tombée, descendent de leurs emplacements et jouent de mauvais tours aux hommes, aux bêtes et aux récoltes à moins que leurs yeux et leurs bouches n'aient été détruites. » Une histoire tragique raconte comment un paysan musulman jeta dans la rivière les manuscrits enluminés d'une bibliothèque qu'il venait de découvrir par crainte que son *mollah* ne le trouve en possession de matériel blasphématoire.

A l'entrée du site, des excursions en chars tirés par des ânes ou des chevaux sont proposés jusqu'au temple partiellement restauré, à deux kilomètres de là.

Pages suivantes :
Les grottes des Mille Bouddhas de Bezeklik, près de Turfan.

## ■ LES TOMBES D'ASTANA

C'est dans ce cimetière de la dynastie Tang, à 40 kilomètres au sud-est de Turfan, qu'étaient enterrés les morts des familles régnantes de Gaochang. Il s'est révélé une source d'informations archéologiques inestimable. Le climat sec a parfaitement préservé corps et objets, et la coutume d'envelopper les corps a permis de découvrir une grande variété de soies à motifs chinois et persans. Le Musée régional du Xinjiang à Urumqi possède une belle collection venant d'Astana. Des statuettes de stuc peint ont révélé des aspects de la vie quotidienne à Gaochang, comme les costumes traditionnels, certaines coutumes et l'harnachement des chevaux. Des échantillons de céréales, de pain, de pâtisserie placés dans les tombes donnent des indications sur l'alimentation. Von Le Coq fouilla le site pendant la première décennie de ce siècle (et il trouva une boîte d'allumettes russes fabriquées en 1890 — preuve qu'une expédition tsariste l'avait précédé). Il fut suivi par Sir Aurel Stein en 1915. Les Chinois procédèrent à des fouilles importantes en 1972 et 1973.

Trois tombes sont ouvertes au public. Un passage étroit et escarpé descend dans une petite chambre sombre à cinq mètres environ sous terre. Deux d'entre elles contiennent des peintures décolorées: dans l'une, des oiseaux de bon augure; dans la tombe du général Zhang Xun de la dynastie Tang et de sa femme (aujourd'hui au Musée de Turfan), quatre fresques représentent l'Homme de Jade, l'Homme d'Or, l'Homme de Pierre et l'Homme de Bois — symboles des vertus confucéennes. La troisième tombe contient les momies d'une femme et d'un homme; dans la bouche de ce dernier, on trouva une pièce de monnaie venant de Perse.

## ■ LES GROTTES DES MILLE BOUDDHAS DE BEZEKLIK

Cachées dans les Monts Flamboyants sur un site à vous couper le souffle qui surplombe de haut le défilé de la rivière Murtuk (à 56 kilomètres au nord-est de Turfan) se trouvent 67 grottes datant des dynasties du Nord et du Sud (317 à 589) jusqu'à la dynastie Yuan (1279-1368). Bezeklik était un centre bouddhique important sous les gouvernement des Huigu de Xizhou qui firent bâtir le temple royal des souverains huigu sur ce site. Les grottes sont bien cachées sur une crête surplombant la vallée où était située le monastère. A l'origine, l'accès aux grottes se faisait par un escalier et un sentier escarpés. Certaines furent creusées dans la façade, tandis que d'autres furent construites de briques séchées au soleil — un trait unique à Bezeklik.

Bezeklik signifie en ouïghour «l'endroit où il y a des peintures». Les grottes furent fouillées pendant la première décennie de ce siècle par les

Allemands von Le Coq et Grünwedel qui les avaient trouvées ensablées. Ils déblayèrent d'abord l'entrée et trouvèrent six grands portraits de moines bouddhistes. Les fresques à l'intérieur, qui avaient quelque mille ans d'âge, étaient dans un excellent état de conservation, avec des couleurs encore éclatantes. On y voyait des moines indiens aux robes jaunes avec leur nom écrit en lettres brahmaniques ; des moines d'Asie du Sud-Est en robe pourpre ; des portraits du Bouddha datant d'époques différentes ; et des représentations d'étrangers venus offrir des cadeaux au Bouddha, dont des princes indiens, des brahmanes, des Persans et un étranger aux cheveux roux et aux yeux bleus. Le temple central contient des fresques racontant les légendes des dieux et des démons mythiques indiens. Les Allemands trouvèrent aussi des statues de stuc peint, grandeur nature, de bouddhas, de disciples et de gardiens.

Von Le Coq et son partenaire Theodor Bartus se mirent au travail, sciant à travers les surfaces de stuc et de paille : ils emportèrent autant de fresques qu'ils purent parmi les plus belles. Emballées et expédiées en Europe, les fresques furent placées dans le Musée ethnologique de Berlin. Les bombardements de la Deuxième Guerre mondiale en détruisirent quelques-unes, mais le reste est exposé dans le musée d'Art indien à Berlin. Malheureusement, la plupart des peintures qui demeurent sur place sont dans un état déplorable, ayant été défigurées par les musulmans ouïghours. Néanmoins, Bezeklik mérite une visite pour la beauté du site. il reste encore quelques fragments intéressants dans les grottes 16, 17 et 33 mais il faut demander au garde de les ouvrir. Près de l'entrée de la vallée se trouvent les grottes des Mille Bouddhas de Shengjinkou mais presque rien n'en subsiste.

## ■ TUYOQ (*TUYUGOU*)

Ce vieux village paisible est situé à 70 kilomètres à l'est de Turfan dans une étroite vallée verdoyante creusée dans les Monts Flamboyants. Il est entouré de vignobles célèbres pour leur raisin ovale et sans pépins, vendus sous forme de raisins secs à Pékin. Albert von Le Coq découvrit ici en 1905 les ruines de temples rupestres bouddhiques « accrochés comme des nids d'hirondelles à la pente presque perpendiculaire de la montagne ». Ces grottes seraient les plus anciennes de la région de Turfan et dateraient du 4e siècle. Une partie du monastère perchée au sommet de l'une des falaises est tombée dans le ravin en 1916 pendant un tremblement de terre. Von Le Coq découvrit également une cellule de moine montrant une certaine influence architecturale persane qui contenait des textes religieux et de magnifiques broderies des 8e et 9e siècles.

La célèbre légende ouïghoure de Tuyoq raconte l'histoire de six musulmans pieux qui cherchèrent refuge dans les grottes. Un imposteur ayant tenté de se faire passer pour Allah, les six hommes décidèrent de mettre ses pouvoirs à l'épreuve. Ayant vu un jour en allant à la mosquée qu'il avait manifesté de la peur en voyant un chat noir, ils eurent la certitude qu'il ne pouvait s'agir de leur Dieu. Dénoncé, le faux Allah tenta de tuer les six hommes qui s'enfuirent et se cachèrent dans les grottes de Tuyoq ; une araignée tissa une toile pour masquer l'entrée et deux pigeons montèrent la garde à l'extérieur. En vertu de la piété des six hommes, un voyage à la mosquée de Tuyoq est considéré comme égal à la moitié d'un pèlerinage à La Mecque et ceux qui s'y rendent reçoivent le titre de « demi-*hadji* ».

Plus de quarante grottes ont été creusées dans la falaise, mais seules neuf d'entre elles contiennent encore des traces de fresques. L'accès y est difficile sans cordes ou sans échelles et la CITS a besoin d'un mois de préavis pour organiser une visite.

## ■ LES MONTS FLAMBOYANTS (*HUOZHOU SHAN*)

Ces collines de calcaire rouge s'étirent sur 100 kilomètres le long de la bordure nord de la dépression de Turfan, juste au nord-est de Turfan. Dès que les rayons du soleil s'abaissent, les versants des collines semblent être dévorés par des langues de feu et la chaleur réfléchie est intense. Il est facile de comprendre pourquoi de nombreuses légendes parlent de ces collines. Dans le célèbre roman allégorique du 16e siècle, *Le pèlerinage d'Occident* de Wu Cheng'en, Xuan Zang et ses étranges compagnons tentent de les traverser mais ne peuvent pénétrer les flammes. Le Singe obtient un éventail magique de feuilles de palmes de la Princesse « Eventail de Fer », épouse du Roi « Buffle-Démon », et il l'agite quarante-neuf fois, déclenchant une forte pluie qui éteint le feu. Aujourd'hui, les habitants ajoutent que lorsque le Singe essaya de traverser les Monts Flamboyants, il se brûla la queue et que depuis ce jour tous les singes ont le derrière rouge.

## ■ LE LAC DE LA LUNE (*AIDING HU*)

Ce lac, à 55 kilomètres au sud-est de Turfan au centre de la dépression de Turfan, est un endroit vraiment lugubre, une petite mare d'eau salée au fond du bassin continental le plus bas du monde, à 154 mètres au-dessous du niveau de la mer. La surface du lac est complètement recouverte d'une couche de sel qui ressemble à de la glace et ses rives semblent des sables mouvants. Le sel de Glauber — utilisé dans les détergents et comme

Les Monts Flamboyants, près de Turfan.

diurétique — est conditionné ici dans une fabrique employant trois mille personnes. En hiver, le lac gèle et des camions circulent à sa surface pour y récolter le sable et le sel gelés qui seront stockés dans des bacs près du lac où les températures torrides de l'été les feront fondre. La température monte jusqu'à 65° C en août. De nombreux ouvriers arrivèrent ici dans leur jeunesse pendant la Révolution culturelle, envoyés des provinces riches et verdoyantes du Zhejiang, du Sichuan et du Guangdong entre 1966 et 1976 et ils y sont restés. Quelques tours de guet de la dynastie Han (206 av. J.-C.-220 ap. J.-C.) se profilent sur la berge.

## INFORMATIONS PRATIQUES

La population du district de Turfan est d'environ 400 000 personnes, dont 72 % sont ouïghours. La ville même n'est pas grande et les hôtels pour touristes sont situés à quelques minutes à pied du bazar et des magasins. Les rues de Turfan recouvertes de treillis sont ombragées et agréables en été mais attention, il est interdit d'en cueillir les raisins sous peine d'amende.

### Transport

Bus toutes les heures pour Urumqi et Daheyan, la gare de chemin de fer la plus proche sur la ligne Lanzhou-Urumqi. Bus quotidiens pour Hami et trois fois par semaine pour Kashgar. La gare routière est en face du bazar, à côté de l'hôtel Jiaotong.

### Hébergement

L'eau étant rationnée pendant l'été les hôtels sont obligés de limiter son utilisation (pour les douches surtout) à quelques heures l'après-midi ou le soir.

*Hôtel Oasis (Luzhou binguan)*

Qingnian lu, tél. 22478. Chambres avec air conditionné très confortables (hôtel standard) ; jardins agréables ; restaurants chinois et musulman ; bureaux de la CITS et de la CTS.

*Turfan guesthouse (Tulufan binguan)*

Qingnian lu, tél. 26333. Ancien *guesthouse* avec des ailes nouvelles ; ambience sympathique surtout dans le jardin ; chants et danses ouïghours le soir en été ; location de vélos et tours des sites.

*Hôtel Jiaotong (Jiaotong binguan)*

A côté de la gare routière, tél. 23238. Chambres avec air conditionné ; restaurant musulman.

Façonnage du pain à Turfan

*Huozhou guesthouse (Huozhou lüguan)*

Gaochang lu. Hôtel budget avec chambres très simples ; toilettes à l'étage ; pas de douches ; très peu d'eau en été.

## Restaurants

Les petits restaurants et les salons de thé du bazar et du marché de Gaochang lu proposent de très bons plats ouïghours — *laghman*, *chushira*, *samsa*, kebabs, et pains de même que le grand plat du dimanche, le *poluo* et *manta*. Pendant les chaleurs de l'été essayez les nouilles de riz froides avec une sauce à l'ail et au vinaigre. Une des spécialités locales est le poisson salé, un poisson séché en croûte de boue et de sel pêché dans les lacs environnants lorsque ceux-ci commencent à s'assécher en été. Le matin, du lait frais et des yoghourts sont en vente dans les rues. A part le thé (*chai*), les boissons les plus recherchées sont le *bingshui* (jus de fruits) et la glace pilée sucrée. La bière locale, en revanche, n'est pas fameuse.

Les fruits frais sont toujours disponibles à Turfan : abricots, pêches, mûres, poires. En plus de la pastèque commune, on y trouve d'excellents melons dont le fameux *Hami gua* (un melon vert à chair orange), le *Minzu gua* (à chair verte) et le *Tang gua* (de couleur jaune avec des barres noires).

## Agences de voyage

La CITS (tél. et fax 22768), la CTS et la CYTS (tél. 23706) sont toutes situées à l'hôtel Oasis et offrent toutes des services semblables pour les groupes et les voyageurs individuels (visites locales, billets de train et de bus).

## ALBERT VON LE COQ (1860-1930)

Le grand rival de Sir Aurel Stein fut l'Allemand Albert von Le Coq. Ses trouvailles dans le Turkestan chinois, avec celles emportées par deux autres expéditions allemandes, remplirent sans difficulté les treize salles qui furent rajoutées au Musée ethnologique de Berlin pour recevoir sa Collection de Turfan.

Von Le Coq se mit à l'étude des langues orientales — notamment de l'arabe, du turc, du persan et du sanscrit — à l'âge de 40 ans, après avoir jusqu'alors géré une florissante entreprise familiale de négoce en vins. En 1902, il rejoint la section indienne du Musée ethnologique de Berlin, puis, en 1904, prit part à sa première expédition, accompagné de son collègue, Theodor Bartus. Ils explorèrent Kharakhoja, Bezeklik, Karashahr, Maralbashi et Shuipang (au nord de Turfan) où ils trouvèrent des manuscrits chrétiens, des fragments de l'Evangile selon saint Matthieu, le Crédo de Nicène en grec et des textes sur la visite des Rois Mages à l'enfant Jésus. A Hami, Bartus et von Le Coq furent reçus en invités d'honneur au palais du khan, meublé de tapis de Hetian, de broderies de soie, de sculptures de jade et d'horloges françaises.

Lors de son séjour à Hami, von Le Coq apprit la nouvelle de la découverte d'anciens manuscrits près de l'oasis de Dunhuang et un marchand turkmène lui parla d'un prêtre chinois qui avait trouvé cinq ans plus tôt une bibliothèque bouddhique cachée. Au même moment, le directeur de von Le Coq, l'éminent historien de l'art Albert Grunwedel, envoya un télégramme à von Le Coq lui demandant de le rejoindre à Kashgar. N'ayant pas le temps de faire les deux trajets, von Le Coq joua à pile ou face. Il partit le lendemain pour Kashgar, laissant sans le savoir les richesses de Dunhuang à ses rivaux Albert Stein et Paul Pelliot.

Von Le Coq retourna par la suite aux environs de Kucha avec Grunwedel. Une équipe japonaise venait de visiter la région, et une équipe russe espérait également y effectuer des fouilles. Lorsque les frères Beresovsky arrivèrent, il y eut quelques différends entre Russes et Allemands à propos de leurs « droits » respectifs à fouiller le sol, leurs deux gouvernements ayant établi des « sphères d'intérêts » et s'étant mis d'accord sur certains arrangements qui devaient être respectés par les archéologues.

Von Le Coq se rendit aux grottes de Kizil qui surplombent la rivière Muzart et qui consistent en « des centaines de temples établis dans les falaises abruptes d'une chaîne de montagnes ». Kucha avait autrefois été une ville riche et relativement cosmopolite et renfermait des trésors de la culture et de l'art bouddhiques — les fresques de Kizil sont considérées comme étant parmi les meilleures de l'Asie centrale. Von Le Coq remarqua au sujet de l'un des temples : « Les peintures étaient les plus belles que nous ayons trouvé au Turkestan et consistaient en des scènes des légendes du Bouddha presque hellénistiques de style. » Les murs des grottes étaient recouverts d'une épaisse couche de moisissure qu'il fallut enlever à l'eau-de-vie chinoise. L'une des fresques représentait le roi Ajatashatru prenant un bain rituel dans du beurre fondu alors qu'un courtisan peint devant son souverain la scène de la mort du Bouddha plutôt que de devoir lui annoncer la mauvaise nouvelle de vive voix. Les autres grottes contenaient des peintures de la tentation du Bouddha par Mara, ses sermons et sa crémation.

Von Le Coq enleva des panneaux entiers de fresques et vida certains temples de tout leur contenu, malgré les critiques de Grunwedel qui s'opposait à cette pratique qui consistait à se saisir des œuvres d'art uniquement parce qu'il s'agissait de trésors. Von Le Coq repartit finalement tout seul pour Berlin après une absence de deux ans et demi.

A cause de l'énorme travail de catalogage et d'études diverses des reliques bouddhiques ramenées par les Allemands (dont Grunwedel lui-même), von Le Coq ne participa à une seconde expédition que six ans plus tard. Celle-ci connut des difficultés dès le départ et fut interrompue par le début de la Première Guerre mondiale. Ce fut la dernière visite de von Le Coq en Asie centrale. Promu directeur du Musée de Berlin, il passa le restant de ses jours à organiser des expositions de ses trésors et décrivit en détail ses expéditions dans son ouvrage *Buried Treasures of Chinese Turkestan.*

Si une grande partie des objets ramenés d'Asie centrale par les Allemands fut détruite pendant les bombardements alliés de la Deuxième Guerre mondiale, beaucoup en réchappèrent, et notamment les petits objets facilement transportables qui furent entreposés dans le bunker du zoo de Berlin ou au fond des mines de charbon. Les manuscrits se trouvaient pour la plupart à l'Académie de Prusse et sont restés intacts. Parmi les pertes les plus regrettables sont les peintures qui avaient été cimentées au mur et qu'il était donc impossible de retirer à temps, et vingt-huit des grandes fresques qui provenaient de Bezeklik. Les objets restants, qui constituent environ 60% de la collection originale, sont aujourd'hui exposés au musée d'Art indien de Berlin.

De plus, il semblerait qu'une partie des pertes constatées ne soit pas due aux bombardements mais au pillage du bunker du zoo par les Soviétiques lorsqu'ils prirent le contrôle de cette zone de Berlin en 1945. Huit ou neuf caisses de sculptures en terre cuite auraient été emportés en Russie, de même que de nombreuses sculptures d'Inde et du Turkestan du Musée ethnographique de Berlin. Si beaucoup de peintures européennes disparues pendant la guerre ont aujourd'hui été retrouvées dans les caves des musées russes, aucune mention n'a été faite jusqu'à présent des œuvres d'art de la Route de la Soie, et cela malgré les demandes répétées du gouvernement allemand.

## DE TURFAN À KORLA

La Route nord de la Soie, une piste de terre jusqu'aux années 1970 lorsqu'elle fut asphaltée, serpente au sud-ouest de Turfan vers la petite oasis de Toksun qui est arrosée par les eaux des rivières Baiyang et Ala. Peu après commence une section particulièrement dangereuse de 1500 kilomètres menant à Kashgar. Elle mérite bien son nom de **Fossé asséché** (Gan gou). Pendant 60 kilomètres, la route serpente le long de la gorge de cet éperon de collines dénudées aux couleurs bleu, ocre, brun et gris. Les camions prennent environ sept heures pour traverser cette chaîne oppressante et une jeep plus d'une heure. Le revêtement de la route est très mauvais ; il est fréquemment inondé par les pluies soudaines qui lavent les versants des collines avec une force incroyable.

Dans le roman du 16$^{e}$ siècle *Le pèlerinage d'Occident*, le Roi « Buffle-Démon », l'époux fâché de la Princesse « Eventail de Fer » tente de barrer le chemin du moine Xuan Zang et de ses compagnons en jetant sa longue ceinture qui se transforme en ce défilé sec et périlleux. Le Dieu des Monts Flamboyants vient alors à leur secours en parsemant le chemin de perles qui se transforment en un fruit délicieux et désaltérant — les raisins de Turfan.

A **Komishi** (Kumux), au bout du Fossé asséché, les chauffeurs des camions qui transportent vers le sud du pétrole venant des champs de Karamai, des machines agricoles, de l'engrais, des tonneaux de bitume et des pneumatiques, s'arrêtent pour respirer un peu après la traversée éprouvante, tandis que les chauffeurs des véhicules en route vers le nord qui sont chargés de cordes, de nattes de roseau et de bois remplissent leurs radiateurs d'eau en prévision du difficile trajet qui les attend.

Le **Ravin de l'Orme** (Yushu gou) se glisse entre les collines et marque la frontière entre le district de Turfan et la région autonome mongole de Baiyinguoleng. « Protégez les arbres » annonce un écriteau au bord de la route, mais il n'y a pas un seul arbre en vue, seulement l'éternelle broussaille à chameaux.

Des marais recouverts d'écume, des herbes hautes et du bétail paissant à quelque distance avant la ville de **Yanqi** indiquent la proximité du grand lac de Bagrash. Bien qu'aujourd'hui Yanqi ne soit que le chef-lieu du district autonome hui de Yanqi dont l'industrie principale est la fabrication de nattes de roseau que l'on utilise pour les clôtures et les toits, elle fut historiquement l'oasis très importante de Karashahr (la Ville Noire) qui, en l'an 11, se révolta contre la domination Han en assassinant le protecteur-général chinois. La révolte fut écrasée sans pitié par le général de la dynastie Han, Ban Chao, qui pilla la ville, décapita 5000 habitants et emmena avec lui 15 000 prisonniers et 300 000 têtes de bétail.

Lors de la dynastie Tang, Karashahr devint la capitale du royaume bouddhiste d'Agni (un mot sanscrit) dont le roi, écrit le moine Xuan Zang, ne cessait de vanter ses conquêtes militaires tandis que ses habitants étaient « sincères et honnêtes ». Xuan Zang observa aussi que « l'écriture est, à peu d'exceptions près, semblable à celle de la Chine. Les vêtements sont faits de coton ou de laine, ils se promènent la tête tondue et sans chapeau.» Lorsque les Tibétains occupèrent le Xinjiang au 7$^{e}$ siècle, c'est à Karashahr qu'ils s'arrêtèrent dans leur poussée vers le nord. Dès le 9$^{e}$ siècle, sa population tokharienne fut peu à peu absorbée par les Ouïghours. Tamerlan pilla la ville en 1389.

Sven Hedin qualifie Karashahr de « principal centre commercial dans cette partie du Turkestan chinois » ; il dit aussi que c'est « la ville la plus sale de toute l'Asie Centrale [...] qui consiste en d'innombrables taudis, cours, bazars et tentes mongoles entourées d'un mur ». Le diplomate britannique Sir Eric Teichman remarqua dans les années 30 que ce n'était pas « une cité turkmène, mais plutôt chinoise et mongole ». Les Mongols Torgut de Karashahr étaient réputés élever les meilleurs chevaux de tout le Turkestan ; ils étaient vigoureux et capables de couvrir quelque 300 kilomètres par jour.

A 24 kilomètres à l'est de Yanqi s'étend le plus grand lac de l'Asie centrale, le **Baghrash Kol** (Bositeng hu en chinois) qui a une surface de 1000 km$^2$. La rivière Kaidu s'y jette, tandis que la Konche Darya (ou rivière du Paon), qui coule à travers les étendues du nord du désert du Taklamakan jusqu'au Lop Nor, y trouve sa source. Pendant les mois d'été, les pêcheurs mongols construisent des abris de fortune le long du rivage et la pêche qu'ils pratiquent en bateau ne leur permet qu'une vie misérable. Une légende raconte que le lac était autrefois infesté de serpents d'eau qui essayèrent de barrer le chemin à Xuan Zang. D'un mouvement de ses longues manches, il leur ordonna de retourner dans le lac et les transforma en poissons. On trouve seize petits lacs dans le voisinage ; en été, l'un d'eux se transforme en une masse extraordinaire de lys d'eau, roses et blancs.

Quelques ruines antiques parsèment la région, dont les murs de terre battue d'une cité datant de la dynastie Han (206 av. J.-C.-220 ap. J.-C.). On trouve à l'intérieur de hauts monticules herbus qui demandent à être fouillés. On a prévu de fouiller les restes de deux grands temples de la dynastie Tang à environ 20 kilomètres au sud-ouest de Yanqi qui auraient été occupés autrefois par mille moines. Près de là, se trouvent les **grottes bouddhiques de Qinxing**, mais elles ont été soigneusement vidées par les archéologues japonais, britanniques et allemands et une fabrique de briques, tout près de là, a continué le ravage. Des fragments décolorés de peintures murales existent seulement dans six grottes ; comme il n'y a pas de gardien, les plus belles restent fermées.

Au-delà de Yanqi, la route traverse la ligne de chemin de fer de Nanjiang et serpente vers la ville de Korla à travers des collines basses, plutôt laides, de pierres et de sable, un brusque contraste avec le vert des champs cultivés de Yanqi.

## KORLA

La **préfecture mongole du Bayinguoleng** dont Korla est la capitale est la plus grande préfecture de toute la Chine. Aussi grande que la Californie, elle comprend la moitié est du désert du Taklamakan et s'étend jusque à la frontière du Tibet, du Qinghai et du Gansu. Toute cette région a une population de 780 000 habitants dont la majorité sont des Chinois Han ; l'on dénombre 260 000 Ouïghours, seulement 40 000 Mongols et un millier de Tibétains environ.

Les Mongols de cette région sont les Torgut ou Mongols Kalmuck qui émigrèrent en Russie au 17e siècle depuis la Mongolie occidentale et s'établirent le long de la Volga. Des unités de la cavalerie torgut furent incorporées aux forces armées tzaristes avec succès, mais une centaine d'années plus tard, les Torgut décidèrent de retourner en masse au Xinjiang. Leur voyage fut fertile en désastres : ils furent poursuivis et harcelés par les soldats cosaques et attaqués par les tribus de maraudeurs. Au moment où ils atteignirent la frontière, sept mois plus tard, il n'en restait plus que 70 000 — moins de la moitié de ceux qui étaient partis. L'empereur Qianlong (1736 à 1796) offrit l'hospitalité aux Torgut ; il leur concéda des pâturages dans les régions de Karashahr et de Yili dans le Xinjiang et leur donna des chevaux, des moutons, du tissu, du thé et des yourtes. Ils passèrent l'hiver sur les rives du Baghrash Kol et l'été dans les vallées des Monts Célestes, comme ils le font encore aujourd'hui.

En 1934, Sven Hedin et son expédition sino-suédoise entreprirent un voyage en voiture sous les auspices du Ministère chinois des Chemins de fer pour procéder à l'étude du réseau routier entre la Chine et le Xinjiang. A Korla, ils tombèrent aux mains des troupes musulmanes du jeune rebelle, le général Ma Zhongying, dit « Grand Cheval ». Les membres de l'expédition attendirent dans une cour, les mains liées, leur exécution sommaire ; leurs cinq véhicules furent confisqués par des soldats en retraite. Leur exécution différée, ils furent mis en résidence surveillée tandis que le général « Grand Cheval » lui-même « empruntait » leurs véhicules pour s'enfuir vers Kashgar au sud-ouest. Entre-temps, des avions soviétiques venant à l'aide du gouverneur du Xinjiang bombardaient Korla.

Aujourd'hui, Korla compte 150 000 habitants (plus de la moitié sont des Chinois) qui vivent de l'industrie lourde et de l'exportation de produits comme les poires parfumées (dont le plus grand acheteur est Hong Kong), de la purée de tomates (achetée par les Japonais) et du coton. Des prospections pétrolières sont en cours avec l'aide américaine et australienne dans le désert du Taklamakan, au sud de Korla. Il y a peu de sites historiques dans la région à part le **col de la Porte de Fer** (Tiemenguan), à sept kilomètres au nord. Ce passage de la Route de la Soie, entre les montagnes et la rivière, gardait la seule voie reliant alors le nord et le sud du Xinjiang. Tout ce qui reste après les destructions perpétrées par la Révolution culturelle est un tas de briques. On parle de rebâtir l'énorme porte de Fer qui donna son nom au col.

## INFORMATIONS PRATIQUES

Korla fut ouverte au tourisme étranger en décembre 1986 mais il y a peu de chances pour que les touristes s'y arrêtent plus d'une nuit: c'est en effet une ville provinciale sans aucun caractère qui n'a que très peu à offrir du point de vue historique.

### Transport

Cinq vols par semaine pour Urumqi et trois fois par semaine pour Kucha. La ligne de chemin de fer Nanjiang s'arrête à Korla; le trajet vers Urumqi prend 19 heures, avec soixante arrêts en route. Bus quotidiens pour Kucha, Aksu, Kashgar et Hetian à l'ouest, et pour Urumqi et Turfan à l'est.

### Hébergement

Chambres disponibles au *guesthouse* de la gare routière ou au centre-ville à l'hôtel Bayinguoleng sur Renmin dong lu (tél. 2248, restaurants musulman et occidental).

### Restaurants

Des étals et de petits restaurants en face de la gare routière servent à manger jusqu'à tard dans la nuit.

## KUCHA (KUQA)

De la broussaille, quelques arbres de temps à autre, des buissons aux fleurs roses et, lorsqu'il y a de l'eau, de l'herbe haute, voilà la végétation des étendues désertiques du *gebi* qui s'étend à l'ouest de Korla, autour de la bordure du bassin du Tarim.

La prochaine ville importante, Kucha, était le centre du plus grand des trente-six royaumes des Régions occidentales recensés au 2e siècle ap. J.-C. par le premier des voyageurs de la Route de la Soie, l'émissaire chinois Zhang Qian. En l'an 91, Kucha dut se rendre au général Ban Chao dont les campagnes étendues contre les Xiongnu, en Asie centrale, avaient soumis cinquante royaumes à son empereur. Au 4e siècle, le royaume kuchéen de Guici était un centre important de commerce et de culture indo-européenne. Des routes commerciales secondaires menant au nord jusqu'au bassin de Junggar et au sud jusqu'à Hetian à travers le Taklamakan rejoignaient la Route de la Soie à Kucha.

C'est pendant cette période stimulante que le linguiste et érudit Kumarajiva (344-413), le fils le plus célèbre de Kucha, entra dans les annales bouddhistes chinoises comme « le neuvième patriarche du bouddhisme ». Le père de Kumarajiva venait du Cachemire et sa mère était la sœur du roi de Guici. Il fut éduqué au Cachemire puis retourna, maître respecté du bouddhisme hînayâna, à Kucha. Parmi ses disciples se trouvaient les petits-fils du roi de Yarkand. En 383, Kumarajiva fut emmené à Liangzhou (l'actuel Wuwei) dans la province du Gansu par le général Lu Kuang qui avait conquis les royaumes du bassin du Tarim. C'est là qu'il vécut 17 ans et acquit sa renommée de traducteur zélé des écritures bouddhiques, du sanscrit en chinois.

Avant de disposer de traductions précises de la philosophie bouddhiste indienne, les Chinois considéraient cette nouvelle religion comme une forme barbare et étrangère de leur propre taoïsme, en partie parce que les deux religions s'efforcent d'atteindre au salut, et en partie parce que ces premières traductions employaient des termes taoïstes pour interpréter des concepts bouddhistes ce qui rendait difficile une compréhension des doctrines essentielles de la nouvelle religion. La langue chinoise est mal adaptée aux subtilités et au raisonnement abstrait du bouddhisme tel qu'il est rendu en sanscrit. Ce n'est qu'après l'apparition de traductions précises entre le 5e et le 8e siècle que les Chinois purent comprendre la nature profonde du bouddhisme.

La fabrication du fromage de chèvre est une activité qu'on retrouve tout au long de la Route de la Soie. Ce fromage ressemble à la *feta* grecque.

C'est pendant la dynastie Tang (618-907) que le royaume de Kucha atteignit son apogée en tant que centre artistique et culturel. Les riches caravanes commerçantes comblaient de subsides les monastères bouddhiques qui comptaient plus de cinq mille moines. Avant 658, lorsque la ville fut prise par les Chinois, elle avait son propre style de peinture, sa propre musique et sa propre langue. L'archéologue Paul Pelliot découvrit des documents à Kizil écrits dans cette ancienne langue perdue. La musique de Kucha devait influencer profondément la musique chinoise, et les musiciens et les danseurs de Kucha se produisaient devant la cour à Chang'an (Xi'an) qui adopta leur notation musicale aussi bien que leurs instruments (tambour, luth, flûte de roseau).

Xuan Zang, retenu par d'importantes chutes de neige, passa deux mois à Kucha ; il raconte avoir vu des statues de bouddhas hautes de 27 mètres à côté de la porte ouest de la ville et décrit les fameux « Chevaux de Dragon » de Kucha qui seraient, malgré leur docilité, nés de l'union de dragons lacustres et de juments sauvages.

L'arrivée des Ouïghours, au 9e siècle, entraîna l'absorption progressive des Indo-Européens et leur conversion à l'islam. Sous le règne des Mongols, Kucha fit partie du khanat de Chaghatai sous le nom d'Ouïghouristan et se trouva mêlée aux luttes de pouvoir et aux petites guerres des royaumes voisins, tombant ainsi fréquemment sous le pouvoir de Kashgar.

En 1864, Kucha se joignit à la rébellion musulmane contre la dynastie Qing qui ravageait le Nord-Ouest de la Chine, et fut incorporée trois ans plus tard au Kashgaristan de Yakub Beg. Les Chinois reprirent la ville en 1877.

Le pillage sans gêne des sites archéologiques de Kucha commença en 1889 avec la découverte, par des chasseurs de trésors locaux, d'une tour étrange, probablement un ancien stoupa bouddhique, contenant des corps momifiés et des piles de manuscrits anciens. Sir Hamilton Bower (alors lieutenant dans l'armée indienne) en acheta un en 1890 lorsqu'il traversa Kucha sur les traces du meurtrier d'un jeune explorateur écossais, Andrew Dalgleish. Bower l'envoya à un expert anglo-germanique des écritures d'Asie centrale à Calcutta, le docteur Augustus Hoernle, qui le déchiffra et data ce « manuscrit de Bower » — c'est ainsi qu'on le nomme aujourd'hui — à l'an 500. Le texte était écrit en sanscrit avec un alphabet brahmanique, probablement par des moines indiens, et concernait la médecine et la nécromancie.

Cette découverte étonnante conduisit à l'exploration des villes cachées du Taklamakan et à une ruée sur les trésors de la région de Kucha. Des expéditions japonaises, soutenues par le comte Kozui Otani, travaillèrent

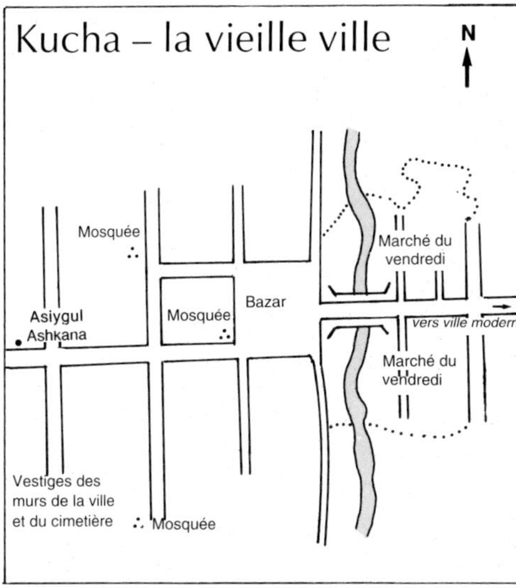


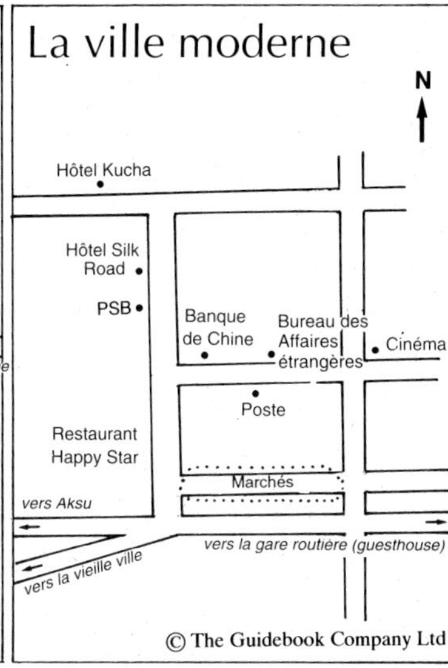


dans la région en 1902 et 1908. En 1906, les frères russes Beresovsky en arrivèrent à menacer von Le Coq lorsqu'ils se disputèrent les sites de fouilles. A la même époque, l'orientaliste français Paul Pelliot découvrit de nombreux manuscrits bouddhiques précieux pendant un séjour de sept mois. Stein revint en 1908, suivi par le Russe Sergei Oldenburg en 1910.

## VISITE

Kucha est une ville ouïghoure — 24 % seulement de ses 83 000 habitants sont des Chinois Han. La vieille et la nouvelle ville sont séparées par les vestiges des anciens remparts de la cité qui autrefois s'étendaient sur huit kilomètres d'est en ouest. La vieille ville est un labyrinthe de ruelles étroites non pavées et de hauts murs faits en briques de terre séchée ; la nouvelle ville est simple et fonctionnelle. L'économie locale est centrée sur l'agriculture (blé, coton, maïs et des fruits comme les abricots à la peau douce, les prunes roses, les figues et le raisin) et sur les petites usines produisant du ciment, des outils agricoles, des tapis et autres objets usuels.

La ville est très animée, surtout le vendredi — jour de marché — lorsque plus de 30 000 personnes se pressent dans les rues et les ruelles des deux villes, menant leurs affaires dans la chaleur et la poussière selon la manière traditionnelle de commercer au Moyen Age en Asie centrale. Des femmes ouïghoures — le visage recouvert par un épais châle brun mais la jupe retroussée qui révèle des culottes bouffantes à fleurs et des jambes gainées de bas — sont accroupies parmi leurs marchandises et interpellent vivement les chalands; elles vendent des cuirs teints artisanalement, de la laine pour tapis, des peaux de mouton, des plantes médicinales, des selles et des sacs, des harnais ornés de glands, des bonnets brodés, des tapis colorés en feutre et des lanières de peau d'encolure (la meilleure pour la reliure). En plus des vestiges des murailles, la vieille ville renferme les cimetières musulmans et plusieurs mosquées.

Deux arches sur le pont portent l'inscription « Ancienne frontière de Guici ». Dans la mosquée voisine, de la dynastie Qing (1644-1911), se pressent les fidèles: à l'entrée, de dignes vieillards à la barbe blanche vendent des livres saints et des « tubes à pipi », pour évacuer l'urine des enfants à travers les couches de vêtements, à ne pas confondre avec les pipes en bois. Sous de grands parapluies de fortune, des stands de nourriture offrent du yogourt, des saucisses de mouton farcies avec du riz, des brochettes, du mouton bouilli et de la crème glacée.

Des taxis, carrioles tirées par un cheval, vous transportent entre les bazars de la vieille et de la nouvelle ville. Dans les rues bordées d'arbres de la nouvelle ville se tient un marché agricole relativement ordonné qui offre des fruits et des légumes frais, des céréales et des graines, de tendres abricots séchés au soleil et du jus de mûre et de grenade. A la disco chinoise en plein air, avec musique *live* et lumières de toutes les couleurs, les jeunes dansent des tangos, des valses et le cha-cha.

En été, lorsque abricots, pêches et figues viennent à maturité, les touristes peuvent visiter un verger familial au sud-ouest de la ville où ils seront reçus avec l'hospitalité traditionnelle ouïghoure par un *dastarkan*: on leur offrira du pain *nan* et des bols de thé. Pour un prix dérisoire, les visiteurs pourront cueillir à volonté les fruits directement de l'arbre.

## ■ LA MOSQUÉE DE KUCHA

Cette belle et imposante mosquée se trouve dans la partie nord de la vieille ville; elle fut construite en 1923. La façade a deux hauts minarets et le dôme intérieur présente de belles arabesques sur fond de briques. La grande salle de prières a un plafond sculpté et incrusté qui est soutenu par des piliers de bois de couleur rouge, bleue et verte; elle est utilisée pour les principales fêtes musulmanes.

Juste à l'ouest se trouve une mosquée plus petite qui offre, depuis le minaret, une belle vue sur la vieille ville et le bazar. Les mosquées sont fermées aux non musulmans aux heures de prière.

## ■ LA TOMBE DU MOLANA ASHIDIN HODJA

A dix minutes à pied de l'hôtel Kucha repose un missionnaire arabe qui arriva à Kucha il y a 600 ou 700 ans. Un jour, sans y prendre garde, il tua un pigeon. Le jour suivant, il mourut. Sa tombe, flanquée d'une mosquée, est maintenant un lieu de pèlerinage. Des carreaux verts ornent sa modeste porte d'entrée. Le sarcophage, couvert d'un tissu blanc, se trouve à l'intérieur d'une petite salle à croisillons de bois. Des bandes de tissu blanc pendent des branches dénudées d'un arbre pour indiquer que l'endroit est sacré.

## ■ LES GROTTES DES MILLE BOUDDHAS DE KIZIL

Ces grottes parce qu'elles se trouvent à 75 kilomètres au nord-ouest de Kucha dans le district de Baicheng. L'accès en est difficile à moins de louer une voiture et un guide au bureau des Affaires étrangères (FAO). Des cordes et des échelles sont nécessaires pour entrer dans certaines des grottes qui contiennent parmi les plus beaux fragments de fresques du Xinjiang. En sortant de la ville par la route principale qui mène à Yining, on passe à travers le **défilé de l'Eau salée** (Yanshui gou) où le vent a sculpté dans la roche des formes bizarres. Une route secondaire mène au village-oasis de Kizil d'où part une piste de terre qui traverse d'abord un col escarpé puis descend dans la vallée de Kizil, offrant une vue spectaculaire.

Des 236 grottes de cet ensemble, 135 sont considérées intactes mais 80 seulement contiennent encore des fragments de fresques. Il ne reste plus de statues. Les plus anciennes grottes furent creusées dans le versant de la colline au 3$^{e}$ siècle et celles dont la valeur artistique est la plus évidente datent de la dynastie Tang (618-907). Elles furent progressivement abandonnées avec l'avance de l'islam au 14$^{e}$ siècle.

Les grottes de Kizil comptaient parmi les plus beaux exemples d'art bouddhique en Asie centrale. Les peintures murales les plus anciennes dénotent l'influence du style Gandhara (indo-hellénistique) mêlé d'éléments persans, tandis que les fresques plus récentes sont soumises aux règles chinoises. Quelque 70 fables bouddhiques des *jatakas* sont illustrées par ces fresques — on y voit le Roi des Pigeons s'immolant par le feu pour atteindre au nirvana, le Roi des Eléphants se sacrifier pour aider les pauvres, et le Roi des Ours donner de la nourriture en aumône aux affamés. Dans la grotte n° 38, des musiciens et des danseurs célestes présentent avec vivacité la tradition de chants et de danses de l'ancien royaume de Guici. Les donateurs qui arborent les vêtements d'Asie centrale de l'époque, riches marchands ou aristocrates, sont représentés dans des portraits hauts en couleur.

Les grottes avaient différentes fonctions : dans certaines, on célébrait les cérémonies religieuses, dans d'autres, on y enseignait les soutras, et d'autres encore servaient de logement. De simples échelles et plates-formes de bois en permettaient l'accès à divers niveaux. Malheureusement, une grande partie de ce qui reste aujourd'hui a été défiguré par les musulmans et les grandes taches en patchwork sur les murs attestent le travail des archéologues étrangers.

Des multiples expéditions archéologiques qui écumèrent les grottes de Kizil au début du siècle, c'est celle de von Le Coq qui se servit le plus largement. « Les images », déclara-t-il, « étaient peintes sur une surface spéciale, faite d'argile mélangée à de l'excrément de chameau, de la paille hachée et des fibres végétales que l'on aplanissait et recouvrait d'une fine couche de stuc. » Utilisant une lame aiguisée sur la surface fine, von Le Coq découpa les fresques en morceaux de la dimension des caisses dans lesquelles elles devaient être transportées par chariots et à dos de cheval et de chameau. Ces fresques sont maintenant exposées à Berlin.

Seules neuf grottes sont ouvertes aux visiteurs, dont six contiennent des traces de fresques, les parois des autres étant complètement nues. Les photographes doivent s'acquitter de 100 à 300 Rmb par photo, selon le fragment de fresque choisi. Il est possible de déjeuner sur place.

Les bosquets de mûriers touffus et les peupliers le long de la rive gauche de la rivière Muzat (Weigan) rendent le site attrayant. A un demi-kilomètre à pied, par un défilé en entonnoir, se trouve la **source des Larmes** qui surgit d'une falaise en demi-cercle. Une légende raconte comment la fille du roi de Guici, la belle princesse Zaoerhan, partit un jour à la chasse et rencontra un jeune et beau maçon. Par ses chants d'amour, il gagna son cœur, mais lorsqu'il se présenta devant le roi avec tous les cadeaux qu'il était en mesure d'offrir pour obtenir la permission de la marier, ce dernier le reçut durement et lui dit : « Puisque tu es maçon, tu peux creuser mille grottes pour moi. Si tu ne termines pas ce travail, je ne te donnerai pas ma fille en mariage et je te punirai sévèrement ». Le jeune homme alla dans les collines vers la rivière Muzat et commença à creuser. Après trois ans, il en avait terminé 999 — mais il se tua au travail. La princesse, partie à sa recherche, ne trouva que son corps épuisé. Elle porta son deuil jusqu'à la mort et aujourd'hui encore ses larmes infinies coulent sur ce rocher.

## ■ LES RUINES DE LA VILLE DE SUBASHI

Les ruines étendues de cette ancienne capitale du royaume de Guici sont situées à 20 kilomètres au nord de Kucha. Elles sont divisées en deux parties par la rivière de Kucha qui, lorsqu'elle est en crue, empêche l'accès à la section nord. La ville date du 4e siècle et l'on y voit des tours, des édifices publics, des monastères, des pagodes et des habitations. Les ruines du grand **temple de Zhaoguli** datent du 5e siècle. Dans une tombe ouverte récemment l'on trouva un corps avec un crâne carré ce qui confirma l'observation de Xuan Zang qu'à Guici, « on aplatissait à l'aide de planchettes de bois la tête des enfants issus de gens du peuple. » La ville fut abandonnée ou détruite au 12e siècle. L'accès aux ruines n'est possible qu'avec une voiture.

### ■ LES GROTTES BOUDDHIQUES DE KIZIL KARA

Ce petit ensemble de 47 grottes se trouve sur une avancée en demi-cercle de roches dénudées à 13 kilomètres au nord-ouest de Kucha. Des fragments de fresques existent dans six des grottes. Dans la grotte 21, les images répétées de petits bouddhas en noir, turquoise et blanc sont très puissantes tandis que sur le plafond, au fond de la grotte 30, on trouve des peintures encore bien préservées d'*apsara* volants (anges) jouant de leurs instruments de musique. Ces grottes furent creusées entre le 3e et le 10e siècle. Près de là se dresse une tour de guet solitaire faite de briques de terre, qui date du 3e siècle. Les poutres d'origine font encore saillie dans la section supérieure.

Pour une visite, s'adresser à l'avance au bureau des Affaires étrangères à Kucha car les grottes sont fermées et n'ont pas de gardien.

### ■ LES GROTTES DE KUMTURA

Ce célèbre site à côté de la rivière Muzat (Weigan) est situé à 28 kilomètres à l'ouest de Kucha. C'est un ensemble de 112 grottes datant du 3e au 14e siècle qui furent soigneusement fouillées par les archéologues étrangers. Malheureusement, les grottes sont actuellement fermées aux touristes mais certaines rumeurs font état d'une ouverture prochaine et de la construction d'un musée sur place.

## INFORMATIONS PRATIQUES

Kucha est divisée en une vieille ville (*lao cheng*) dans laquelle se tient le marché du vendredi et une ville nouvelle (*xin cheng*) où se trouvent les hôtels et la gare routière.

### Transport

Vols trois fois par semaine pour Korla et Urumqi (réservations au bureau des Affaires étrangères). Bus quotidiens pour Korla (puis Turfan ou Urumqi), Aksu, Kashgar et Hetian ; plusieurs fois par semaine pour Yining (trajet spectaculaire à travers les Tianshan et la vallée du Yili). La gare routière se trouve à l'est de la ville.

## Hébergement

Le *guesthouse* de la gare routière a des chambres très simples avec toilettes à l'étage et sans douches.

*Hôtel Kucha (Kuqa binguan)*

Mazaputong lu, tél. 22844. Hôtel standard dans la banlieue de la ville moderne ; restaurant musulman ; magasin d'artisanat et librairie.

*Silk Road Hotel (Silu binguan, hôtel de la Route de la Soie)*

Jiefang lu, tél. 22901. C'est ici que logent en général les groupes ; restaurants chinois et musulman.

## Restaurants

Le marché du vendredi dans la vieille ville regorge de fruits, de boissons et de nourriture préparée. Plusieurs petits restaurants et salons de thé ouïghours servent du *laghman*, des kebabs, du *samsa* et des pains — essayez le *chushira* à l'Asiygul Ashkana, juste à l'ouest de la place. Les fermiers vendent des piles de melons et des mûres au sirop qui sont exquis avec du yogourt ou du *maroji* fait main.

Le marché de nuit dans la ville nouvelle comprend également de nombreux étals vendant des nouilles froides et la plupart des spécialités ouïghoures, dont l'*apke*. Le restaurant *Happy Sitar* sur Jiefang lu, juste en face du marché, propose aussi de bons plats musulmans. Pour des plats chinois ou sichuanais, essayez les petits restaurants sur la route principale entre la gare routière et la ville moderne.

## Agences de voyage

Le bureau des Affaires étrangères de Kucha (Waihan) se trouve sur Wenhua lu (tél. 22022), en face de la poste ; il peut organiser des visites aux sites et propose la plupart des services touristiques habituels.

Luthier à Kashgar.

## LES OUÏGHOURS

La minorité la plus nombreuse du Xinjiang est celle des Ouïghours qui parlent une langue turque ; on en dénombre actuellement près de six millions. Ils ont donné leur nom à la vaste région autonome ouïghoure du Xinjiang, mais vivent, pour la plupart, au sud des Monts Célestes (Tian Shan) dans les villes et les campagnes des oasis du bassin du Tarim. Le nom « ouïghour » signifie « unis » ou « alliés ».

Leurs origines remontent aux anciennes tribus turques nomades dont les terres s'étendaient au sud du lac Baïkal, dans l'actuelle Buryatskaya. Une légende raconte que les Turcs sont le fruit de l'union entre un jeune garçon et une louve. Des soldats ayant un jour tué le garçon, la louve s'enfuit dans les montagnes près de Turfan, où elle donna naissance à dix fils. L'un d'eux épousa une femme humaine qui enfanta les ancêtres de la tribu turque.

Au 6$^{e}$ siècle, les Turcs vivaient dans les Monts Altaï comme fermiers et bergers. Leur pouvoir grandit jusqu'à ce qu'au 7$^{e}$ siècle ils se divisent en deux khanats, un de l'Est et l'autre de l'Ouest. L'Empire ouïghour surgit des cendres du khanat turc de l'Est, au 8e siècle, grâce à ses bonnes relations avec les Chinois. Des soldats ouïghours aidèrent la dynastie Tang affaiblie lors de la rébellion d'An Lushan de 755 à 763. Mais au 9$^{e}$ siècle, les Kirghiz chassèrent les Ouïghours de leurs terres et les tribus se séparèrent, certaines s'installant dans le passage du Gansu et fondant des royaumes à Dunhuang et Zhangye, d'autres poussant plus à l'ouest, jusqu'aux oasis sud des Monts Célestes, alors occupées par des peuples indo-européens. Les Ouïghours en vinrent à contrôler les routes commerciales ; ils fournissaient les Chinois en chevaux et ils fondèrent des royaumes indépendants. Abandonnant leurs croyances chamanistes, ils adoptèrent d'abord le manichéisme puis le bouddhisme et finalement, au 10$^{e}$ siècle, l'islam. Les Ouïghours influencèrent profondément la politique, l'économie et la culture des Mongols, et leur alphabet fut adopté comme base de la langue écrite mongole.

Après la chute de la dynastie mongole des Yuan en Chine, le Xinjiang se divisa en plusieurs khanats, souvent en guerre les uns contre les autres. Les Chinois reprirent le contrôle de la région au 18$^{e}$ siècle pendant la dynastie Qing. En 1862, éclata la rébellion musulmane conduite par Yakub Beg, qui se disait descendant de Tamerlan. Ayant chassé les Chinois de Kashgar, Yakub Beg s'y proclama souverain de la Kashgarie en 1867, puis partit à la conquête de tout le Xinjiang, s'emparant d'Urumqi, Turfan et Hami. Mais de nombreux musulmans ressentaient autant d'aversion pour lui que pour les Chinois et sa dictature fut ponctuée de massacres sanglants, de viols et de pillages. Beg signa des traités avec les Britanniques et les Russes car ces deux nations tentaient d'établir des relations fortes avec les dirigeants locaux dans l'espoir d'étendre leur propre sphère d'influence (voir *Le Grand Jeu*, p. 40). En 1877, Yakub Beg fut défait par les Chinois qui reprirent le controle du Xinjiang.

Au début du 20e siècle, le nord du Xinjiang fut dominé par un seigneur de la guerre, Yang Zengxin, et une guerre civile éclata entre celui-ci et les musulmans du sud conduits par Ma Zhongying. Le commandant des troupes nordistes, Sheng Shizai, finit par gagner le contrôle de la région : il y institua des réformes et la liberté de religion, et rétablit le commerce avec l'Union Soviétique. Néanmoins, on évalue à quelque 200 000 le nombre de sympathisans de gauche tués jusqu'en 1940 pendant sa dictature. En 1943, Sheng s'aligna sur le gouvernement nationaliste de Chiang Kai-Shek qui finit par l'évincer du pouvoir.

Dans les années 1950 et 1960, le gouvernement communiste tenta de stabiliser la région et y établit par la force des familles de Chinois Han dans l'espoir de « diluer » la population musulmane et de réduire la menace de rébellion. Les Chinois considèrent le Xinjiang une terre sinistre et désolée peuplée de barbares alors que les Ouïghours intimident les colons chinois. Les mariages entre ces deux communautés sont très rares. L'hostilité envers les Chinois et le contrôle chinois de la région fut particulièrement forte lorsque des séparatistes tentèrent d'empêcher l'incorporation du Xinjiang à la République populaire de Chine dans les années 1950. Les Ouïghours sont un peuple fier qui revendiquent le droit de vivre en terre d'islam. La dissidence y est toujours présente, surtout depuis le démantèlement de l'Union Soviétique et l'indépendance des Etats musulmans voisins d'Asie centrale.

Les habitations carrées des Ouïghours, construites en briques de terre séchée, sont spacieuses et confortables. Les chambres sont chauffées en hiver par un *kang* de briques, une plate-forme où l'on dort en commun. Il est toujours recouvert de tapis de laine ou de feutre aux couleurs éclatantes, comme le sont les murs qui sont creusés de niches pour y déposer nourriture et objets. Les villageois utilisent les toits plats des maisons pour sécher des semences de melon ou de céréales. Les nombreuses familles qui possèdent des vignobles utilisent une chambre ouverte, aux briques ajourées, sur le toit ou près de la maison pour y sécher le raisin. La cour ouverte est souvent ombragée par de la vigne grimpante et, dans la chaleur intense de la journée, on s'y détend en famille.

La majorité des Ouïghours cultivent des champs de blé, de maïs, des légumes et des melons, des vergers d'abricots, de pêches, de poires et de prunes et possèdent des vignobles. De plus, nombreux sont ceux dont l'activité secondaire est la production de la soie et de tapis. Dans les villes, ils sont commerçants, restaurateurs, ouvriers d'usine ou fonctionnaires. Les écoles secondaires ouïghoures enseignent l'histoire ouïghoure, l'islam et le chinois comme deuxième langue. Les écoles secondaires chinoises n'enseignent pas l'ouïghour et dans la plupart des universités seul le mandarin est employé. Les quelques Ouïghours qui vont à l'université se rendent soit à l'un des deux instituts d'Urumqi, soit à l'Institut des Langues étrangères à Pékin, où l'on peut également étudier l'arabe.

Les fêtes religieuses musulmanes sont célébrées un peu partout parmi les Ouïghours, en particulier le mois de jeûne du Ramadan qui se termine par plusieurs jours de fêtes connus sous le nom de *Bairam* ou « Fête Mineure » et de *Corban* ou « Fête Majeure ». Le *Corban* est la fête du Nouvel An musulman. A cette occasion, les prières du matin à la mosquée Aidkah de Kashgar accueillent souvent jusqu'à 10 000 personnes ; les danses et la musique continuent tout au long de la journée. Les enfants parcourent les rues en bandes, les plus jeunes avec des poignées de bonbons, les plus grands avec leurs pistolets à eau. Les familles qui peuvent se l'offrir achètent un mouton qui sera égorgé puis cuit.

Les mariages sont une occasion pour faire la fête, jouer de la musique et danser, et il arrive qu'un visiteur étranger y soit invité. En général, l'iman officie, lisant le Coran. Jusqu'à très récemment, les minorités nationales n'étaient pas soumises à la politique du gouvernement chinois qui n'accepte qu'un seul enfant par famille ; mais des efforts sont faits aujourd'hui pour limiter les familles à deux enfants — une politique très impopulaire. Autrefois polygames, les Ouïghours se soumettent maintenant aux lois chinoises du mariage, mais le divorce est très courant dans la campagne, comme l'est le mariage à un très jeune âge.

On porte encore l'habit traditionnel ouïghour dans les villes de Turfan, Kucha et Kashgar. Les hommes portent des manteaux trois-quarts, serrés à la taille sur des pantalons enfilés dans de hautes bottes de cuir ainsi que (mais c'est plutôt plutôt rare) des kaftans. Les femmes s'habillent de longues robes amples, bariolées de couleurs et faites souvent de soie *aidelaixi*, tissée à la maison ; tout cela accompagné de lourds bas bruns. Autrefois, leurs habits étaient plus élégants. Les femmes musulmanes les plus dévotes portent maintenant le voile dans la rue, mais la plupart des femmes soit se couvrent la tête d'un foulard, soit d'un bonnet carré, brodé et de couleur vive, la *dopa*, qui est aussi portée par les hommes et les enfants. Ces bonnets de velours sont souvent ornés de perles et brodés de fils d'or et autrefois chaque région avait le sien. Les femmes portent des bijoux et maquillent aussi leurs sourcils qu'elles relient en une ligne unique. Les longues tresses sont courantes — les filles à marier portent traditionnellement leurs cheveux séparés en dix tresses ou plus.

On attache une grande importance à l'étiquette. Dès que vous entrez dans une maison, on attend de vous que vous rinciez vos mains trois fois avec l'eau d'un pichet versée par votre hôte. Lorsque vous prenez part au *dastarkan* — une nappe est placée sur le sol, garnie de fruits et de pain *nan* — vous devez rester debout avec la famille, les mains jointes, les palmes tournées vers le haut comme si vous teniez le Coran puis, vous les passerez sur votre visage, de haut en bas, en signe de remerciement et de bénédiction. Pour s'adresser à une personne, on utilise des formules respectueuses selon son statut dans la famille. Les hommes caressent leur barbe ce qui est un signe musulman de courtoisie. On emploie les termes arabes de salut, *es salaam aleikum* (que la paix soit avec vous), auquel on répond *wa aleikum es salaam* (et avec vous).

Les Ouïghours ont une riche tradition de contes, de musique et de danses. Leurs instruments de musique comprennent le *dotar*, une guitare de cordes, le *ravap*, une mandoline à six cordes et le tambourin à peau de mouton. Leurs danses sont élégantes, pleines de pirouettes et de mouvements de main délicats. Leurs chansons populaires parlent d'exil, de pauvreté et d'amour, mais elles peuvent être aussi comiques. Effendi et son âne sont les héros populaires de nombreuses histoires, contées d'ailleurs sur un vaste territoire allant de la Turquie jusqu'à l'Asie centrale en passant par l'Iran. Les histoires sont amusantes et satiriques; les versions modernes racontent comment Effendi partit sur son âne pour aller parler au Président Mao.

Les manuscrits et les traités de médecine ouïghours, datant au moins du 8e siècle, mentionnent plus de quatre cents plantes utilisées communément et plus de deux cents médicaments. Un centre de médecine ouïghoure a été fondé à Kashgar. On y a mis au point un traitement particulièrement heureux du vitiligo — une maladie de la peau connue sous le nom de la « maladie blanche » — à base de sucre, de raisins frais et secs, de sang d'oiseau, de viande de mouton et de médicaments chinois.

## AKSU

Le voyage de 262 kilomètres de Kucha à Aksu prend entre cinq et six heures. La région est fréquemment visitée par de petites tempêtes de poussière qui produisent un étrange « brouillard » qui rampe au pied des buttes de sable et des tours de guet que l'on trouve çà et là, vestiges de la dynastie Han. Aksu est située sous des falaises de loess jaune et forme une longue oasis verdoyante qui s'étend des deux côtés de la rivière Aksu.

Des objets du néolithique, datant de 5000 av. J.-C., ont été retrouvés à Aksu mais les premières mentions de la région n'apparaissent dans les annales chinoises qu'au 1$^{er}$ siècle av. J.-C., lorsque la cour impériale apprit l'existence du royaume de Baluka (Aksu), un des trente-six royaumes des Régions occidentales. Avec l'aide des Xiongnu, le royaume résista quelque temps à l'attaque chinoise menée par le général Ban Chao mais en l'an 78 celui-ci prit la ville et exécuta 700 de ses habitants.

En 629, Xuan Zang écrivait sur ce royaume : « En ce qui concerne la terre, le climat, le caractère des gens, les coutumes et la littérature, ils sont les mêmes que dans le pays de Guici. La langue cependant diffère légèrement. [Le royaume] produit une belle variété de coton et un tissu fait de poils grandement apprécié par les pays voisins. »

Au milieu du 14$^{e}$ siècle, Telug Timur, khan du Mogholistan, établit brièvement sa capitale à Aksu. Un demi-siècle plus tard, une armée commandée par le petit-fils de Tamerlan le Grand assiégea la ville et les habitants livrèrent les riches marchands chinois aux troupes ennemies dans l'espoir de les apaiser. Aksu devint la capitale du Mogholistan pendant le règne d'Esen-buqa (1429-1462) bien que Samarcande et Boukhara fussent à cette époque les centres principaux de pouvoir et de culture islamiques. Dans les années 1860, Aksu fit partie du puissant Etat de Kashgarie ; la ville se joignit à la rébellion anti-chinoise et, comme sa voisine Kucha, elle tomba sous la domination de l'homme fort de Kashgar, Yakub Beg, qui fit construire un fort sur l'éperon calcaire qui surplombe la ville. Les Chinois reprirent le contrôle de la ville une décennie plus tard.

Sir Francis Younghusband, qui voyageait sur la Route nord de la Soie au début des années 1870 appela Aksu « la plus grande ville que nous ayons vue jusqu'ici. Elle avait une garnison de 2000 soldats et comptait une population d'environ 20 000 habitants, sans compter ceux du district environnant. Il y avait de grands bazars et plusieurs auberges — quelques-unes pour les voyageurs et d'autres pour les marchands désirant prolonger leur séjour afin de vendre leurs marchandises. » A peu près à la même époque, Sven Hedin y passa quelques jours pour s'y reposer et remarqua l'existence de champs fertiles de céréales, de coton et d'opium. Comme lui, Sir Aurel

Stein apprécia le chaleureux accueil des fonctionnaires locaux et la fraîcheur de leurs vergers. Dans les années 30, un voyageur européen bien moins enchanté se plaignait : « Les nuages de mouches sont plus denses [et] l'odeur du musulman plus concentrée et plus répugnante que partout ailleurs » mais il ajoutait que « il n'y a pas beaucoup d'endroits où les temples soient plus merveilleux et les jardins des riches musulmans plus beaux. »

## INFORMATIONS PRATIQUES

Aksu se trouve à une altitude de 1100 mètres. Un grand nombre de ses 300 000 résidents sont des Chinois Han. Il y a peu de choses à voir pour le touriste, si ce n'est une fabrique de tapis et le bazar, car les édifices, des blocs de béton gris, ne présentent aucun intérêt architectural.

### Transport

Les vols entre Hetian et Urumqi, cinq fois par semaine, font escale à Aksu ; l'aéroport se trouve à 15 km du centre de la ville. Les bus qui circulent entre Urumqi, Turfan, Korla, Kucha, Kashgar et Hetian s'arrêtent à Aksu pour la nuit ; plusieurs bus par semaine pour Yining via Kucha.

### Hébergement

Adressez-vous au *guesthouse* de la gare routière ou à l'*Aksu Guesthouse* (tél. 3365), sur Xinjiehua lu, dans la partie ouest de la ville.

# D'AKSU À KASHGAR

Dès qu'on a dépassé les peupliers verts de l'oasis d'Aksu on est à nouveau saisi par la vacuité jaune du *gebi*, le désert de pierre. Des camions chargés de chevaux, de mules et d'ânes, et des convois de bus se dirigent vers Kashgar. Des montagnes rocheuses bordent la route vers l'ouest ; leurs teintes sont étonnantes : vert jade, rouge, orange, ocre et marron. Les poteaux de la ligne téléphonique mesurent la distance. Un jeune Scandinave voyageant sur la route d'Urumqi à Kashgar dans les années 30 écrivait : « Dans le désert, sur les cols et dans les vallées étroites, partout on trouve des squelettes et des crânes grimaçants. Des squelettes grands et petits, des tas d'ossements et des fémurs solitaires. Cheval ? Chameau ? Homme ? Pas facile à déterminer quand on passe à toute vitesse... ». Les mirages sont courants de même que les tourbillons de sable, tels des fantômes dansant dans le désert.

Dans la petite ville de **Sanchakou**, à 214 kilomètres au sud-ouest d'Aksu se trouve la bifurcation pour Bachu, appelée Maralbashi dans les journaux des explorateurs européens du 19e et du 20e siècle. Sir Aurel Stein y repéra les murs d'un fort et les vestiges d'une grande ville, tous deux abandonnés depuis longtemps. Une route directe à travers le désert, le long de la rivière Yarkand, la relie à Shache (Yarkand), un trajet parcouru par Stein, en 1908, en cinq jours.

## LE DISTRICT AUTONOME KIRGHIZ DE KIZILESU

A 40 kilomètres de Kashgar se trouve **Artush**, le chef-lieu du district kirghiz de Kizilesu. Dans sa banlieue se trouve la **tombe de Satuq Bughra Khan**, le premier dirigeant de Kashgar à se convertir à l'islam. Né en 901, Satuq Bughra devint khan à 12 ans, à la mort de son père. Une légende raconte comment, un jour qu'il était à la chasse, un lièvre qu'il poursuivait se transforma soudain en homme. Cette apparition questionna le jeune homme sur ses croyances bouddhiques et le terrifia en le menaçant des souffrances de l'enfer. Il persuada Satuq Bughra qu'en acceptant les enseignements du Prophète Mahomet, il irait sans aucun doute au paradis où l'attendaient femmes, vins et chants. Le garçon, sans hésiter, en fit le vœu et les guerres contre les Etats bouddhistes de la Route de la Soie du sud commencèrent. Il mourut en 955 et fut enterré dans une tombe qui devait être grandiose à l'origine mais qui fut détruite par un tremblement de terre. La tombe actuelle n'a que 30 ans. La **mosquée Sulitangjiamai**, près du tombeau, possède une grande salle de prière ; le bassin ombragé à l'entrée en fait un endroit à l'atmosphère paisible et contemplative dont jouissent les vieux messieurs musulmans qui se réunissent ici.

Les 120 000 nomades kirghiz qui habitent les montagnes du Pamir, les Tianshan et les Kunlun dans le Xinjiang sont d'origine mongole, bien qu'ils parlent une langue turco-altaïque. D'autres Kirghiz vivent de l'autre côté de la frontière, dans l'actuelle Kirghizie. Les Kirghiz devinrent une puissance au 9e siècle et chassèrent vers le sud les Ouïghours de la région du fleuve Yenisei ; au 14e siècle, ils occupaient leurs actuels pâturages d'altitude. A la fin de l'empire tsariste, les empiétements des paysans russes sur leurs pâturages provoquèrent de violentes représailles et de nombreux Kirghiz s'enfuirent de l'autre côté de la frontière, dans le Xinjiang.

Architecture ouïghoure à Artush.

Les pâturages d'été des troupeaux de moutons, de chèvres et de chevaux se trouvent juste au-dessous du niveau des glaciers, à environ 3700 m d'altitude, mais les quartiers d'hiver se trouvent dans les vallées à environ 2700 m. Leurs blanches yourtes ou *ak-oi* — dans les années 20, Sir Clarmont Skrine, consul britannique à Kashgar, disait qu'« elles ont l'air d'énormes champignons dans la vaste prairie » — sont aménagées confortablement à l'aide de tapis de feutre et de grandes nattes de roseaux et décorées avec des fils de laine teints de motifs audacieux.

L'alimentation kirghiz est simple et monotone : yogourt, lait, crème aigre, pain fait de farine et de graisse de mouton, boules de fromage séchées au soleil, thé, et une boisson alcoolisée à base de lait de jument. On y ajoute le produit de la chasse (la chasse au faucon est beaucoup pratiquée), mais on mange rarement du bétail. La viande bouillie d'un mouton ou d'une chèvre est réservée aux occasions spéciales : mariages, enterrements et fêtes.

Toutes les fêtes kirghiz se terminent par des courses de chevaux, de la lutte et une partie de *buzkashi* (une sorte de rugby à cheval où l'on joue avec la carcasse sans tête d'un mouton ou d'une chèvre). Après l'abattage de l'animal par un aîné respecté, un jeune homme, un fouet entre les dents, saute sur son cheval, se saisit du mouton et s'éloigne au galop en criant. Des centaines de cavaliers entrent dans le jeu. Celui qui réussit à jeter la carcasse au-delà de la ligne convenue gagne un ballot de soie.

## KASHGAR (KASHI)

Kashgar, qui a gardé son caractère médiéval, est le cœur de l'islam en Chine ; c'est la plus grande ville-oasis de l'Asie centrale chinoise, avec une population de 200 000 habitants, dont les neuf-dixièmes sont ouïghours. Elle tient son importance de sa position au pied des montagnes du Pamir qui contrôle l'accès des hauts cols glaciaires des grandes routes commerciales vers l'Asie centrale, l'Inde et la Perse. Les caravanes fatiguées qui faisaient péniblement chemin vers l'ouest par les Routes nord et sud de la Soie se rencontraient à Kashgar, ayant terminé leur dangereuse traversée du désert. Les marchands se dirigeant vers l'est se « dégelaient » après être redescendus à Kashgar, qui se trouve à une altitude de 1335 mètres ; là, ils échangeaient leurs yacks impassibles et leurs chevaux de trait épuisés contre des chameaux pour transporter leurs marchandises vers la Chine.

L'histoire de la ville couvre quelque 2000 ans. On y fait référence pour la première fois dans des documents persans mentionnant une alliance de tribus de Tushlan qui y établirent leur capitale. Kashgar fut probablement le premier des royaumes bouddhistes du bassin du Tarim. Au second siècle, le bouddhisme hînayâna était florissant à Kashgar et le resta jusqu'au 9e ou 10e siècle. Pendant cette période, les influences culturelles de l'Inde et de la Perse furent très marquées. Xuan Zang nota que les Kashgaris avaient des yeux verts — un signe peut-être de leurs origines aryennes — et que « pour leur écriture, ils ont emprunté leur modèle à l'Inde [...] Le tempérament des hommes est violent et impétueux et ils sont pour la plupart perfides et fourbes. Ils font grand cas des manières et de la politesse mais tiennent le savoir en basse estime ».

Au 1er siècle ap. J.-C., pendant la dynastie Han, la Chine perdit le pouvoir qu'elle avait exercé sur le bassin de Tarim. Le grand général Ban Chao fut envoyé soumettre les royaumes rebelles de la Route de la Soie qui s'étaient alignés avec les Xiongnu. Il conquit les royaumes de Kashgar, Hetian et Loulan par la force ou la ruse, y installa des souverains pro-chinois et ouvrit à nouveau la Route de la Soie du Sud au commerce. Ban Chao resta 31 ans en Asie centrale, soumettant les rébellions et établissant des relations diplomatiques avec plus de cinquante Etats dans les Régions occidentales. Accompagné de ses cavaliers habillés de cuir rouge, il voyagea lui-même jusqu'à Merv et eut des contacts avec la Parthie, la Babylonie et la Syrie.

Au début du 7e siècle, Kashgar reconnut la souveraineté de la Chine des Tang qui établit une garnison dans la ville. Les Chinois furent cependant forcés de se retirer entre 670 et 694, reculant devant l'expansion tibétaine dans les oasis du sud. Entre le 10e et 12e siècle, le khanat kharakhanide — une vaste alliance nomade entre les tribus turkmènes de Qarluq — régna sur la région entre Boukhara et Hetian depuis Kashgar sa capitale. Le musulman sunnite, Satuq Bughra Khan, fut le premier des rois kharakhanides de Kashgar, et lui-même et ses successeurs menèrent des *jihad* sanglantes contre les royaumes bouddhistes de Shache et de Hetian. Ces guerres, ajoutées aux luttes intestines kharakhanides, désorganisaient le commerce par caravane et progressivement les échanges entre l'Orient et l'Occident se firent par mer.

Marco Polo écrivait au 13e siècle que les Kashgaris « ont de très beaux vergers et vignobles, et des domaines florissants...[mais] ils sont très avares et vivent très pauvrement... Il y a quelques chrétiens nestoriens dans ce pays qui ont leur propre église et qui pratiquent leur propre religion. »

Après la mort de Chagatai, qui avait hérité cette région de son père, Gengis Khan, il y eut de nombreuses guerres de succession. Ce n'est que brièvement au milieu du 14e siècle, lorsque Telug Timur établit sa capitale à Kashgar, que revint un certain niveau de calme et de stabilité. Mais les armées de Tamerlan devaient bientôt dévaster la Kashgarie.

Au 16e siècle, Kashgar tomba sous la domination d'un chef religieux ou *khoja*, dont les collègues formaient un groupe puissant à Boukhara et à Samarcande. Une dispute théologique mena à la formation de deux sectes opposées : les Montagnards Noirs et les Montagnards Blancs ; cela provoqua une sanglante lutte pour le pouvoir entre Kashgar et Shache qui ne prit fin qu'avec l'intervention des Qing, deux siècles plus tard. Les *khoja* tentèrent de reprendre le pouvoir à Kashgar pas moins de six fois ; ils étaient souvent appuyés par le khanat de Khokand et aidés par les cavaliers nomades kirghiz qui exerçaient des représailles effrayantes sur les citoyens. Un observateur malheureux de la dernière tentative des *khoja* en 1857 fut un Allemand, Adolphus Schlagintweit, qui eut la gorge tranchée parce qu'il avait remarqué avec arrogance que si ses compatriotes avaient entrepris d'assiéger Kashgar, il ne leur aurait pas fallu trois mois, mais trois jours pour la reprendre.

Kashgar fut fortifiée pendant le règne court mais violent de Yakub Beg (1866-1877). Originaire de Kokand, il régna sur une région aussi grande que l'Allemagne, la France et l'Italie et la Grande-Bretagne réunies. Il conclut des traités avec la Grande-Bretagne et la Russie, et l'Empire ottoman le soutenait. Il aurait eu trois cents femmes et une cour somptueuse. En 1869, Robert Shaw, un commerçant et diplomate officieux — et le premier Anglais à séjourner à Shache et Kashgar — obtint plusieurs audiences avec Yakub Beg, bien qu'en résidence surveillée pendant son séjour dans la ville. Il écrivit : « Après avoir passé la porte, nous traversâmes plusieurs grandes cours carrées sur les côtés desquelles étaient alignées de nombreuses rangées de gardes brillamment costumés. Leur silence était si solennel qu'ils semblaient faire partie de l'architecture de l'édifice [...] Des rangées entières de ces hommes [étaient] revêtus de robes de soie et beaucoup semblaient être d'un haut rang à en juger par la richesse de leur équipement. »

Après avoir écrasé la rébellion musulmane dans le Gansu, l'armée chinoise, forte de 60 000 hommes, sous le commandement de Zuo Zongtang, poursuivit son chemin vers le sud-ouest à travers les villes-oasis et mit fin au règne de Yakub Beg en 1877. Celui-ci s'enfuit à Kashgar où il mourut — d'une crise cardiaque ou empoisonné, selon les sources.

Gunnar Jarring, le diplomate et érudit suédois qui passa plusieurs mois dans la ville en 1929, écrit : « La ville de Kashgar était entourée d'un rempart massif d'environ 10 mètres de haut, fait de briques séchées au soleil ; ses interstices étaient remplis de boue. Son sommet était aussi large qu'un chariot à deux roues. On communiquait avec le monde extérieur à travers quatre grandes portes qui étaient fermées au crépuscule et réouvertes à l'aube. A l'intérieur des remparts se trouvaient des bazars, de grandes mosquées et des habitations aussi bien pour les riches que pour les pauvres. Les autorités chinoises s'étaient établies à l'extérieur des remparts, tout comme les consulats britannique et russe ainsi que la mission chinoise avec son hôpital et les autres établissements de bienfaisance. A l'extérieur, il y avait végétation, soleil et lumière ; à l'intérieur, on vivait toujours dans la pénombre. »

Alors que les rébellions musulmanes anti-chinoises avaient éclaté à travers tout le Xinjiang dans les années 30, un mouvement islamique pan-turc basé à Kashgar annonça la création d'une République musulmane indépendante du Turkestan Oriental. Son drapeau (croissant de lune et étoile sur champ d'argent) flotta sur les remparts de la ville en 1933 — mais seulement pour deux mois. Les troupes chinoises, aidées par les Russes, s'avançèrent d'Urumqi vers le sud, à la poursuite de Ma Zhongying et de son armée rebelle. Ma opposa une résistance dans la forteresse de Yangi Hissar (Ville Nouvelle) de Kashgar pendant six mois, avant de disparaître mystérieusement de l'autre côté de la frontière soviétique à bord d'un camion qu'il avait réquisitionné à l'explorateur suédois, Sven Hedin.

La préfecture de Kashgar administre onze districts ; sa population est de 2,5 millions habitants. C'est une des régions agricoles principales du Xinjiang : coton, riz, blé, maïs, haricots et fruits.

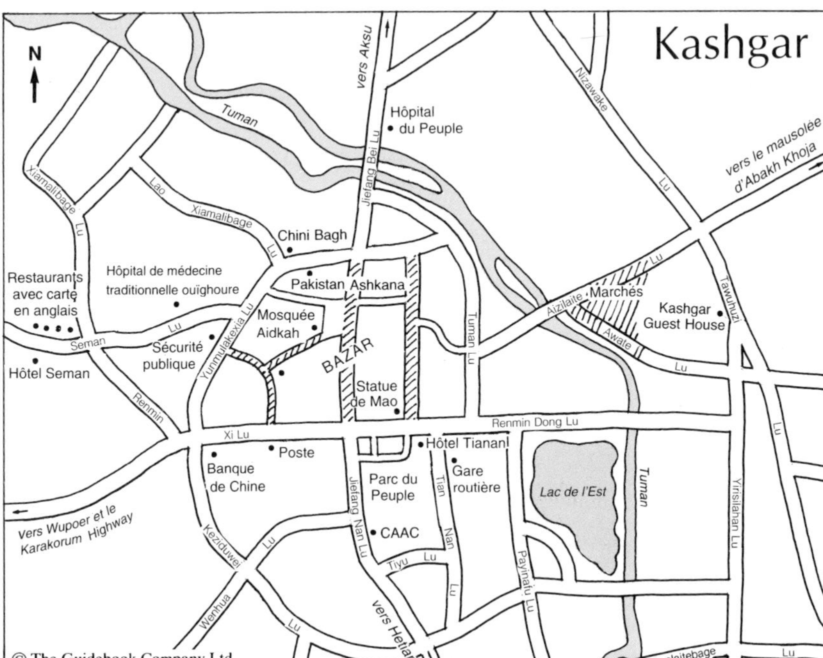

## VISITE

Cette ville de légende a gardé l'apparence d'un khanat d'Asie centrale d'autrefois; ses marchands, ses fidèles semblent inchangés depuis des siècles parmi les murs de brique, les chars à chevaux et les bazars. La vieille ville est encerclée par les bâtiments administratifs de style russe érigés dans les années 50 et par les blocs de ciment gris des années 60 et 70. Une statue du Président Mao de 18 mètres de haut — la deuxième en Chine par la grandeur — domine la rue principale de cette ville où l'on entend rarement parler le chinois et où même un visage chinois est peu souvent visible.

Le cœur de la vieille ville est la **mosquée d'Aidkah** et le **bazar** — sur Jiefang lu et les allées à l'est et à l'ouest de la mosquée — toujours plein à craquer de monde. Orfèvres, bottiers, réparateurs de porcelaine, barbiers et fabricants de rouleaux à pâtisserie et de moules à pain travaillent devant les stands de thé et les boutiques qui vendent des chapeaux, des bijoux, de la soie, des berceaux multicolores et de jolis coffres en bois recouverts de bandes de fer-blanc. Derrière les hauts murs des ruelles étroites des quartiers résidentiels se trouvent de petites cours entourées d'habitations à deux étages dont les balcons de bois sculpté et l'encadrement des portes sont de style classique ouïghour. La sonnerie des clochettes des chevaux et des ânes — seule forme de transport public dans la ville — est omniprésente.

La ville s'anime vraiment le dimanche lorsque des milliers de paysans arrivent de la campagne pour le grand bazar, qui se tient près d'Aizilaiti lu, à l'est de la rivière Tuman. Des cavaliers tajik et kirghiz font des démonstrations de leurs prouesses équestres et des centaines de marchands font parader leurs chevaux dans le grand enclos poussiéreux. Une bonne monture peut coûter autour de 1000 Rmb et un mouton adulte, 500 Rmb (les prix baissent considérablement en fin de journée).

Toutes les tentatives d'ordonner le bazar se sont avérées futiles et il est demeuré un chaos fabuleux, animé et coloré, reflétant des siècles de traditions. On y trouve de tout: selles, brides, cordes, soie, coton, couteaux, chapeaux, légumes frais, melons de Hami, pêches et abricots. D'énormes poêles de riz pilaf, des casseroles de boulettes de mouton, des morceaux de mouton bouilli et des piles de pain *nan* sont offerts à l'appétit des acheteurs et des vendeurs. Peaux de mouton non préparées, chapeaux de toutes sortes, peaux d'agneaux de Karakul, œufs durs teints, vêtements, bois,

La mosquée d'Aidkah.

paillassons, paniers d'osier rouge, pots vernis et pichets à eau, tapis de feutre, bijoux de strass et viande fraîche s'offrent à l'envi. Pendant toute la journée, des étals proposent des *poluo*, du *samsa*, du yogourt et du *maroji*. Près de l'enclos à chevaux, acrobates et magiciens attirent de grandes foules. A la cacophonie des appels des vendeurs enthousiastes, s'ajoute le cri de « Posh ! Posh ! » dont les touristes devraient tenir compte, car il signifie « Laissez passer ! » et ceux qui l'ignoreraient risquent d'être renversés par un troupeau de grasses brebis, par une charrette chargée de carottes jaunes ou par un cavalier excité.

## ■ LA MOSQUÉE D'AIDKAH

Cette mosquée, la plus grande de Chine, peut abriter au moins 10 000 fidèles lors des prières du vendredi après-midi. Ils viennent par camions entiers de villes aussi éloignées que Yengisar; nombreux sont ceux qui portent le *chapan* traditionnel (manteau trois-quarts de coton rayé), le *dopa* (chapeau brodé) et les bottes de cuir montant à hauteur de genou. Des femmes voilées, des jeunes filles et des garçons se tiennent aux sorties de la mosquée; ils portent des petits pots d'eau et des pains enveloppés dans du tissu. Lorsque les hommes, la prière finie, sortent de la mosquée, ils soufflent sur ces pains — leur souffle « saint » les bénissant, et par conséquent, les parents malades qui en seront nourris.

Construite en 1442, la mosquée domine la place centrale; sa grande porte rectangulaire flanquée de deux minarets effilés se trouve au centre d'une façade jaune et blanche. A l'intérieur, la salle des prières est soutenue par 140 piliers de bois sculpté peints en vert.

## ■ LA TOMBE D'ABAKH KHOJA

Ce *mazar* est à la fois l'endroit le plus sacré du Xinjiang et un trésor architectural. Construit en 1640, il fait penser au style de Samarcande ou d'Ispahan. Une belle porte aux tuiles bleues et blanches mène à l'intérieur de l'ensemble, où l'on trouve une petite école religieuse et la tombe familiale d'Abakh Khoja, recouverte de carreaux multicolores et surmontée d'un dôme.

Abakh Khoja était au 17e siècle le dirigeant puissant de six villes : Kashgar, Korla, Kucha, Aksu, Hetian et Shache. En adepte de la secte de la Montagne Blanche, il fut révéré comme un prophète ne le cédant qu'à Mahomet. Le site fut à l'origine donné au père d'Abakh, Yusup, qui, après un voyage en Arabie, était devenu un enseignant très respecté du Coran. C'est ici qu'il établit son école religieuse et le mausolée fut construit pour lui. Mais la renommée de son fils était plus grande et après la mort d'Abakh en 1693 la tombe prit son nom. Cinq générations y sont enterrées. Il y avait

72 tombes jusqu'à ce qu'un tremblement de terre en 1956 n'en laisse que 58. Les tombes sont ornées de tapis de selle multicolores.

Parmi les différents bâtiments, on notera la salle des Tombes, la salle de l'Enseignement de la Doctrine et la grande salle de Prière. L'endroit est aussi appelé tombe de Xiang Fei, à la mémoire de la petite-fille d'Abakh Khoja, Iparhan, qui était « la Concubine parfumée » de l'empereur Qianlong. Elle vécut dans la Cité interdite à Pékin pendant 25 ans et à sa mort, 120 personnes mirent trois ans à ramener son cercueil à Kashgar où la famille désirait les enterrer. On peut voir le palanquin sur lequel le cercueil fut transporté.

Parmi les nombreux dévots attirés par le *mazar,* on rencontre des femmes qui, venant prier pour un enfant, nouent des bandes de tissus colorés à l'encadrement d'une fenêtre — noirs, blancs et bleus pour un garçon, rouges et à dessins de fleurs pour une fille. Pendant le festival de Korban, des musulmans de tout le Xinjiang viennent en pèlerinage au tombeau. Devant l'entrée principale se trouve un bassin ombragé et derrière le mausolée, un grand cimetière où Yakub Beg serait enterré dans une tombe anonyme. Les tombes sont en forme de cercueil, posées sur le sol et faites de terre. Beaucoup d'entre elles ont un petit trou qui permet à l'âme du défunt d'en sortir pour voyager à volonté. Le cimetière, à trois kilomètres environ à l'est de la ville, est accessible en charrette ou en voiture.

## ■ CHINI BAGH

Il s'agit du vieux **consulat britannique**, résidence pendant 28 ans du plus célèbre représentant de l'Inde britannique à Kashgar, Sir George Macartney. Tous les voyageurs étrangers fatigués par la Route de la Soie — Sir Aurel Stein, Albert von Le Coq, Sven Hedin, Peter Fleming et Ella Maillart — purent jouir de l'hospitalité des résidents successifs de Chini Bagh. Ses portes furent gardées par les soldats enturbannés des *Gilgit Scouts* jusqu'en 1948. La vie quotidienne à Chini Bagh est merveilleusement racontée par Lady Macartney dans son livre *An English Lady in Chinese Turkestan.* Aujourd'hui, c'est un hôtel bon marché et peu de son charme d'autrefois subsiste.

Le **consulat russe**, autrefois résidence luxueuse du puissant Nikolai Petrovsky, le grand rival de Macartney dans les intrigues politiques entre la Grande-Bretagne et la Russie, est aujourd'hui l'Hôtel Seman.

## ■ LES GROTTES BOUDDHIQUES DES TROIS IMMORTELS (*SANXIAN DONG*)

La bifurcation pour ces grottes se trouve près du Kilomètre 10 sur Wuqia lu, au nord-ouest de Kashgar. Après un trajet de 3 km le long de la berge sud de la rivière Qiakmakh, on aperçoit les trois grottes, creusées dans la falaise, à quelque 10 mètres au-dessus du lit de la rivière. Datant du 2$^{e}$ ou du 3$^{e}$ siècle, ce sont les grottes bouddhiques les plus anciennes — et les plus occidentales — de Chine. Chacune a deux chambres et des traces de peintures murales subsistent dans celle de gauche. Les grottes sont presque inaccessibles, surtout en période de crue. Si vous voulez absolument les visiter, adressez-vous à la CITS et aux pompiers qui sont les seuls à posséder des échelles suffisamment longues pour atteindre les grottes.

### ■ LA VILLE ANTIQUE DE HANOI

A 30 kilomètres à l'est de Kashgar se trouvent les ruines de deux pagodes et des remparts d'une ville de la dynastie Tang datant probablement de la deuxième moitié du 7$^{e}$ siècle, époque à laquelle le gouvernement militaire de Shule fut établi dans la région. Le site fut abandonné après le 11$^{e}$ siècle. Les vestiges de puits *karez* montrent comment la ville était ravitaillée en eau. Le sol noirci indique que les deux pagodes du **temple Mor**, toutes deux hautes d'une douzaine de mètres, furent détruites par un incendie. Des morceaux de porcelaine et des pièces de monnaie de la dynastie Tang furent trouvés sur le site.

### ■ WUPOER

La tombe du 11$^{e}$ siècle du philologue ouïghour Muhammad Kashgeri est située dans la riche oasis agricole de Wupoer, une agréable excursion de 45 km vers l'ouest de Kashgar. Kashgeri était un érudit de culture turque, célèbre dans le Xinjiang occidental ainsi que dans d'autres parties de l'Asie centrale ; il est l'auteur d'un dictionnaire arabo-turc très renommé. Le mausolée actuel de ce fils de Wupoer fut reconstruit en 1983 et plusieurs salles sont réservées à une exposition de ses œuvres ainsi qu'aux produits des découvertes archéologiques locales, dont un superbe fragment de poterie de grande dimension représentant un roi étranger barbu couronné de feuilles de vignes. La falaise qui se trouve derrière la tombe contient plusieurs grottes bouddhiques antiques. Pour vous rendre à Hanoi ou à Wupoer, louez une voiture à la CITS ou à l'un des hôtels.

## INFORMATIONS PRATIQUES

### Transport

Vols quotidiens pour Urumqi (réservations à la CAAC, 49 Jiefang lu, tél. 22113). Bus quotidiens pour Tashkurgan, Yengisar, Hetian, Aksu, Kucha, Yining, Korla, Turfan et Urumqi (la gare routière principale se trouve sur Tian nanlu ; service de bus de luxe pour Kashgar). Des bus charter pour Sost (Pakistan) partent de Chini Bagh plusieurs fois par jour (arrêt pour la nuit à Tashkurgan).

## Hébergement

*Kashgar Guesthouse (Kashi binguan)*

Tawuhuzi lu, tél. 22367. Grand complexe hôtelier de première classe à 3 km du centre; chambres confortables; restaurant musulman; service de billets et location de vélos.

*Hôtel Seman*

Seman lu, tél. 22129. Autrefois le consulat russe; hôtel standard bien centré, un peu défraîchi; restaurant traditionnel ouïghour; service de billets et voitures de location.

*Chini Bagh (Qinibahe binguan)*

Yunmulakexia lu, tél. 25929, fax 23087. Autrefois le consulat britannique; hôtel standard récemment rénové; restaurants chinois, musulman et occidental; bureaux de la CITS; location de vélos; bus pour Sost (Pakistan).

*Hôtel Tiannan (Tiannan binguan)*

Renmin donglu. Chambres simples; toilettes et douches à l'étage; près de la gare routière.

## Restaurants

Vous trouverez de petits restaurants ouïghours qui servent des kebabs, du *nan*, du *samsa*, des nouilles et du mouton à tous les coins de rue. Des étals du bazar proposent des spécialités locales comme les pois chiches et les pommes de terre au piment. Le Restaurant et Salon de thé ouïghour juste à l'est de la mosquée à un carrefour animé sert des pots de *chai*, des *laghman* et des *chushira* que l'on mange avec une grande cuillière en bois. Il y a plusieurs restaurants chinois avec des menus en anglais en face de l'hôtel Seman. Le *durap* et les *maroji* sont très rafraîchissants en été.
Pour changer un peu de cuisine, essayez le Pakistani Ashkana (en face du Chini Bagh et un peu au nord) qui sert d'excellents plats pakistanais. Beaucoup de marchands pakistanais viennent y manger un petit-déjeuner de thé sucré au lait, d'œufs brouillés et de *prata*, de la pâte frite au sucre.

## Agence de voyage

CITS (Zhongguo lüxingshe), à l'hôtel Chini Bagh, tél. 25576
Excursions pour le lac Kalukule et dans les environs de Kashgar; randonnées en vélo au col du Khunjerab; service de jeep pour Sost (Pakistan); billets.

## LES CHEVAUX

La capacité de la Chine à garder le contrôle de l'Asie centrale et du commerce lucratif de la Route de la Soie reposait ironiquement sur le maintien du commerce avec ces mêmes tribus nomades «barbares» qui constituaient la plus grande menace pour la domination chinoise. L'une des marchandises les plus importantes était le cheval.

Le pouvoir croissant des nomades occupant de vastes étendues de forêts, de toundras et de déserts — régions inhospitalières pour tout établissement et pour l'agriculture extensive — reposait sur leur habileté de cavaliers et leur mobilité. L'introduction de l'étrier, qui date au moins du 3e siècle av. J.-C., permettait de garder les mains libres et donna aux guerriers nomades une supériorité en selle qui est rappelée de nos jours dans l'expression «la flèche du Parthe», qui fait allusion à la capacité des Parthes de se retourner en selle pour décocher des flèches contre les poursuivants.

La construction de la Grande Muraille de Chine était la réaction d'une société sédentaire agricole aux attaques des armées de cavaliers maraudeurs xiongnu qui menacaient le territoire de la dynastie Qin au 2e siècle av. J.-C.

Du lointain Fergana (aujourd'hui l'Ouzbekistan) arriva la nouvelle de l'existence d'une race divine de chevaux «qui transpirent du sang», célébrés pour leur vigueur et leur rapidité. Désireux d'améliorer la race de ses chevaux militaires, l'empereur Han Wudi décida en 102 av. J.-C. d'envoyer une armée de 40000 hommes afin d'obtenir quelques-uns de ces chevaux de la cour du Fergana. Les forces Han furent défaites et une seconde armée de 60000 hommes dut être envoyée avant qu'on puisse ramener 3000 chevaux «transpirant le sang» qui eurent à parcourir quelques 5000 kilomètres par la Route de la Soie jusqu'à Chang'an (Xi'an). La couleur particulière de la transpiration de ces chevaux, qui ressemblait vraiment à du sang, semble avoir été provoquée par une bactérie de la peau plutôt que par une caractéristique génétique spéciale.

De Kucha vint la rumeur d'une race de «chevaux-dragons», les descendants de dragons des lacs et de juments sauvages. De Kushan vinrent les «chevaux célestes» capables «de vous emporter au paradis». Les chevaux de la variété arabe provenaient de Boukhara et de Samarcande en Transoxiane. Les robustes poneys mongols étaient d'une variété plus commune en Chine, mais capables de parcourir de longues distances dans des conditions difficiles.

Plusieurs dynasties chinoises s'employèrent de diverses façons à fournir les étables impériales en chevaux pour la guerre et en chevaux de poste. Tous les moyens furent employés: intrigues politiques, mariages de princesses chinoises à des dirigeants lointains et détention de fils de vassaux dans la capitale chinoise pour leur « éducation ». Au milieu du 7e siècle, une alliance fut scellée par le mariage entre un khan turc et une princesse chinoise au prix de 50 000 chevaux ainsi que de chameaux et de moutons.

Pendant les dynasties Sui et Tang, certaines villes frontières devinrent des centres de troc où la soie chinoise était échangée contre des chevaux d'Asie centrale. Les cours Song et Ming créèrent même un monopole étatique sur le thé — une marchandise importante pour le troc — afin de s'assurer les moyens de faire face à une demande de chevaux sans cesse croissante.

Pendant la dynastie Tang, les Ouïghours et les Tibétains furent les fournisseurs les plus importants de chevaux. Au milieu du 8e siècle, le besoin minimal se situait à 80 000 chevaux de cavalerie destinés aux troupes de frontière fortes de 490 000 hommes, sans mentionner le besoin qu'avait la Chine de montures dans la lutte contre les rébellions. En 783, les Tibétains se

Le marché aux chevaux, un dimanche à Kashgar.

saisirent de Chang'an, la capitale des Tang, et occupèrent les pâturages impériaux les plus importants dans l'ouest du Gansu. Ceci força le gouvernement Tang à s'adresser humblement aux puissants Turcs ouïghours qui, en bons hommes d'affaires exigèrent quarante ballots de soie contre un seul cheval de race médiocre. A la fin de la dynastie Tang, la Chine se vit obligée de troquer 1 million de ballots de soie chaque année contre 100 000 chevaux — un poids financier considérable pour un pays ruiné par la guerre civile. Plus tard, les Tibétains remplacèrent les Ouïghours comme fournisseurs principaux.

Les chevaux, nécessaire butin de guerre, étaient aussi la partie obligée de tout tribut payé à la Chine. Les peaux et les queues de cheval (et même le pénis d'un cheval blanc) étaient considérés comme des cadeaux de prix. Les peaux étaient transformées en vêtements d'équitation et même en armures. Des queues de cheval décoraient les fourreaux des épées ou, comme chez les Mongols, les insignes et les drapeaux militaires. Le pénis séché d'un cheval blanc, macéré dans du miel et du vin, avait la vertu, dit-on, de réactiver les forces viriles.

Les spécimens les plus beaux étaient réservés aux écuries impériales près de Chang'an (afin de servir de montures pendant les chasses royales), aux gardes du palais ou encore aux courtisans de l'empereur. Le polo avait été introduit d'Asie centrale pendant la période Tang et c'était l'un des sports favoris des aristocrates. Même les dames de la cour montaient à cheval. Pendant le règne de l'empereur Xuanzong (713-742), des chevaux merveilleusement caparaçonnés étaient entraînés à danser en musique pour se produire lors des fêtes d'anniversaire de l'empereur.

La littérature, la sculpture, la peinture et la musique chinoises glorifiaient la beauté et la vigueur des chevaux impériaux. Une peinture célèbre retrace les exploits légendaires des Huit Bayards de l'empereur Mu de la dynastie Zhou qui l'emmenèrent à raison de mille li (500 km) par jour jusqu'aux Montagnes Sacrées du Kunlun dans le sud de Xinjiang où il eut une rencontre extatique avec la déesse, la Reine Mère de l'Ouest. La grâce et la robustesse des chevaux de trait de la dynastie Han furent commémorées en des sculptures de pierre placées devant les tombes impériales. Des poèmes et des chants furent dédiés aux six étalons de l'empereur Taizong (627-50) qui bravement l'emportaient au combat; de même fut honoré son fameux rouan qui fut frappé de cinq flèches lors d'une attaque.

Pendant la dynastie Yuan, la demande insatiable de chevaux, destinés surtout au service postal rapide et efficace qui fonctionnait dans l'Asie centrale tout entière, put être satisfaite malgré l'immense étendue de l'Empire mongol. Mais la dynastie Ming (1368-1644), elle, fut forcée d'établir un département du commerce du cheval dans la province du Shaanxi, avec des succursales à Hami et Dunhuang.

# LA ROUTE SUD DE LA SOIE

Le chemin qui passe par les oasis au sud du Taklamakan — la plus ancienne Route de la Soie — se faufile entre les contreforts des Monts Kunlun et la bordure méridionale du Taklamakan, de Miran à Endere, Niya, Hetian et Shache où il tourne pour rejoindre la Route du Nord à Kashgar. De Kashgar, la route continue vers les Pamirs puis en Asie centrale — reliant Khokand, Samarcande, Boukhara et Merv —, en Perse et en Iraq jusqu'à la mer Méditerranée, pour aboutir à Rome et Alexandrie. Une autre Route de la Soie commence à Shache et continue au sud vers le Karakoram, Leh, Srinagar, puis Bombay.

Quelques villes le long de la Route sud de la Soie ont récemment été ouvertes aux touristes étrangers, dont Shache (Yarkand), Yecheng (Karghalik) et Hetian (Khotan). Si vous avez des problèmes, adressez-vous au bureau de la Sécurité publique à Kashgar. Autrefois, le voyage par route de Kashgar à Hetian (510 km) prenait plusieurs semaines, mais aujourd'hui, il peut être effectué confortablement en jeep en 10 heures, y compris un arrêt à Yengisar et une halte pour déjeuner à Yecheng. Il existe plusieurs vols par semaine d'Urumqi à Hetian, en passant par Aksu (trois heures et demie).

## YENGISAR (*YINGJISHA*)

A 68 kilomètres au sud-est de Kashgar se trouve la petite ville de Yengisar que la fabrication de couteaux, tradition vieille de 400 ans, a rendue célèbre à travers tout le Xinjiang. Un couteau de Yengisar est un outil essentiel pour chaque homme ouïghour, surtout pendant la saison du melon lorsque, avec cérémonie, l'on sort le couteau pour le nettoyer en coupant la base du melon. On choisit avec soin les couteaux et ceux qui sont fabriqués à la main et incrustés de pierres et d'argent sont les favoris.

La technique de fabrication s'est transmise de père en fils. Les meilleurs couteaux furent fabriqués avant 1968 lorsqu'on pouvait encore se procurer de l'argent et que l'on s'appliquait avec habileté à aiguiser et décorer la large lame et à incruster les manches de nacre. Ils sont rares aujourd'hui et les fabricants y tiennent; ils ne se sépareront de l'un d'eux qu'avec réticence pour 500 Rmb. La plupart des couteaux que l'on trouve aujourd'hui sur les marchés du nord-ouest de la Chine sont fabriqués en usine mais ici existe un petit atelier (*Yingjisha xian xiaodao chang*) employant environ cinquante artisans qui utilisent des tours manuels et qui décorent les manches d'os ou de plastique. Il faut environ deux jours pour fabriquer un couteau (ventes directes à l'usine).

La route continue vers Shache, au sud-est, à travers une plaine d'où l'on voit à l'ouest les sommets couverts de neige du Pamir. A part le bazar et l'usine à couteaux, il y a peu de choses à voir à Yengisar. Plusieurs *guesthouse* en ville ont des chambres très simples.

## SHACHE (YARKAND)

Jusqu'à récemment, Shache était plus importante que Kashgar, grâce à ses liens commerciaux avec l'Inde par Leh, au Ladakh. Les caravanes transportaient des soies, du thé, des pierres précieuses, de l'or, des fourrures et des peaux et, pendant la dynastie Qing, de l'opium de l'Inde. Les marchands du Cachemire enseignèrent aux habitants de Yarkand à carder et à nettoyer la laine brute et bientôt la qualité des châles en laine de Yarkand surpassa celle du Cachemire. Des Indiens, des Pathans, des Tibétains, des Balti, des Afghans, des Kokandi et même des Arméniens furent parmi les nombreux marchands étrangers qui vinrent augmenter la population de la ville.

Lors d'un périlleux voyage en 1895, Sven Hedin mena une expédition dans le but de faire des relevés dans le sud-ouest du Talkamakan, entre les rivières Hetian et Shache. Deux semaines après avoir quitté Kashgar, sa caravane tomba à court d'eau ; ils continuèrent à travers le Taklamakan pendant six jours encore avant que Hedin ne parvienne à ramper jusqu'à la rivière Hetian et à ramener suffisamment d'eau pour sauver le dernier de ses assistants. La plus célèbre découverte de Hedin fut faite lors d'une autre expédition, cette fois-ci pour relever le tracé de la rivière Shache et de sa continuation, le Tarim, lorsqu'il mis au jour le secret du lac Lop Nor, le fameux « lac vagabond ».

Lors d'une visite à Shache en 1923, Sir Clarmont Skrine, le consul-général britannique à Kashgar, écrivit qu'il était « frappé par la grandeur et le caractère spacieux des longs bazars couverts, bien mieux bâtis que ceux de Kashgar, et par les quelques scènes pittoresques qu'on pouvait cueillir à travers une porte sur deux ; des saules pleureurs, penchés sur la cour d'une maison, des épiceries et des stands de nourriture, des forges et des boutiques vendant de vieux habits et des ateliers de charpentier et partout des foules de gens pittoresquement vêtus. »

Mais dans *Au cœur de la Tartarie* (1936), Peter Fleming décrivait une ville bien plus tendue à la suite d'une rébellion musulmane : « Une partie du bazar est encore en ruines ; les bastions de la nouvelle ville sont criblés de

Cueillette de feuilles de mûrier à Hetian.

## Islam Akhun

Vers la fin du 19e siècle, apparurent pour la première fois dans les bazars des oasis du Turkestan quelques manuscrits anciens, rédigés dans des langues inconnues et qui avaient été retrouvés par hasard par les pilleurs de trésors locaux. Le plus célèbre de ces manuscrits, appelé manuscrit Bower du nom du jeune lieutenant anglais qui l'acheta, fut déchiffré par l'orientaliste anglo-allemand Augustus Rudolf Hoernle. Il s'agissait de plusieurs textes incomplets de médecine et de nécromancie datant du 5e siècle, écrits en sanscrit avec l'alphabet brahmani. La découverte de ce qui était à l'époque l'un des plus anciens documents au monde provoqua une véritable chasse aux manuscrits parmi les orientalistes et archéologues occidentaux. Quant aux pilleurs de trésors d'Asie centrale, il ne leur fallut pas longtemps pour comprendre l'intérêt financier que représentaient soudainement ces vieux papiers qu'ils considéraient autrefois comme étant sans valeur.

L'une des sources principales de manuscrits fut un certain Islam Akhun, un marchand de Kashgar, qui avait fourni entre 1895 et 1898 une quantité de documents à Rudolf Hoernle ainsi qu'à George Macartney et à Nikolai Petrovsky, les consuls britannique et russe à Kashgar. Plusieurs de ces textes posaient des problèmes considérables aux spécialistes qui ne parvenaient pas à les déchiffrer et qui commencèrent à douter de leur authenticité. Ce fut Aurel Stein, lors de sa première expédition, qui parvint à élucider le mystère en découvrant que la fameuse «bibliothèque» d'Islam Akhun, située entre Hetian et Guma, n'était rien d'autre qu'une étendue de sable vide.

Mis en présence des preuves de la falsification de ces documents, Akhun expliqua à Stein comment il avait procédé. Au désespoir de retrouver de véritables manuscrits à vendre aux étrangers, lui et son associé avaient décidé de créer les leurs. Le premier fut rédigé à la main, en employant divers caractères que les orientalistes prirent pour une forme d'ancien grec. Réalisant que les étrangers ne pouvaient distinguer les faux alphabets des écritures anciennes authentiques, Akhun inventa ses propres symboles plutôt que de continuer à imiter de véritables systèmes d'écriture. Comme la rédaction à la main était un travail laborieux, il résolut de passer à l'impression avec des blocs de bois gravés. Il employa un papier de fabrication locale, préalablement jauni, qu'il suspendait au-dessus d'un feu pour lui donner un air d'ancienneté avant de le laver avec du sable.

Akhun ne fut jamais poursuivi par les autorités chinoises mais sa supercherie provoqua un embarras certain dans les milieux académiques en Occident et les 90 volumes reliés de sa fabrication sont encore conservés dans la section orientale du *British Library* à Londres. Il faut dire que le travail d'Akhun et de son associé avait été exemplaire et les textes remarquablement sophistiqués. Une grande partie de la faute en revient aux deux consuls de Kashgar qui n'avaient fait preuve d'aucun discernement dans leur empressement à acheter tous les manuscrits qui leur tombaient sous la main.

balles et les murs des maisons à l'entour de trous béants ; les inscriptions en chinois ont été barbouillées. C'est ici qu'une garnison chinoise résista avec bravoure aux insurgés fanatiques de Khotan qui, après un siège de plusieurs semaines, leur accordèrent un sauf-conduit ; dans le désert, ils furent presque tous massacrés ; cet incident est typique d'une province dont l'histoire tout entière empeste de tricheries. »

Shache se trouve à 126 km au sud de Yengisar ; c'est une ville entourée d'arbres, de champs et de rizières. Tous les dimanches, un grand marché s'étend dans les rues et les allées de la vieille ville (l'extrémité est). La seule possibilité d'hébergement pour les étrangers est à l'hôtel de Shache, au sud de la gare routière.

## YECHENG (KARGHALIK)

La route continue à travers les zones agricoles bien arrosées de **Zepu** (**Posgam**) et de Yecheng, le lieu de rendez-vous des expéditions qui partent pour faire l'ascension de la face chinoise du K-2 dans la chaîne du Karakoram, ouverte aux alpinistes étrangers depuis 1980. De Yecheng, le camp de base se trouve à deux jours en voiture plus neuf jours en chameau. L'ascension prend en général deux à trois mois.

Après avoir dépassé la gare routière et traversé la rivière, la route longe la partie nord de Yecheng. La mosquée et le bazar se trouvent au sud-ouest et la *Guesthouse* des Montagnards à l'est. En sortant de la ville par l'est on trouve la bifurcation qui mène vers la région d'Ali (Shiquanhe) au Tibet.

La bande de terre cultivée cède la place à un désert de pierres et la route, toujours menacée de dégâts importants causés par des crues soudaines, mène à Pishan (Goma). Skrine écrivit : « Goma se trouve sur le bord même du Taklamakan [...] C'est un bon endroit pour les « Taklamakanchis » comme on appelle les chasseurs de trésors que l'on rencontre tout au long de la bordure du grand désert ; habillés de loques, ce sont des hommes du type du clochard qui ne perdent pas espoir, ils passent leur vie à piller les ruines de temples anciens et de tombes bouddhiques dans les sables en plein Taklamakan. De temps à autre, ces hommes trouvent quelques pièces de monnaie ou quelques sceaux, et c'est ainsi que quelques-uns d'entre eux finissent par s'enrichir. Du point de vue archéologique, les activités des Taklamakanchis que l'on retrouve partout sont ambiguës. Stein reconnaît qu'il leur doit beaucoup en aide directe ou indirecte dans la découverte de ses sites principaux ; mais bien plus souvent il eut à déplorer les dégâts causés aux tombes et aux temples, aux stoupas et aux habitations. »

## HETIAN (KHOTAN)

Hetian est célèbre pour ses jades, ses tapis, sa soie et ses broderies. Durant presque 2000 ans, elle fut le principal fournisseur de la précieuse néphrite, si appréciée par les Chinois. Le jade blanc venait du lit de la rivière du Jade Blanc, tandis que le jade vert sombre venait de la rivière du Jade Noir ; des caravanes le transportaient jusqu'au cœur de la Chine où il était sculpté de manière exquise. Les marchés de pierres précieuses de Hetian offraient aussi des lapis-lazuli et de la cornaline. Aujourd'hui, Hetian est un centre de collecte du jade blanc brut que l'on trouve encore le long de la rivière. On ne peut entreprendre sa recherche que pendant l'hiver lorsque les lits sont asséchés. On trouve de moins en moins de bons jades et quelques kilos seulement sont trouvés chaque année. Pendant les mois d'été, quelques mines sont en exploitation dans les Monts Kunlun, mais le rendement est très bas.

La sériciculture fut introduite à Hetian par une princesse chinoise, fiancée au roi de Hetian, il y a plus d'un millier d'années. Elle cacha des œufs du ver à soie et des semences de mûrier dans sa coiffure pour tromper les fonctionnaires des douanes qui avaient comme instruction de garder jalousement ce « secret national ». L'industrie fleurit et les exemples des soies magnifiques de Hetian sont visibles dans les musées du Xinjiang. Hetian est le centre de la fabrication traditionnelle des soies *aidelaixi* qui sont tissées à la main, nouées puis teintes ; la fabrication se fait dans de petites unités familiales et c'est un tissu favori des femmes ouïghoures.

Les riches couleurs naturelles et les motifs floraux des tapis de Hetian ont été très recherchés à travers toute l'Asie centrale pendant des siècles. La laine de Hetian a la particularité d'être très longue et épaisse. La fabrication de tapis est pour les villageois une activité secondaire ; ils les vendent aux bazars ou à des acheteurs qui viennent d'autres régions du Xinjiang. Les pièces brodées au point de chaîne à l'aide d'une aiguille recourbée sont très appréciés.

Autrefois, le royaume de Hetian était aussi appelé Yutian et Kustana et il était l'un des trente-six royaumes des Régions occidentales connus des Chinois Han. Le général Ban Chao évinça les Xiongnu des oasis du Xinjiang au 1er siècle ap. J.-C., à une époque où le roi de Hetian était sous l'influence d'un chaman favorable aux Xiongnu. Le chaman et le roi décidèrent d'humilier et de tuer Ban Chao. Ils lui demandèrent qu'il les laisse sacrifier à leurs dieux son cheval de guerre, un animal exceptionnel, ce à quoi Ban Chao consentit à condition que le chaman lui-même vînt prendre le cheval. Lorsque le chaman apparut, Ban Chao le fit décapiter ; il envoya la tête au roi de Hetian qui se rendit alors aux Chinois.

Pendant le 2e siècle ap. J.-C., Hetian fut influencée par le royaume indo-scythe de Kushan dont le roi, Kanishka, était un bouddhiste dévot. Hetian devint au 5e siècle un centre important et florissant du bouddhisme mahâyâna et ses habitants restèrent bouddhistes jusqu'au 10e siècle.

Le pèlerin bouddhiste Fa Xian nous a laissé un compte-rendu très vivant du royaume de Hetian qu'il visita en 399: « Le pays est prospère et heureux ; ses habitants vivent dans l'aisance ; ils ont tous reçu la foi et aiment à écouter la musique religieuse. On compte plusieurs dizaines de milliers de moines. » Fa Xian demeura à Hetian pendant trois mois et visita le nouveau monastère du roi dont la construction avait duré 80 ans. Il nota l'existence de quatorze grands monastères et d'autres plus petits. Pendant sa visite il assista à un important festival bouddhique auquel prit part la cour royale. « A partir du premier jour de la quatrième lune, les rues principales de la ville sont balayées et lavées, et les ruelles décorées. Au-dessus de la porte d'entrée de la ville, un grand auvent avec toutes sortes d'ornementations est érigé, sous lequel prennent place le roi et la reine ainsi que les dames de la cour. » Des grandes statues du Bouddha et de deux bodhisattvas, installées dans une réplique de la salle du Bouddha, furent portées en procession. Le cortège s'arrêta devant les portes de la ville et le roi échangea alors ses habits royaux pour des vêtements simples. « Marchant pieds nus et tenant des fleurs et de l'encens à la main, avec des serviteurs de chaque côté de lui, il sortit de la porte. Devant les statues, il inclina la tête jusqu'à toucher le sol, éparpilla les fleurs à terre et brûla l'encens. » Le festival dura quatorze jours, chaque monastère présentant un cortège différent chaque jour.

Au 7e siècle, Xuan Zang passa par Hetian à son retour de l'Inde ; il y mentionne une curieuse légende selon laquelle une chaîne de collines à l'ouest de la ville aurait été formée par une tribu de rats sacrés. Cette vermine précieuse et son roi étaient protégés et nourris par les habitants parce que les rats avaient autrefois sauvé les bouddhistes de Hetian d'une armée de Huns en rongeant leur armure et leur harnachement en cuir, les rendant ainsi impuissants à se battre.

Au début de la dynastie Tang (618-907), Hetian payait tribut à la cour de Chine et envoya à une occasion 717 paires de poneys de polo à Chang'an. Hetian fit partie du royaume des Kharakhanides entre 932 et 1165 et fut la seule oasis de la Kashgarie à se défendre contre Gengis Khan — pour donner l'exemple aux autres, Gengis Khan la dévasta complètement. Les guerres religieuses entre bouddhistes et musulmans firent rage pendant le 10e siècle et le royaume se trouva mêlé à toutes les luttes de pouvoir des huit siècles suivants, y compris celle du khanat de Chagatai et des *khoja* de Kashgarie. Marco Polo traversa le royaume en 1274 et il remarqua qu'il était « long de huit jours de voyage ».

## L'HISTOIRE DE LA SOIE

Une légende chinoise donne le titre de déesse de la Soie à Lei Zu (Dame Xiling), femme du mythique Empereur Jaune qui aurait régné sur la Chine vers 3000 av. J.-C. On lui attribue l'introduction de l'élevage du ver à soie et l'invention du métier à tisser. Chaque année, on offrait dans la Cour impériale rituels et sacrifices en son honneur. Les règles de la Cour de la dynastie Zhou (du 11ᵉ au 8ᵉ siècles av. J.-C.) stipulaient que « l'impératrice et les concubines royales devraient jeûner avant de faire leurs offrandes et cueillir personnellement des feuilles de mûriers afin d'encourager l'industrie de la soie ». Sous la dynastie Han (206 av. J.-C.-220 ap. J.-C.), à l'apogée de la Route de la Soie, c'était pendant le 3ᵉ mois lunaire que l'on célébrait chaque année Lei Zu. L'impératrice et les dames de la cour se rendaient en grande procession dans des carrosses tirés par des chevaux au temple des Vers à Soie. Elles étaient accompagnées par « des dizaines de milliers de cavaliers » portant bannières de dragons et flammes de soie à l'Autel des Vers à Soie. Dans le parc Beihai à Pékin, qui faisait partie autrefois de la Cité Interdite, un temple construit en 1742 est dédié à la déesse de la soie. L'antique rituel y fut respecté chaque année jusqu'à la chute de la dynastie Qing en 1911.

En 1927, un demi-cocon de ver à soie fut découvert dans du lœss au bord du fleuve Jaune dans la province du Shaanxi et a été daté entre 2600 et 2300 av. J.-C. Des découvertes archéologiques plus récentes — une petite coupe d'ivoire gravée d'un ver à soie vieille de 6000 à 7000 ans, pense-t-on, ainsi que des outils à filer, des fils et des morceaux de tissus de soie trouvés dans des sites du bas Yangzi — démontrent que les origines de la sériciculture sont encore plus anciennes. Des inscriptions sur des ossements servant à la divination, datant de la dynastie Shang (1600-1027 av. J.-C.), portent les premiers pictographes connus signifiant « soie », « ver à soie » et « mûrier ».

Le *Shujing*, texte du 5ᵉ siècle av. J.-C., dresse la liste en « longueurs de soie bleue ou rouge » de tributs payés par six provinces de Chine à l'empereur Yu. A cette époque, la production de soie était largement répandue et les couleurs et motifs étaient riches et variés. Dès la dynastie Han, la sériciculture fut pratiquée du Gansu, à l'ouest — où des briques peintes trouvées dans des tombes illustrent l'élevage du ver à soie et le tissage de la soie — jusqu'au Sichuan dans le sud — où l'antique capitale

Les vers à soie forment leur cocon
que des femmes trient et qu'une jeune femme dévide.
La soie est ensuite mise en écheveaux ou sur bobines.

de Chengdu était surnommée « Ville du Brocart » — et jusqu'au Shandong, sur la côte est, célèbre pour sa soie sauvage.

Vers le 4e siècle av. J.-C., les Grecs et les Romains commencèrent à parler de « Sères », le royaume de la soie. Quelques historiens pensent que les premiers Romains qui ont pu voir le tissu fabuleux étaient les légions de Marcus Licinius Crassus, gouverneur de Syrie. A la bataille fatale de Carrhes, près de l'Euphrate, en 53 av. J.-C., les soldats furent si choqués par les drapeaux de soie aux couleurs éclatantes des troupes parthes qu'ils s'enfuirent, pris de panique. Dans les décennies qui suivirent, les soies chinoises étaient couramment portées par les familles riches et nobles de Rome. Sa production restait cependant un mystère ; Pline, l'historien romain, croyait que la soie était obtenue en « recueillant le duvet des feuilles avec l'aide de l'eau ».

La transparence légère des « toges en verre », si appréciées par l'élite romaine, devait bientôt attirer sur elle les foudres de la morale. Ainsi Sénèque écrivait au 1er siècle : « Je vois des vêtements de soie, si l'on ose encore appeler vêtements ce qui en aucune façon ne protège ni le corps ni la modestie de celui qui les porte ; et dans ces vêtements aucune femme ne pourrait honnêtement jurer qu'elle n'est pas nue. » La soie épuisa l'or de l'Empire romain et dès le 4e siècle les deux tiers de la trésorerie de l'Empire byzantin allaient aux importations de produits de luxe venant d'Orient. Les hauts dignitaires de la Cour et de l'Eglise se vêtaient somptueusement en soie de pourpre impériale et les personnes de haut rang étaient enterrées, enroulées de draps de soie.

Les Chinois gardaient jalousement leur secret mais vers 440 (selon la tradition) une princesse chinoise cacha des œufs de ver à soie dans sa coiffure et les emmena à Hetian où elle devait se marier avec le roi, apportant ainsi la technique dans le Xinjiang actuel. En 550, deux moines nestoriens apportèrent le ver à soie à Byzance où l'Eglise et l'Etat créèrent des ateliers impériaux, gardant ainsi le secret et le monopole de la production. Dès le 6e siècle, les Perses, qui avaient aussi acquis l'art du tissage de la soie, développèrent leurs propres techniques et de riches motifs originaux. Ce n'est qu'au 13e siècle — au temps de la deuxième croisade — que l'Italie commença à produire de la soie grâce à l'arrivée de deux mille tisserands de Constantinople. A partir du 13e siècle, la production de soie s'étendit à toute l'Europe.

Pendant la dynastie Tang (618-907), les centres principaux de la soie se trouvaient au sud du Yangzi, près du lac Taihu, où des filatures produisaient d'exquis brocards ornés de fils d'or. Sept cents tisserands s'employaient à plein temps à fournir la garde-robe de Yang Guifei, la précieuse épouse-consort de l'empereur Xuanzong. A Pékin, Marco Polo remarqua que

« chaque jour, plus de mille chargements de chariots de soie entraient dans la ville ». Les cours Tang, Ming et Qing offraient, comme cadeau de choix, des ballots de soie et des robes de soie aux envoyés politiques, aux princes et aux missions venues leur payer tribut. Une mission de 2000 hommes, arrivée à Pékin, la capitale Ming, retourna chargée de 8000 ballots de soie brute, 2000 robes doublées de satin et 2000 paires de bottes et de jambières ainsi que beaucoup d'autres cadeaux.

L'élevage du ver à soie est une activité secondaire pour le paysan chinois — activité qui n'a pas changé à travers les âges. Pendant l'été, on élève en famille les chenilles voraces des *Bombyx mori*, placées sur de grands plateaux ronds de rotin ; jour et nuit, elles se nourrissent des feuilles fraîches de mûrier cueillies à la main. Autour du lac Taihu et du Grand Canal — zone de production principale de la soie — le mûrier blanc pousse à hauteur d'homme, facilitant ainsi la cueillette des feuilles. Le ver à soie nouvellement éclos ressemble à un petit bout de fil noir ; en un mois, il multiplie son poids par 10 000, changeant sa couleur et sa peau grisâtre plusieurs fois. Après environ 30 jours, les paysans placent les vers à soie sur des tas de paille ou de brindilles auxquelles le ver attachera son cocon formé par un seul fil de soie long d'environ un kilomètre. Puis les cocons sont chauffés pour tuer la chrysalide et envoyés aux filatures. Là, ils sont triés à la main et bouillis à 48° C pour les adoucir et libérer le fil. Les ouvrières — c'est une activité réservée aux femmes — ne cessent de plonger leurs mains dans l'eau chaude pour y retirer les fils d'environ huit cocons à la fois qu'elles placeront dans une machine à dévider qui les assemblera en un fil unique. L'embobinage qui donnera les écheveaux de pure soie blanche est en général automatique. La soie des cocons rejetés est transformée en bourre de soie et les chrysalides constituent une source de protéines pour le bétail.

Les femmes de Hetian se joignirent, sans résultat, à la résistance farouche que la ville opposa à l'armée de Yakub Beg au milieu du 19e siècle. Yakub Beg exigea un lourd tribut : des chevaux chargés de lingots d'argent, la charge en cadeaux de soixante-dix chameaux et quatorze chameaux de course.

Hetian fut l'une des premières villes à être fouillées par les étrangers à la fin du 19e siècle. Parmi les premiers visiteurs occidentaux fut William Jonhson, un fonctionnaire du British Survey of India venu vérifier les dires d'un habitant de la région qui aurait trouvé de vieilles ruines à Hetian en 1864. Selon ce dernier, « Hetian fut recouvert par les sables il y a bien longtemps » mais les habitants avaient déterré des objets des quelques maisons encore visibles. « Il semblerait que la ville ait été ensablée soudainement avant même que les habitants aient le temps de sauver leurs biens. » Johnson traversa le territoire des nomades kirghiz « sauvages » pour visiter le *khan* Badsha de Hetian (qui le retint en otage dans l'espoir que le gouvernement britannique lui enverrait des troupes pour arrêter l'avancée des Russes). Là, il apprit l'existence de pièces d'or pesant deux kilos et de cités enfouies dont la localisation exacte « n'était connue que de quelques personnes qui en gardaient le secret dans l'espoir de s'enrichir ».

Malgré les informations de Johnson, il fallut attendre une vingtaine d'années avant que les archéologues-explorateurs ne s'aventurent dans le Turkestan chinois. La plupart des archéologues étaient déjà occupés avec les riches découvertes faites en Grèce, en Palestine, en Mésopotamie et en Egypte, et cette région de l'Asie centrale était considérée comme très dangereuse pour le voyage. De plus, on pensait à l'époque que les villes enfouies sous le Taklamakan seraient islamiques et non bouddhiques.

Après la découverte du manuscrit de Bower (voir p. 250) et d'autres trésors au Xinjiang, les chercheurs étrangers s'intéressèrent de plus près au Taklamakan. En 1895, Sven Hedin arriva à Hetian, bien déterminé à être le premier Européen à explorer les cités perdues de la Route de la Soie. Hedin fut conduit à un ancien village appelé Borasan (Yotkan) où il découvrit des manuscrits, des pièces de monnaie, des statues en terre cuite du Bouddha, des statuettes de chameaux et de personnes, une croix en cuivre et d'autres antiquités. Il explora également une ville au nord-est de Hetian, appelée simplement Taklamakan par les habitants de la région. Il y découvrit, sur un pan de mur, des fresques du Bouddha et de déités bouddhiques. Il sut alors qu'il avait trouvé l'ancienne cité que Fa Xian avait décrit en détail. « Je laissai de tout cœur la recherche scientifique aux spécialistes. Moi, il me suffisait d'avoir fait une découverte importante et d'avoir gagné dans le désert un terrain nouveau pour l'archéologie. » Les fouilles de Hedin mirent à jour les vestiges d'abricotiers, de maisons et d'un temple qui renfermait des peintures murales aux influences indiennes, grecques, persanes et gandhariennes.

Sir Aurel Stein explora les sites de Yoktan, Niya, Dandan-uilik, Endere et Rawak. Ce fut Stein qui, en 1901, démasqua le faussaire Islam Akhun: plus d'un orientaliste occidental en Inde et en Russie avait perdu des années en essayant de déchiffrer les «écritures anciennes» des «vieux manuscrits» qu'il avait fabriqués. Un chasseur de trésors montra à Stein des fragments de fresques avec des caractères brahmaniques et des dessins bouddhiques. Stein en conclut qu'ils provenaient du «Taklamakan» de Hedin, appelé aussi Dandan-uilik. Les fouilles de Stein sur ce site révélèrent des textes sanscrits du canon bouddhique datant des 5e et 6e siècles et des documents en chinois de l'an 781 ap. J.-C. Il trouva également deux peintures sur bois dans un temple; la plus grande représentait un être humain avec la tête d'un rat, que Stein indentifia comme le Roi des Rats qui avait sauvé Hetian des Huns, le légende rapportée par Xuan Zang quelque 1300 ans plus tôt.

En 1935, lorsque Peter Fleming et Ella Maillart arrivèrent à Hetian lors de leur audacieux voyage vers l'Inde par voie de terre, la ville faisait imprimer à la main sa propre monnaie sur du papier fait de bois de mûrier. Ils furent les témoins émerveillés de l'arrivée sur une mule du postier indo-britannique qui apportait des documents aux marchands indiens locaux et des exemplaires du *Times* vieux de trois mois, venant du Cachemire.

La région de Hetian, divisée en sept districts, a une population totale de 1,2 million d'habitants dont 96 % sont ouïghours. Les vingt-quatre rivières qui y coulent en été sont fournies en eau par la fonte des neiges des Monts Kunlun; elles arrosent largement les cultures de maïs, de blé, de riz, de coton et de plantes oléagineuses. On y trouve aussi beaucoup de mûriers et d'arbres fruitiers.

## VISITE

Cette ville de 80 000 habitants n'a pas de monuments historiques, si ce n'est les quelques sections des remparts crénelés qui entouraient autrefois la «ville nouvelle» ou cantonnement chinois. (La «vieille ville» ouïghoure n'avait pas de fortifications.) La plupart des magasins, qui ne fournissent que des marchandises de base, occupent des édifices d'un seul étage à la façade jaune. Le palais de la Culture est un bel édifice de briques rouges avec des arches dans le style ouïghour. L'atmosphère de la ville est agréablement paisible et une promenade dans les ruelles poussiéreuses de la vieille zone résidentielle permettra de saisir au vol dans les cours ombragées d'arbres ou de vignes des scènes de la vie quotidienne. Le marché du dimanche se tient dans la partie est de la ville.

## ■ L'USINE DE JADE DE HETIAN

Elle est située à côté du musée du District sur Tanayi nanlu, et ne comprend qu'une seule pièce où travaillent de six à huit artisans qui sculptent des morceaux de jade de tailles différentes. Le magasin au premier étage offre une sélection variée de sculptures.

## ■ LE MUSÉE DU DISTRICT DE HETIAN

Ce petit musée renferme une collection intéressante d'objets trouvés dans la région de Hetian, notamment des poutres de bois sculpté de Niya, des fragments de soie et de tapis, des statuettes et des animaux en poterie, des morceaux de fresques, des lampes de jade, des bronzes tibétains, des bijoux, de l'argent repoussé, des objets en or et des manuscrits. Les corps de deux moines bouddhistes, âgés l'un de 30 à 35 ans et l'autre de 10 à 12 ans, sont exposés dans leurs cercueils de bois décoré, assemblés sans clous. Ils datent du 5e ou 6e siècle et ont été déterrés lors de fouilles récentes à l'intérieur de la ville. Le musée se trouve sur Tanayi nanlu, près de l'usine de jade.

## ■ LE CENTRE DE RECHERCHES SUR LA SOIE ET LE MÛRIER

Ce centre, à 5 km au nord de la ville, est ouvert entre avril et octobre ; sa tâche est d'améliorer la qualité de la soie locale. L'usine compte plus de mille employés et produit 150 millions de mètres de soie par an. Le complexe comprend des dortoirs, des cafétérias et des écoles, et emploie des ouvriers venus de tout le Xinjiang. Le Bureau des affaires étrangères (FAO), au *Guesthouse* n° 1, organise des visites de l'usine ; il est également possible de s'y rendre par soi-même (ligne de bus n° 1 jusqu'au terminus).

Le tissage des soies *aidelaixi* prisées par les femmes ouïghoures reste essentiellement artisanal. Dans quelques villages voisins, les cocons sont bouillis, la soie dévidée, le tissu tissé et teint selon les techniques traditionnelles. Une fois terminé, le tissu est vendu par longueurs de 3,25 mètres. Le Bureau des affaires étrangères pourra organiser une visite à l'un de ces ateliers familiaux.

## ■ LE SITE DE YOTKAN

Les ruines de l'antique ville de Yotkan, qui aurait été la capitale du royaume de Hetian entre le 3e et le 8e siècle, se trouvent à 10 kilomètres à l'ouest de l'actuelle Hetian sous quatre mètres de terre — sur laquelle on cultive

Pages précédentes :
Famille kazakh dans sa yourte.

aujourd'hui du riz. On peut ramasser de très jolis fragments de poterie rouge décorée et des morceaux de jade au bord des canaux qui traversent le site.

Des documents historiques indiquent que la ville couvrait une superficie de 10 $km^2$. Sven Hedin, tout comme Aurel Stein, visitèrent Yotkan, et Hedin lui consacra un chapitre (il l'appelait Borasan) dans son monumental *Through Asia* où il raconte ses voyages. A la fin du 19e siècle, des trouvailles de grande valeur attirèrent les bandes de chasseurs de trésors locaux, plus intéressés par les objets d'or et d'argent que par la riche variété des poteries représentant animaux et personnages dans un style fortement marqué par les influences indo-hellénistiques et persanes (certaines pièces se trouvent aujourd'hui dans le musée de Hetian). Stein remarqua que la plus grande partie de l'or trouvé l'était sous forme de feuilles d'or et en tira la conclusion que des statues et quelques-uns des édifices devaient être recouverts de ce métal. Les pièces de monnaie qu'il trouva allaient de «pièces bilingues frappées par des dirigeants locaux portant aussi bien des caractères chinois que des signes primitifs indiens en kharoshthi, du début de notre ère, jusqu'aux monnaies à trous carrés de la dynastie Tang.»

### ■ LES RUINES DE MELIKAWAT

A 35 km au sud de Hetian, sur les berges de la rivière du Jade Blanc, se trouvent les remparts écroulés d'une ancienne cité. Les ruines de ce qui a peut-être été un édifice impérial et une poterie furent mises au jour en 1977. Les archéologues pensent que le site est celui de la capitale du royaume de Yutian de la dynastie Han (206 av. J.-C.-220 ap. J.-C.), mentionné dans les textes historiques, et que la ville fut habitée jusqu'aux Tang (618-907). Les sites de Yotkan et de Melikawat sont accessibles en voiture (s'adresser au Bureau des affaires étrangères) mais il reste très peu à voir sur place.

Les cités enfouies de la région de Hetian sont toujours aussi inaccessibles qu'à l'époque où elles furent explorées par Hedin et Stein. Niya est à plus de 300 km de Hetian, Dandan-uilik à 200 km et Rawak et Aksipil à environ 90 km. Comme il n'y a pas de route dans le désert, seule une expédition en chameau bien préparée peut y arriver.

## INFORMATIONS PRATIQUES

Hetian est une petite ville très poussiéreuse et sans grand charme; tous les points de la ville sont accessibles à pied ou en bus.

### Transport

Vols cinq fois par semaine d'Urumqi via Aksu (l'aéroport se trouve à 10 km de la ville; réservations au Bureau des affaires étrangères). Bus quotidiens pour Yechang, Shache, Yengisar et Kashgar (avec des correspondances pour Aksu, Kucha, Yining, Korla, Urumqi et Turfan).

### Hébergement

S'adresser au *Guesthouse* n° 1, sur Nuerwake lu (grand jardin avec des abricotiers ; restaurant chinois) ou au *Guesthouse* n° 2, sur Tanayi beilu (plus rustique, toilettes à l'étage, pas de douche).

### Restaurants

Il existe quelques petits restaurants chinois en ville ; le bazar près de la gare routière propose les spécialités ouïghoures habituelles.

### Bureau des affaires étrangères (FAO)

Situé au *Guesthouse* n° 1 (tél. 23846, ouvert de 10 h à 12 h et de 16 h 30 à 20 h 30, heure de Pékin), organise des visites des sites environnants.

## AU-DELÀ DE HETIAN

Le désert à l'est de Hetian est presque complètement inhabité et les transports publics y sont très limités. Les routes entre les oasis de la Route de la Soie du Sud sont parfois fermées pendant des semaines à cause des tempêtes de sable ou d'autres événements naturels. Les villes et les sites au sud-est de Hetian sont accessibles en groupes organisés seulement ou par la CITS ; les bureaux de la Sécurité publique ne sont pas encore très accueillants envers les voyageurs individuels qui désirent se déplacer sans encadrement.

A l'est de Hetian coulent treize rivières qui pénétraient autrefois dans le désert du Taklamakan 40 kilomètres plus loin qu'aujourd'hui. Beaucoup des villes prospères qu'elles arrosaient furent abandonnées aux sables entre le 3e et le 6e siècle.

La Route sud de la Soie continue vers l'est jusqu'à Chira. Au nord, dans le désert entre les rivières Hetian et Keriya, s'étend le site de **Dandanuilik**, un ensemble de temples dans lesquels Stein découvrit des fresques gréco-bouddhiques et des documents brahmaniques et chinois. Sur le chemin de Yutian (Keriya) le désert est interrompu par des champs et des marécages de roseaux. La rivière Keriya prend sa source dans les Monts Kunlun et s'écoule pendant 600 kilomètres dans le désert du Taklamakan avant de tarir dans les sables.

## NIYA (MINFEN)

La prochaine ville-oasis est Niya, qui faisait partie du royaume de Shanshan au 1er siècle av. J.-C. Stein fit deux fouilles dans un site à trois jours de marche au-delà de la rivière Niya, site qui se révéla être plus ancien encore que Dandan-uilik. Il y découvrit des tablettes en bois, portant des inscriptions en kharoshthi et qui dataient d'avant l'arrivée du papier dans la région. Les ruines ne cachaient pas d'autres objets de valeur, ce qui indique que, comme Dandan-uilik, le site fut abandonné petit à petit et non pas déserté soudainement comme certains l'avaient été. Dans un dépotoir proche (« Je devais respirer ses odeurs, encores pénétrantes après tant de siècles, et avaler en grosses quantités ces microbes antiques heureusement bien morts. »), Stein retrouva des tablettes en bois scellées avec la représentation d'Athéna et d'autres déités grecques. D'autres tablettes portant une écriture indienne ajoutèrent poids à l'argument selon lequel la région de Hetian avait été conquise et colonisée par les Indiens de Taxila (Pakistan) aux environs de 200 av. J.-C. Plus tard, la région fut occupée par les armées Han qui la quittèrent peu après 269 ap. J.-C.

En se basant sur les diverses ruines et vestiges des maisons et des jardins qu'il trouva, Stein put « reconstituer [...] dans son aspect physique la vie que connurent autrefois ces sites. Tout dans ces vergers et ces treilles est mort depuis seize siècles mais cependant nettement reconnaissable ; cela et les clôtures, les matériaux utilisés pour les édifices, etc., indiquent clairement que les conditions de l'agriculture et du climat local étaient essentiellement identiques à celles que l'on peut observer aujourd'hui dans les oasis du bassin du Tarim. » A **Endere**, près de Cherchen, Stein découvrit un fort flanqué d'édifices et démontrant une occupation tibétaine au 8e siècle.

En 1905, un Anglais, C. D. Bruce, partit sur les traces de Marco Polo sur la Route sud de la Soie et fut invité par le *beg* de Niya à aller traquer le sanglier dans son domaine des berges de la rivière Niya, recouvert d'une épaisse jungle. Sven Hedin note que Niya « ne doit son importance qu'au fait qu'elle est à deux jours de voyage de la tombe du saint Imam Jafer Sadik située au nord, là où la rivière se perd dans les sables ; cette tombe est visitée chaque année par 3000 à 4000 pèlerins, surtout à la fin de l'été et en automne. »

La section suivante de la route est constamment menacée par le désert qui la bloque fréquemment malgré les clôtures de roseaux qui tentent de la protéger du sable. **Cherchen** (Quemo) ne comprend qu'une seule grande rue — et cela n'est pas étonnant puisque 145 jours par an le sable la balaie, soufflé par des vents de force 5. Jusqu'à ce que la route soit terminée, dans les années 60, il fallait un mois de voyage pour parcourir les 800 kilomètres de désert jusqu'à Korla.

## CHARKHLIK (RUOQIANG)

La ville suivante, Charkhlik, n'est pas plus grande, mais elle est néanmoins la plus importante de cette vaste région qui comprend les fonds marins salés et desséchés du Lop Nor. Au 1er siècle av. J.-C., elle faisait partie du royaume de Loulan, qui fut plus tard appelé Shanshan. A Charkhlik, la route bifurque : d'un côté elle se dirige vers Korla au nord et de l'autre elle prend un tracé plus méridional que la Route de la Soie, et entre dans la province du Qinghai avant de tourner au nord-est vers Dunhuang. A l'est de Charkhlik se trouve un autre site archéologique, **Miran**, que Stein visita en 1906. Dans les années 70, des archéologues chinois y trouvèrent un système de canaux d'irrigation datant de la dynastie Han. Au sud s'élèvent les Monts Altun où fut établie une grande réserve naturelle. C'est ici que dans les années 1880 l'explorateur russe Nikolai Prejewalski découvrit l'ancêtre du cheval, espèce unique ayant survécu jusqu'à nos jours qui fut nommée *Equus prezewalski*. Disparue à l'état sauvage, cette espèce ne vit aujourd'hui que dans des jardins zoologiques.

## LE LOP NOR

Le Lop Nor, au nord de Charkhlik, est un lac salé de faible profondeur alimenté par le fleuve Tarim ; il est entouré de marécages salés et d'une plaine de sel desséché. C'est là que la Chine effectue la plupart de ses essais nucléaires. Non loin, à l'ouest du Lop Nor, se dressait autrefois la ville de **Loulan**, importante halte des caravanes. Le royaume de Loulan fut fondé avant 176 av. J.-C. et dura jusqu'au 7e siècle. A la chute de la dynastie Han, en 220 ap. J.-C., la ville fut envahie par les Huns et toute communication avec Chang'an et la Chine fut coupée.

La plus grande découverte de Sven Hedin eut lieu dans la région du Lop Nor en 1900. Son expédition avait été financée par le roi de Suède et le millionnaire Emmanuel Nobel et avait pour but à l'origine de relever le tracé de la rivière Shache et de sa continuation, la rivière Tarim. Hedin avait projeté de suivre le Tarim jusqu'au lac Lop Nor où se déversait la rivière et qui avait l'habitude mystérieuse de se déplacer au cours des années. Grâce à sa grande connaissance de la région, Hedin put conclure que ce déplacement était dû aux nombreuses rivières glaciaires qui changeaient de lit et modifiaient ainsi la forme du lac.

Après trois mois de voyage le long de la rivière Shache, celle-ci se gela. Hedin traversa à pied le désert jusqu'à Cherchen, puis continua vers le « désert de Lop », comme le nomma Marco Polo, dans la partie orientale du Taklamakan. Des fouilles dans cette région mirent au jour du papier ancien avec des caractères chinois et des documents sur bois avec des motifs bouddhiques. Le site se révéla être la ville-garnison de Loulan, construite pour protéger la frontière ouest de la Chine et le commerce de la Route de la Soie qui y transitait. Lorsque Marco Polo passa dans la région en 1224, la ville était déjà enfouie sous les sables depuis plus de mille ans.

Stein visita Loulan en 1914, guidé par la carte de Hedin, et y trouva de nombreuses pièces de monnaie et des documents. Des équipes d'archéologues chinois ont travaillé depuis plusieurs années sur le site et ont mis au jour des murs de terre battue et des matériaux appartenant à l'antique route. Des pièces de monnaie, des bijoux, des morceaux de bois portant des inscriptions, des statuettes de bois et des fragments de poterie ont été aussi rassemblés.

Marco Polo mit 30 jours pour traverser le « désert de Lop » et atteindre Dunhuang. Ceci était la pire zone de la Route du Sud : outre le manque d'eau, des « voix » étranges trompaient les voyageurs et leur faisaient perdre leur chemin. « Et certains, traversant le désert, voyaient arriver vers eux un groupe d'hommes et, craignant qu'il ne s'agisse de voleurs, prenaient la fuite. Ils quittaient la piste et ne savaient plus y retourner et ainsi ils se perdaient sans espoir [...] Même de jour on entend ces voix d'esprits et souvent on croit entendre le son de nombreux instruments, surtout des tambours et des cliquetis d'armes. C'est pourquoi les groupes de voyageurs s'efforcent de rester très près les uns des autres. Avant d'aller dormir, ils mettent en place un signal indiquant la direction dans laquelle ils voyagent. Et ils attachent de petites cloches au cou de tous leurs animaux, afin que, grâce à leur son, elles puissent les empêcher de s'égarer. »

# LE KARAKORAM HIGHWAY

La construction du *Karakoram Highway,* qui relie Islamabad à Kashgar à travers une des terres les plus inhospitalières du monde, fut entreprise conjointement par la Chine et le Pakistan. Ce sont des équipes chinoises qui commencèrent en 1967 cette route longue de 1284 kilomètres. Le chemin à travers les territoires du nord du Pakistan dut être ouvert en dynamitant les falaises rocheuses qui s'élèvent, vertigineuses, au-dessus de profonds précipices creusés par les eaux tumultueuses de l'Indus et de ses affluents. Plus de 400 vies furent perdues et de petits tumuli indiquent les tombes. Si à cette époque la route était dangereuse, elle reste encore imprévisible car les glissements de terrain rocheux et les crues soudaines sont une menace constante. L'organisation pakistanaise chargée des constructions frontalières maintient de son côté de la frontière une force de 10 000 soldats qui entretiennent et dégagent la route en cas d'urgence.

Entre Kashgar et le col du Khunjerab, la route chinoise est encore en grande partie non goudronnée — en comparaison avec la partie pakistanaise qui est, en général, en excellente condition. Pire, les véhicules ne peuvent emprunter certaines sections en construction et sont déviés sur les bas-côtés en très mauvais état. Le gouvernement chinois a cependant commencé récemment des travaux de rénovation de la route.

Le Karakoram et l'Himalaya sont les chaînes de montagnes les plus jeunes du monde ; elles commencèrent à se former il y a 55 millions d'années, lorsque le sous-continent indien est entré en collision avec la masse continentale de l'Asie du Nord. L'Inde se déplace encore vers le nord à une vitesse de quelque cinq centimètres par an et ces jeunes montagnes sont donc toujours en train de pousser, ce qui provoque des secousses sismiques toutes les trois minutes en moyenne. « Karakorum » signifie « roche qui s'effrite » en turc, un nom approprié pour une route qui coupe à travers d'énormes masses de granit et qui atteint 4733 mètres d'altitude au col du Khunjerab.

Au-delà des limites du district de Wupoer, la plaine de *gebi* (de pierres) cède la place à des collines et la route serpente pendant plusieurs heures à travers la gorge étroite de la rivière Gez. Elle monte alors à une altitude de 3900 mètres jusqu'aux rives du **lac Karakuli**, à 196 kilomètres de Kashgar. Des chevaux, des yacks et des chameaux paissent sur le riche pâturage. C'est un très bel endroit pour faire du camping et des randonnées, bien qu'il faille amener son propre équipement (il est possible de dormir dans

Le *Karakoram Highway* suit ici le cours de l'Indus.

des yourtes) et obtenir un permis de la CITS de Kashgar. Plus loin, la route grimpe par virages en épingle à cheveux jusque vers 5000 mètres : le paysage, dominé par la masse du **Muztagata**, « Père des Montagnes de Glace », ses glaciers et ses champs de neige est exaltant. Les hauts plateaux balayés par le vent qui se trouvent entre plusieurs chaînes parallèles constituent le Pamir, « le Toit du monde » (bizarrement appelé les Montagnes de l'Oignon dans les anciens textes chinois) ; ce sont les terres des Kara-Kirghiz, une tribu du peuple nomade kirghiz. Des chameaux de bât déambulent entre leurs campements d'*ak-oi* ronds, des yourtes recouvertes de feutre épais, fait de poil de chameau ou de chèvre.

Après une descente jusqu'à 3600 mètres, on passe le poste de Takhman et l'on entre dans Tashkurgan, le chef-lieu du district autonome tadjik, à 260 kilomètres de Kashgar. Comme ceci est une zone frontalière, le voyageur est censé avoir atteint la ville avant le coucher du soleil et les touristes qui voyagent dans l'une ou l'autre direction y passent généralement la nuit.

## TASHKURGAN

Au 2$^{e}$ siècle, Ptolémée qualifia Tashkurgan de comptoir commercial le plus occidental du Pays des Sères (Chine) car il est situé sur la route commerciale qui traverse le Pamir de Taghdumbash et le Karakoram pour atteindre les royaumes bouddhistes antiques de Taxila et de Gandhara. Les habitants, appelés alors Sarikoli, mais aujourd'hui Tadjiks, sont considérés comme une pure race d'*Homo alpinus*, occupant la Haute Asie depuis l'aube des temps. Leur langue appartient au groupe iranien des langues indo-européennes et ce sont des musulmans ismaélites (shi'ites).

Le Xinjiang compte environ 26 000 Tadjiks et, à part un petit nombre habitant les villes de la Route sud de la Soie, ils vivent sur leurs terres traditionnelles dans le haut Pamir. Les Tadjiks vivent d'élevage et d'agriculture dans des maisons de pierre et de bois et ils sont semi-sédentaires, différant en cela de leurs voisins nomades les Kirghiz et les Kazakh. Au printemps, ils plantent l'orge, les haricots, le blé et les légumes. En été, saison des pâturages, ils mènent leurs troupeaux de moutons, de chèvres et de chevaux dans les hautes vallées où ils vivent dans des yourtes, puis retournent à leur maison en automne. A des altitudes de plus de 3000 mètres, le rendement des cultures est bas. La chasse au faucon et le *buzkashi* sont très populaires chez les Tadjiks comme le sont la danse et la musique. Un instrument traditionnel est la flûte à trois trous, faite en os d'aile d'aigle.

Tashkurgan signifie « cité de pierre » en tadjik. Ce nom vient d'un fort de pierres au nord de la ville dont la construction date du 6$^{e}$ siècle. Les ruines actuelles datent de la dynastie Yuan (1280-1368) et le fort fut restauré pendant les Qing (1644-1911). Au pied de la muraille, on voit une étroite route de terre qui serait l'antique Route de la Soie elle-même. Sur le chemin du retour, Xuan Zang, chargé de soutras bouddhiques, passa une vingtaine de jours à Tashkurgan.

Dans les années 70, des archéologues chinois trouvèrent des tombes près de la ville qu'ils ont datées du 5e siècle av. J.-C. Certains indices font croire que ceux qui y ont été enterrés (on a retrouvé des pointes de flèches en bronze, des bagues, des boucles d'oreilles et un pendentif en or) l'avaient été vivants.

Au sommet d'une haute montagne, près de la rivière Tashkurgan, à 80 kilomètres au sud-ouest de la ville, se trouvent les ruines du **château de la Princesse**. Les murs de terre battue se sont écroulés mais des tas de pierre indiquent l'existence autrefois de chambres intérieures. Il était déjà en ruines lorsque Xuan Zang raconta la légende qui s'y rapporte. Autrefois, le roi de Perse se fiança à une princesse chinoise, mais pendant le long voyage qu'elle entreprit pour le rejoindre des guerres éclatèrent et elle fut retenue dans le Pamir. Son escorte construisit une fortification temporaire au sommet d'une montagne escarpée et la garda jour et nuit. Et c'est là qu'elle vécut jusqu'à ce que la paix revienne six mois plus tard. Les ministres qui l'accompagnaient apprirent alors avec horreur que la princesse était enceinte et une enquête complète fut exigée. La fidèle servante de la princesse déclara : « Je sais seulement que chaque jour, à midi, un beau jeune homme descend du soleil pour voir la princesse. Puis, il grimpe sur les nuages et s'en va. » Pris de peur à l'idée de rapporter cela à la cour, les ministres décidèrent de ne pas bouger d'où ils étaient et construisirent un palace sur le sommet de la montagne pour la princesse. Le garçon qui naquit était beau et intelligent. La princesse établit son règne sur la région et son fils devint effectivement roi.

Sur cette route, on voit les ruines coniques d'anciennes stations de poste.

## INFORMATIONS PRATIQUES

Aujourd'hui, Tashkurgan est une petite ville frontalière de 5000 habitants avec une seule rue principale bordée de peupliers.

### Transport

Bus quotidiens pour Kashgar, Pirali et Sost (Pakistan).

### Hébergement

Adressez-vous soit au *guesthouse* de la gare routière ou au *Pamir Guesthouse*, plus confortable.

## LE COL DU KHUNJERAB

A 30 kilomètres au sud de Tashkurgan, la route bifurque près d'un pont de pierre ; une route mène vers le défilé du Wakhan en Afghanistan, à 80 kilomètres seulement de là, et l'autre se dirige vers le col du Khunjerab. C'est au poste frontière chinois de **Hongqilafu** (Pirali) à 54 kilomètres de là qu'ont lieu les formalités de sortie. A moins que vous ne soyez à bord d'un bus pour Sost, vous devrez changer de bus ou louer une jeep chez l'une des agences chinoises ou pakistanaises (très cher).

Le **col du Khunjerab** et la simple pierre qui marque la frontière sino-pakistanaise se trouvent 50 kilomètres plus loin, à une heure de voiture. Bien que Sir Aurel Stein ait appelé la traversée de ce col de 4733 mètres d'altitude « une excursion pour les dames », son nom signifie « Vallée de sang » dans la langue wakhi, en raison des raids meurtriers qui étaient lancés à partir du royaume voisin du Hunza contre les caravanes et les voyageurs.

A cette altitude, l'homme comme la bête souffre du mal des montagnes qui provoque fréquemment des saignements de nez. La méthode traditionnelle pour soulager les chevaux de la douleur provoquée par l'atmosphère raréfiée était de piquer leurs naseaux avec une aiguille de métal afin que le sang s'écoule. Un jeune Scandinave voyageant sur cette route dans les années 40 fut choqué : « Tout le long du col, on voit des taches d'un brun sombre sur les pierres. Elles viennent du sang frais qui coule, chaque goutte est un message des chevaux tremblants qui se sont écroulés ici. »

Au-delà du col, la route descend en épingles à cheveux jusqu'à 2500 mètres en 86 kilomètres à travers la zone frontalière fermée du Pakistan jusqu'au poste frontière de **Sost** où ont lieu les formalités d'entrée au Pakistan. On peut y trouver un logement.

Chute d'eau au défilé du Peuplier Blanc, près d'Urumqi.

## PÊCHES, PAPIER ET RHUBARBE

La Route de la Soie était l'une des grandes routes commerciales qui, à travers les siècles, transformèrent profondément la vie de l'Orient et celle de l'Occident grâce aux échanges mutuels de produits, de techniques et de savoir.

Les expéditions de Zhang Qian au 3e siècle av. J.-C. et celles de ses successeurs n'avaient pas seulement un caractère politique. Elles ramenèrent à la cour impériale de Chine de nouvelles idées, de nouvelles techniques et des collections de plantes et de minéraux inconnus. Les premiers produits venant d'Occident furent la luzerne et la vigne — apportés, dit-on, par Zhang Qian lui-même, bien que l'art de faire le vin ne devait arriver que plus tard.

Depuis la Perse et des pays plus au-delà encore arrivèrent les délicieuses dattes sucrées, les pistaches, les pêches, les poires, les noix, les teintures d'indigo, le mascara pourpre tiré du mollusque appelé murex, le narcisse parfumé (adopté par les Chinois comme fleur de bon auspice pour le Nouvel An) ainsi que l'encens et la myrrhe. Quant à l'amiante, dont un tapis entier fut donné en cadeau par la Perse, on l'expliqua comme étant de la laine de salamandre.

L'Asie centrale apporta les amandes, le jade, le lapis lazuli, le sulfate de soude, les concombres, les oignons et de belles races de chevaux. D'Inde arrivèrent l'épinard, le lotus, le bois de santal, le poivre et le *peepul*, arbre sacré des bouddhistes. Plus important encore fut le coton indien qui atteignit le Yangzi par voie de terre via l'oasis de Turfan pendant la dynastie Song (960-1279). En retour, les Indiens reçurent la pêche et la poire qui venaient de Perse par la Chine et qu'ils nommèrent respectivement « fruit chinois » et « prince chinois ».

De Chine, l'Occident découvrit le millet, l'anis, le gingembre vert, les roses, les camélias, les pivoines, les chrysanthèmes ainsi que le cassis et la mûre.

C'est dans l'Empire romain que fut inventée la technique de vernissage de couleur. Elle n'atteignit pas la Chine avant le 5e siècle mais fut, dès lors, adoptée rapidement et utilisée dans les arts décoratifs. Ce furent les caravanes qui apportèrent aussi à l'Orient le magnifique verre de Rome.

La technique de fabrication du papier fut inventée par les Chinois et se propagea vers l'ouest après la défaite de l'armée chinoise à la bataille de la rivière Talas en 751 lorsque les vainqueurs arabes capturèrent des artisans chinois et les mirent au travail à Samarcande. Mais ce n'est que six cents ans plus tard que cette technique atteignit l'Afrique et l'Occident. L'imprimerie à caractères mobiles fut introduite en Egypte au 12e siècle par suite de son invention en Chine vers la fin du 10e siècle.

La musique étrangère, les musiciens et les danseurs influencèrent profondément la culture chinoise, surtout pendant la dynastie Tang lorsque des envoyés des Régions occidentales firent connaître à la cour les danseurs de Tashkent, les pirouettes des danseuses de Samarcande, la flûte, le hautbois et le luth de Kucha et les musiciens de Sogdiane. Du Turkestan et de l'Inde arrivèrent des nains, des contorsionnistes, des prestidigitateurs, des mangeurs de feu pour étonner et amuser.

Une arrivée tardive fut celle de la rhubarbe sauvage que les Chinois avaient utilisée contre la malaria, la fièvre et les maladies féminines depuis le 16e siècle. Les Européens la trouvèrent aussi efficace contre de nombreux maux et la demande augmenta. Des commerçants d'Asie centrale achetaient la rhubarbe sauvage des villes du Passage du Hexi au Gansu et la revendaient aux fonctionnaires russes du Bureau de l'Apothicaire en chef, fondé par Pierre le Grand. Il y avait même une route spéciale de la rhubarbe qui longeait la mer Caspienne. Le monopole russe sur ce commerce fut abandonné en 1790 mais les Chinois continuèrent à croire que le thé et la rhubarbe étaient des éléments essentiels de l'alimentation des étrangers. Pendant les guerres de l'opium du 19e siècle, les Chinois pensèrent à stopper la livraison de rhubarbe et de thé afin que leur ennemi britannique succombe à la cécité et à la constipation.

# LA LANGUE

Le mandarin ou *putonghua*, le dialecte de Pékin, est la langue officielle employée à travers tout le pays et enseignée dans les écoles. Mais en plus des langues parlées par les minorités ethniques, la Chine compte également une grande variété de dialectes régionaux qui ne sont pas toujours compréhensibles entre eux. Depuis quelques années on assiste à une renaissance de certains de ces dialectes, particulièrement à Canton et Shanghai. Les principaux groupes sont les dialectes Wu, parlés à Shanghai et dans le Zhejiang, les dialectes Min du Fujian et de Taiwan, et les parlers Yue (cantonais) du Guangdong et du Guangxi. Le cantonais est également parlé à Hong Kong et dans la plupart des communautés de Chinois d'outre-mer en Asie, aux Etats-Unis et en Europe.

Quel que soit le dialecte parlé, la langue chinoise écrite demeure la même à travers tout le pays. Ainsi un habitant du Sichuan en visite à Canton pourra, au besoin, communiquer par écrit même s'il ne parle pas le cantonais. Au cours du 20e siècle, le chinois écrit a subi quelques modifications importantes. La première fut l'abolition, au début du siècle, de l'utilisation de la langue classique, ou *wenyan*, et son remplacement par le *baihua*, le parler populaire. Le second changement fut l'adoption de caractères simplifiés dans les années 1950 qui devait rendre plus facile l'apprentissage de la langue écrite. Ce système simplifié n'a pas été adopté à Hong Kong, à Taiwan et dans beaucoup de communautés chinoises d'outre-mer où les anciens caractères plus complexes sont toujours employés.

Le système officiel de transcription du mandarin, adopté — en République populaire de Chine uniquement — en 1958, s'appelle le ***pinyin***. C'est cette transcription qui est adoptée pour les noms de lieux, de personnes, etc. dans ce guide et dont la prononciation est expliquée ci-dessous.

### *Consonnes*

Les lettres b, g, k, l, p, t, se prononcent comme en français.

| | |
|---|---|
| c | « ts » |
| ch | « tch » |
| j | « dj » |
| q | « tch » |
| r | pas le « r » roulé français, entre un « r » anglais et un « j » français |
| x | « ch » |
| z | « dz » |

zh « dj »
n final toujours prononcé. Ainsi le mot « nin » se prononce « ninne »
ng final comme les finales anglaises dans les mots « parking » ou « song »

## *Voyelles*

a comme en français dans « m**a**re »
e comme en français dans « je » ou « le »
i comme un « i » français **sauf** après c, ch, r, s, sh, z et zh; dans ces cas, il devient un « eu » court et guttural
o comme le « eau » français dans « beau »
u «ou », sauf après « y » après lequel il se prononce « ü »
ü comme le ü allemand

Dans les diphtongues, les deux voyelles se prononcent. Ainsi, « uo » se prononce « ou-o » et « ao » se prononce « a-o ».

A noter les patricularités suivantes :

« an » se prononce « anne »
mais la combinaison « ian » se prononce « ienne »
ui « ou-é »
ong « oung »
ou « ow »
yi « i »

Il est d'usage dc mettre une apostrophe pour séparer deux voyelles qui pourraient être confondues avec un troisième son. On écrira Xi'an (prononcé chi-anne) pour distinguer la ville de « xian » (prononcé chienne) qui n'a qu'une syllabe.

Voici la prononciation approximative française de quelques noms courants :

Beijing [ béidjing ]
Datong [ datoung ]
Guilin [ gouélinne ]
Hangzhou [ hangdjow ]
Qing [ tching ]
Wuxi [ wouchi ]
Xi'an [ chianne ]
Zhengzhou [ djengdjow ]

### Les tons

Le mandarin est une langue tonale, ce qui signifie que chaque syllabe est parlée avec un certain ton. Il existe quatre tons en mandarin moderne. Le premier, indiqué par un trait droit au-dessus de la voyelle, est un ton haut, sans modulation. Le second, un ton montant, est indiqué par un accent aigu ( ´ ). Le troisième ton, qui monte puis redescend, est indiqué par un ˇ. Le dernier ton, le ton descendant, est marqué par un accent grave ( ` ).

Le ton employé pour chaque syllabe détermine sa signification et il est important de ne pas se tromper de ton et donc de sens. Ainsi *mǎi* veut dire « acheter » et *mài* « vendre ».

### Formules de politesse

| | |
|---|---|
| Bonjour | *ní hǎo ma* |
| Au revoir | *zài jiàn* |
| Merci | *Xìexie* |
| Il n'y a pas de quoi | *bú yào kèqi* |
| Excusez-moi | *duì bu qǐ* |
| S'il vous plaît veuillez | *qǐng...* |
| Entrez s'il vous plaît | *qǐng jìn* |
| Asseyez-vous | *qǐng zùo* |

### Phrases utiles

| | |
|---|---|
| Je m'appelle... | *wǒ xìng...* |
| nom de famille | *xìng* |
| prénom | *míngzi* |
| Monsieur... | *... xiānshēng* |
| Madame... | *... fūrén* |
| Mademoiselle... | *... xiǎojiě* |

Comment vous appelez-vous ?
*nín xìng shénma ?*
Je suis Français / Suisse
*wǒ shì Fǎguórén / Ruìshìrén*
Parlez-vous français ?
*nǐ huì shuō fǎwén ma ?*
Je ne parle pas le chinois
*wǒ bú huì shuō zhōngguóhuà*
Je ne comprends pas
*wǒ tīng bù dǒng*

Qu'est-ce que c'est ?
*Zhe shì shénma ?*

| | |
|---|---|
| Avez-vous... ? | *yǒu... ma ?* |
| Il n'y a pas | *meíyǒu* |
| oui | *shì* |
| non | *bù, búshì* |
| bien, bon | *hǎo* |

Il n'y a pas à strictement parler de mots pour oui et non ; *shì* correspond au verbe être, et *bù* placé avant le verbe le met au négatif. Dans une conversation, le verbe est simplement répété dans la réponse pour montrer une affirmation. En cas de doute, employez *shì* pour dire oui.

| | |
|---|---|
| Où est / sont... ? | *... zài nǎr ?* |
| Où sont les toilettes ? | *Cèsuǒ zài nǎr ?* |
| Je voudrais acheter... | *wǒ yào/xiǎng mǎi...* |

### Le temps et l'heure

| | |
|---|---|
| Aujourd'hui | *jīntiān* |
| demain | *míngtiān* |
| hier | *zuótiān* |
| matin | *zǎoshàng* |
| midi | *zhōngwǔ* |

| | |
|---|---|
| après-midi | *xiàwǔ* |
| soir / nuit | *wǎnshàng* |
| semaine | *xīngqī* |
| mois | *yuè* |
| année | *nián* |
| heure (précise) | *diǎn* |
| heure (durée) | *zhōngtóu* |
| date | *rìqī* |

### Les jours de la semaine

| | |
|---|---|
| lundi | *xīngqī yī* |
| mardi | *xīngqī èr* |
| mercredi | *xīngqī sān* |
| jeudi | *xīngqī sì* |
| vendredi | *xīngqī wǔ* |
| samedi | *xīngqī liù* |
| dimanche | *lǐbài tiān, xīngqī tiān* |

### En ville

| | |
|---|---|
| banque | *yínháng* |
| Je voudrais changer de l'argent | *wǒ yào huàn qián* |
| poste | *yóujú* |
| police | *gōng'ānjú* |
| musée | *bówùguǎn* |
| parc | *gōngyuán* |
| cinéma | *diànyǐngyuàn* |
| librairie | *shūdiàn* |
| magasin | *shāngdiàn* |
| pont | *qiáo* |
| rue | *lù, jiē* |
| avenue | *dàlù* |
| temple | *miào* (confucéen)<br>*sì* (bouddhiste) |
| ambassade | *dàshǐguǎn* |
| centre | *zhōngxīn* |
| rivière, fleuve | *jiāng, hé* |

### Les déplacements

| | |
|---|---|
| voiture | *qìchē* |
| bus | *gōnggòng qìchē* |
| station de bus | *qìchē zhàn* |
| train | *huǒchē* |
| gare | *huǒchē zhàn* |
| compartiment | |
| couchette (molle) | *ruànwò* |
| assis (dur) | *yìngzuò* |
| avion | *fēijī* |
| aéroport | *fēijīchǎng* |
| taxi | *chūzū qìchē* |
| bateau | *chuán* |
| bicyclette | *zìxíngchē* |
| billet | *piào* |
| de train | *huǒchē piào* |
| d'avion | *fēijī piào* |
| Je voudrais aller à ... | *wǒ yào qù...* |
| Je voudrais un billet de train pour Pékin | *wǒ xiǎng mǎi yī zhāng hǔochē piào dào Běijīng* |

### Directions

| | |
|---|---|
| droite | *yòubiān* |
| gauche | *zuǒbiān* |
| là | *zài nàr* |
| ici | *zài zhèr* |
| où ? | *zài nǎr ?* |
| où se trouve la gare ? | *chēzhàn zài nǎr ?* |
| devant | *qiánmian* |
| derrière | *hòumian* |
| nord | *běi* |
| sud | *nàn* |
| est | *dōng* |
| ouest | *xī* |
| loin | *yuǎn* |
| près | *bù yuǎn, jìn* |

### L'hébergement

hôtel *bīnguăn, lǚguăn*
auberge *zhāodàisuŏ*
chambre *fángjiān*
dortoir *sùshè*
étage *lóu*
A quel étage ? *jī lóu ?*
salle à manger *cāntīng, fàntīng*
toilettes homme *nán cèsuŏ*
toilettes femme *nü cèsuŏ*
bagages *xínglĭ*
lit *chuáng*
couverture *bèizi*
drap *bèidān*
serviette *máojin*
savon *féizào*
propre *qīng*
sale *bù qīng, āngzāng*

### Les achats

marché *shì*
argent *qián*
ouvert *kāi mén*
fermé *guān mén*
argent *qián*
combien cela coûte-t-il ? *yào dūoshăo qián ?*
cher *gùi*
c'est trop cher *tài guì*
bon marché *bú guì*
grand *dà*
petit *xiăo*
trop petit *tài xiăo*
beau *piăoliàng, hăokàn*
très *hĕn*

### Les repas

manger *chī, chīfàn*
restaurant *fàndiān*
maison de thé *cháguăn*
petit déjeuner *zăofàn*
repas de midi *wŭfàn*
repas du soir *wănfàn*
cuisine chinoise *zhōngcān*
cuisine occidentale *xīcān*
chaud *rè*
froid *liáng*
baguettes *kuàizi*
couteau *dāozi*
fourchette *chāzi*
cuillère *sháozi*
bol *wăn*
un bol de riz *yi wăn fàn*
boire *hē*
je voudrais boire... *wŏ hē...*
- du thé *... chá*
- du café *... kāfeī*
- de l'eau (bouillie) *... kaīshuĭ*
- des boissons gazeuses *... qìshuĭ*
- de la bière *... píjiŭ*
- du vin (alcool) *... jiŭ*
- une bouteille de bière *yīpíng píjiŭ*
- une tasse de thé, s'il vous plaît *qīng lái yībēi chá*

riz *mĭfàn*
nouilles *miàntiáo*
soupe *tāng*
viande de mouton *yángròu*
viande de porc *zhūròu*
viande de bœuf *niúròu*
poulet *jī*
canard *yā*
canard laqué *kăoyā*
poisson *yú*
raviolis chinois *jiăozi*
pain à la vapeur *bāozi*
tofu *dòufŭ*

| | |
|---|---|
| fruits | *shuǐguǒ* |
| sel | *yán* |
| sauce de soya | *jiàngyóu* |
| piment | *làjiào* |
| Je ne mange pas de piment | *wǒ bù chī làde* |

### La santé

| | |
|---|---|
| médecin | *dàifū, yīshēng* |
| je suis malade | *wǒ shēng bìng* |
| hôpital | *yīyuàn* |
| dentiste | *yáyī* |
| pharmacie | *yàodiàn* |
| médicaments | |
| occidentaux | *xī yào* |
| chinois | *zhōng yào* |
| rhume | *gǎnmào* |
| fièvre | *fāshāo* |
| diarrhée | *là dùzi* |
| acupuncture | *zhēnjiu liáofǎ* |

### L'administration

| | |
|---|---|
| passeport | *hùzhào* |
| visa | *qiānzhèng* |
| nationalité | *gúojí* |
| adresse | *dìzhǐ* |
| J'ai perdu... | *wǒ diūle ...* |
| ... mon sac | *... wǒde bāo* |
| ... mon argent | *... wǒde qián* |

Pouvez-vous m'aider?
*Qiňg nǐ bāng wǒde máng*

### Les chiffres

| | |
|---|---|
| zéro | *líng* |
| un | *yī* |
| deux | *èr, liǎng* |
| trois | *sān* |
| quatre | *sì* |
| cinq | *wǔ* |
| six | *liù* |
| sept | *qī* |
| huit | *bā* |
| neuf | *jiǔ* |
| dix | *shí* |
| onze | *shíyī* |
| vingt | *èr shí* |
| cinquante-quatre | *wǔ shí sì* |
| cent | *bǎi* |
| deux cents | *liǎng bǎi* |
| mille | *qiān* |
| dix mille | *wàn* |

# ADRESSES UTILES

## OFFICES DU TOURISME

**CITS** - CHINA INTERNATIONAL TRAVEL SERVICE

### À PÉKIN

**Beijing Tourism Building**
28 Jianguomenwai dajie
Tél. 5158570, tlx 22047
Fax 5158603

**FIT Service (services et billets pour voyageurs individuels)**
Département multi-service

2 Chongwenmen xi dajie
Tél. 2155511 int. 371 (ventes)
Tél. 2155511 int. 351 (Europe)

Billets:
Tél. 5126688 int. 1752 (avion)
Tél. 5126688 int. 1750 (trains internationaux)
Tlx 22004, fax 5122006

### À L'ÉTRANGER

**Hong Kong**
*Bureau principal*
6^e^ étage, Tour 2, South Seas Centre,
75 Mody Rd, Tsim Sha Tsui East,
Kowloon
Tél. 732 5888
Tlx 38449, fax 721 7154

*Central Branch*
Salle 1018, Swire House
11 Chater Rd, Central
Tél. 810 4282, fax 868 1657

*Mongkok Branch*
Salle 1102-1104, Bank Centre
636 Nathan Rd, Mongkok, Kowloon
Tél. 388 1619, fax 385 6157

**France**
Office du tourisme de Chine
51 rue Sainte-Anne, 75002 Paris
Tél. (1) 42 96 95 48, tlx 612866
Fax (1) 42 61 54 68

« Princes ouïghours », peinture murale du 9e siècle ap. J.-C., temple n° 9, à Bezeklik.

## AGENCES DE VOYAGE

Voici une liste non exhaustive d'agences de voyage qui proposent des circuits en Chine et sur la Route de la Soie:

### *France*

**Akiou**
50, rue de Londres, 75008 Paris
Tél. (1) 44 90 33 20
Fax (1) 44 90 33 25

**Ariane Tours**
5, square Dunois, 75013 Paris
Tél. (1) 45 86 88 66
Fax (1) 45 82 21 54, tlx 206 205

**Arts et Vie**
251, rue de Vaugirard, 75015 Paris
Tél. (1) 40 43 20 21
Fax (1) 45 31 25 71, tlx 200 836

**Asia**
39, rue Galande, 75005 Paris
Tél. (1) 44 41 50 00
Fax (1) 44 41 50 09, tlx 200 819

**Assinter Voyages**
38, rue Madame, 75006 Paris
Tél. (1) 45 44 45 87
Fax (1) 45 44 18 09

**Clio**
34, rue du Hameau, 75015 Paris
Tél. (1) 48 42 15 15
Fax (1) 42 50 49 79

**Ikhar**
32, rue du Laos, 75015 Paris
Tél. (1) 43 06 73 13
Fax (1) 40 65 00 78

**Orients**
29, rue des Boulangers, 75005 Paris
Tél. (1) 46 34 29 00, (1) 46 34 54 20
Fax (1) 40 46 84 48

### *Suisse*

**Artou**
11, rue de Rive, 1204 Genève
Tél. (022) 311 84 08
Fax (022) 781 20 58, tlx 427 460

**Voyages et Culture**
2, Bellefontaine, 1002 Lausanne
Tél. (021) 312 37 41
Fax (021) 23 27 00

# COMPAGNIES AÉRIENNES

## COMPAGNIES CHINOISES

**CAAC (Civil Aviation Administration of China)**
155 Dongsi xi dajie, Pékin
Tél. 1042233, tlx 22101

**Air China**
Aéroport de la capitale, Pékin
Tél. 4563220, 4563221, tlx 210327

**China Eastern Airlines**
Aéroport Hongqiao, Shanghai
Tél. 2587830, 2536530, tlx 33294

**China Southern Airlines**
Aéroport Baiyun, Canton
Tél. 678901

**China Northwest Airlines**
Aéroport Xinguan, Xi'an
Tél. 43892, 44843, tlx 700224
Fax 742022

**China Xinjiang Airlines**
Aéroport Diwopu, Urumqi
Tél. 75688

## BUREAUX DE AIR CHINA À L'ÉTRANGER

### *Suisse*

35 Nüschelerstrasse, 8001 Zurich
Tél. (01) 211 16 17
Tél. aéroport (01) 816 30 90 / 91

### *France*

10, boulevard Malherbes,
75008 Paris
Tél. (1) 42 66 16 58
Tél. aéroport (1) 48 62 72 50

### *Canada*

Unit 15, 131 Bloor St,
West Toronto, Ontario.
Tél. (416) 968 3300

### *Hong Kong*

Rez-de-chaussée,
Gloucester Tower, des Vœux Rd,
Central.
Tél. 521 6416

Rez-de-chaussée, Hankow Centre,
4 Ashley Rd, Tsim Sha Tsui,
Kowloon. Tél. 739 0022
Réservations : Tél. 861 0322

## COMPAGNIES AÉRIENNES ÉTRANGÈRES À PÉKIN

**Swissair**
SCITE Tower,
22 Jianguomenwai dajie
Tél. 5123555, 5122288

**Air France**
2716 China World Trade Center
1 Jianguomenwai dajie
Tél. 5051818, fax 5051435

**British Airways**
Bureau 210, SCITE Tower,
22 Jianguomenwai dajie
Tél. 5122288 int. 270,
et 5124070 int. 272

**Dragonair**
L107, 1er étage, China World Trade Center, 1 Jianguomenwai dajie
Tél. 5054343, fax 5054347

**Japan Airlines**
Chang Fu Gong New Otani Hotel,
Jianguomenwai dajie.
Tél. 5002221

**Lufthansa**
2e étage, SCITE Tower,
22 Jianguomenwai dajie.
Tél. 5123535

**Thai International**
SCITE Tower,
22 Jianguomenwai dajie.
Tél. 5123881

# AMBASSADES

## AMBASSADES CHINOISES À L'ÉTRANGER

### *Suisse*

10, Kalcheggweg, 3006 Berne
Tél. (031) 44 73 33, 44 73 34

### *France*

11, avenue George V, 75008 Paris
Tél. (1) 47 23 34 45

Consulat (bureau des visas)
9, avenue Victor-Cresson,
92130 Issy-les-Moulineaux
Tél. (1) 47 36 77 60, 47 36 77 90

### *Belgique*

19, boulevard Général Jacques,
1050 Bruxelles
Tél. 640 4006

### *Canada*

415, rue St. Andrews, Ottawa,
Ontario, K1N5H3
Tél. (613) 234 27 06, 234 26 82

## CONSULATS ÉTRANGERS À HONG KONG

### *Suisse*

Gloucester Tower (bureau 3703),
The Landmark, 11 Pedder Street,
Central. Tél. 522 7147

### *France*

Admiralty, Tower 2, 26e étage,
Central
Tél. 529 4351

### *Belgique*

St. John's Building, 9e étage,
33 Garden Road, Central
Tél. 524 3111

### *Délégation du Québec*

Bond Centre, East Tower, 19e étage,
89 Queen's Road, Central
Tél. 810 7183

## AMBASSADES ÉTRANGÈRES À PÉKIN

### *Suisse*

3 Sanlitun Dongwu jie.
Tél. 5322736-8

### *France*

3 Sanlitun Dongsan jie.
Tél. 5321331

### *Belgique*

6 Sanlitun lu.
Tél. 5321736-8

### *Canada*

10 Sanlitun lu.
Tél. 5323536

### *CIS (ex-URSS)*

4 Dongzhimen Beizhong jie.
Tél. 5322051

## BUREAU DES PASSEPORTS À KARACHI

Saddar Bazaar
Tél. 510360

# SUGGESTIONS DE LECTURE

## HISTOIRE ET CULTURE

Beurdeley, Cécile, *Sur les Routes de la Soie ; le grand voyage des objets d'art*, Office du Livre, 1985

Blanchon, F., *Histoire de Chine, de la royauté à l'empire*, Presses de l'Université, Paris-Sorbonne, 1990

Boulnois, Luce, *La Route de la Soie*, 3e éd., Olizane, 1993. L'histoire des échanges commerciaux et culturels entre l'Orient et l'Occident.

Cagnat, R. & Jan, M., *Le milieu des empires, Entre URSS, Chine et Islam, le destin de l'Asie centrale*, Laffont, 1990

Decret, François, *Mani et la tradition manichéenne*, Maîtres spirituels n° 36, Seuil, 1974

Elisseeff, D. & V., *La civilisation de la Chine classique*, Les grandes civilisations, Arthaud, 1987

Grousset, René, *L'empire des steppes – Attila, Gengis Khan, Tamerlan*, Payot, 1985. L'histoire des conquérants d'Asie centrale.

Hopkirk, Peter, *Bouddhas et rôdeurs sur la Route de la Soie*, Arthaud, 1989

Ikeda, Daisaku, *Le bouddhisme en Chine*, Rocher, 1986

Roux, J.-P., *Tamerlan*, Fayard, 1991

## RÉCITS DE VOYAGE

Boothroyd, N. & Détrie, M., *Le voyage en Chine, anthologie des voyageurs occidentaux du Moyen Age à la chute de l'Empire chinois*, Bouquins, Laffont, 1992

de Bourboulon, C., *L'Asie cavalière, de Shanghaï à Moscou (1860-1862)*, Phébus, 1991

Cable, M. & French, F., *The Gobi Desert*, Virago, 1984

Fleming, Peter, *Courrier de Tartarie*, Phébus, 1989

Hedin, Sven, *Trois ans de lutte dans les déserts d'Asie*, Pygmalion/Gérard Watelet, 1991

Huc, Régis-Evariste, *Souvenirs d'un voyage dans la Tartarie et le Thibet*, 2 vol., L'Astrolabe, 1987

Jan, Michel, *Le voyage en Asie centrale et au Tibet, anthologie des voyageurs occidentaux du Moyen Age à la première moitié du XX^e^ siècle*, Laffont, 1992

Le Fèvre, G., *La croisière jaune, expédition Citroën Centre-Asie*, suivi de Pelliot, Paul, *La Haute Asie*, L'Asiathèque, 1991.

Maillart, Ella, *Oasis interdites, de Pékin au Cachemire, une femme à travers l'Asie centrale en 1935*, Payot, 1989
– *Des monts célestes aux sables rouges*, Payot, 1986

Polo, Marco, *Le devisement du Monde*, 2 vol., Maspero/La Découverte, 1982.

von Le Coq, Albert, *Buried Treasures of Chinese Turkestan*, Oxford University Press, 1985

## LITTÉRATURE

*Xi You Ji, la périgrination vers l'Ouest*, La Pléiade, Gallimard, 1991. Célèbre roman chinois du 16e siècle qui décrit les aventures fabuleuses du moine Xuan Zang.

De Quincey, Thomas, *La révolte des Tartares*, Actes Sud, 1984

Inoue, Yasushi, *Les chemins du désert*, Stock, 1985
– *Lou-Lan*, Picquier, 1992
– *La favorite, le roman de Yang Kouei-Fei*, Picquier poche, 1994

Wou Tch'eng-en, *Le singe pèlerin ou le pèlerinage d'Occident*, Payot, 1992. Autre traduction des aventures fabuleuses du moine Xuan Zang.

# INDEX

Aux Editions Olizane

*en collaboration avec l'Unesco*

# L'ART BOUDDHIQUE

Cet ouvrage illustre les différents modes de représentation de l'image du Bouddha dans la sculpture et la peinture, ainsi que les principaux styles de l'architecture bouddhique. Il constitue une synthèse des différentes formes d'expressions artistiques issues de cette philosophie.

*26 cm x 28 cm*

*110 pages, 80 ill. en couleurs et 80 en duotone*

*FS 65.– / FF 240.–*

## DEMANDE D'INFORMATIONS

Coupon à photocopier et envoyer à
ÉDITIONS OLIZANE, rue des Vieux-Grenadiers 11, CH-1205 Genève – Fax (022) 328 57 96

Je soussigné(e), ..............................................................................................

Adresse : ..............................................................................................

Code postal : .................................. Ville : ..............................................................

Pays : .................................................. Téléphone : ..............................................

☐ suis intéressé(e) par le / les ouvrage(s) suivants :

..............................................................................................

..............................................................................................

..............................................................................................

et désire plus de renseignements.

☐ désire recevoir votre catalogue.